《新编日语》(重排本)
同步辅导与练习

(第一册)

主　　编　池建新
副 主 编　许蓓蓓
编　　者　张　薇　黄　周
日文审订　熊谷由纪　岛本雅文

东南大学出版社
·南京·

内容提要

本书结合《新编日语》(重排本)(第一册)最新版教材、各种同类教辅以及其他教材、教辅的实际情况,扬长避短,并在征求、吸纳了南京师范大学等多所高校日语专业多个年级的各种意见后,由从事日语教学多年、不断总结教学经验的资深教师编著而成。本套丛书遵循日语语言习得规律,紧密结合教材并按教材顺序加以编排、总结后集结成册,内容紧紧围绕教材,由浅入深、重点突出、编排合理,具有高度的概括性、典型性。

本书内容丰富充实,编排比较合理得当,练习由浅入深,环环相扣,相信不同层次的教育者和学习者一定能从中汲取各自所需的精华和养分。

图书在版编目(CIP)数据

《新编日语》(重排本)同步辅导与练习. 第一册 / 池建新主编. — 南京:东南大学出版社,2017.7(2025.6 重印)

ISBN 978-7-5641-7114-8

Ⅰ.①新… Ⅱ.①池… Ⅲ.①日语—自学参考资料 Ⅳ.①H36

中国版本图书馆 CIP 数据核字(2017)第 081237 号

《新编日语》(重排本)同步辅导与练习. 第一册

主 编	池建新		责任编辑	刘 坚
电 话	(025)83793329 QQ:635353748		电子邮件	liu-jian@seu.edu.cn
出版发行	东南大学出版社		出 版 人	白云飞
地 址	南京市四牌楼 2 号		邮 编	210096
销售电话	(025)83794561/83794174/83794121/83795801/83792174			
	83795802/57711295(传真)			
网 址	http://www.seupress.com		电子邮件	press@seupress.com
经 销	全国各地新华书店		印 刷	广东虎彩云印刷有限公司
开 本	787mm×1092mm 1/16		印 张	15.25
字 数	380 千字			
版 次	2025 年 6 月第 1 版第 8 次印刷			
书 号	ISBN 978-7-5641-7114-8			
定 价	35.00 元			

* 未经许可,本书内文字不得以任何方式转载、演绎,违者必究。

* 东大版图书,如有印装错误,可直接向营销部调换,电话:025 - 83791830。

前言
PREFACE

　　国内高等院校日语专业多年来广泛使用的《新编日语》(1—4册)教材作为教育部认可的一套国家级规划日语专业用书,由于语法解说系统、清晰,专业学习者容易接受,又很适合在校生的学时安排、便于教与学,多年来一直作为国内众多大学日语专业基础教育部分的指定精读教材。如今,随着其重排本的出版,诚如作者所言,相信这套教材会更具有时代气息,焕发出新的光彩。本套丛书作为《新编日语》(重排本)(1—4册)的同步辅导学习用书,既可为日语教师提供教学参考素材,起到抛砖引玉的作用,又可帮助学生同步学习与随堂测试,起到指点迷津的效果。

　　这套《〈新编日语〉(重排本)同步辅导与练习(1—4册)》是编写者结合《新编日语》最新版教材、各种同类教辅以及其他教材、教辅的实际情况,扬长避短,并在征求、吸纳了南京师范大学等多所高校日语专业多个年级的各种意见后,由从事外语教学多年、不断总结教学经验的资深教师编著而成。本套丛书遵循日语语言习得规律,紧密结合教材并按教材顺序加以编排、总结后集结成册,本书为第一册。结构上每课具体包括:**本课学前重点提示;课文翻译;重点词汇解析;语法句型详解;前文、会话、读解文难点注释;随堂自测练习及答案;教材练习参考答案等**。内容紧紧围绕教材,由浅入深、重点突出、编排合理,具有概括性、典型性。尤其值得一提的是,本套丛书的编者能从学习者的立场出发,对修订本中的内容进行了深入的剖析和讲解,使得这套丛书不仅仅限于"教辅"层次,还具有一定的专业学术水平。可以说本套教辅内容丰富充实,编排比较合理得当,练习由浅入深,环环相扣,相信不同层次的教育者和学习者一定能从中汲取各自所需的精华和养分。

　　本书既可以作为教材同步学习辅导用书,也可作为必备工具书供一般日语学习者使用。本书所附的随堂自测练习,按照日语能力测试题型及水平要求设置,练习均精选自日本国内有关权威出版物,对于老师教学和学习者自学、提升学习者语言能力有很大的帮助。

　　本套丛书在编写过程中,得到了日语教育界国际友人熊谷由纪女士、岛本雅文先生以及南京师范大学林敏洁教授和季爱琴教授、南京大学外国语学院汪平副院长和彭曦副教授、三江学院揭侠教授、中国人民解放军国际关系学院周浩副教授、东南大学外国语学院刘克华副院

长、南京航空航天大学日语系汪丽影老师、南京审计大学文学院的张薇博士等南京日语界同仁的热情支持和宝贵的建议,在此一并表示衷心的感谢!最后,本套丛书能够在短时间内以崭新的面貌面世,离不开东南大学出版社编审刘坚博士的支持,借此表示由衷的感谢!同时还感谢为这套丛书的顺利编写默默收集和整理材料的南京师范大学日语系的徐郁婷、梁清秋、高玲玲、吴凯、王志宇、周钰、杨子璇、石慧之、张津辉、祝兴雯、陈道镜、司马智星、陈丹、吴祈萱、彭敏等人。

  最后,由于我们的水平有限和时间仓促,本套丛书中难免还有错误和不妥之处,恳请各位读者及日语教育界同仁批评指正。

编著者
2017 年 5 月于南京

目录 CONTENTS

第一課　五十音図 …………………………………………………… 1
第二課　はじめまして ……………………………………………… 6
第三課　へや ………………………………………………………… 13
第四課　がくえんとし ……………………………………………… 20
単元一復習　シャンハイのワイタン ……………………………… 27
単元自測練習 ………………………………………………………… 31

第五課　大学の生活 ………………………………………………… 33
第六課　浦東 ………………………………………………………… 42
第七課　北京オリンピック ………………………………………… 52
第八課　家族のデジカメ写真 ……………………………………… 63
単元二復習　連休 …………………………………………………… 74
単元自測練習 ………………………………………………………… 81

第九課　趣味 ………………………………………………………… 83
第十課　試験 ………………………………………………………… 94
第十一課　留学 ……………………………………………………… 106
第十二課　あいさつの言葉 ………………………………………… 116
単元三復習　アルバイト …………………………………………… 127
単元自測練習 ………………………………………………………… 134

第十三課　クリスマス ……………………………………………… 138
第十四課　元旦 ……………………………………………………… 150
第十五課　料理 ……………………………………………………… 161
第十六課　インタビュー …………………………………………… 172
単元四復習　春節 …………………………………………………… 189

期末模拟测试 ………………………………………………………… 199

随堂自测练习参考答案 ……………………………………………… 208

教材练习参考答案 …………………………………………………… 220

引用・参考文献 ……………………………………………………… 238

第一課　五十音図

本课学前重点提示

① 日语的文字构成、假名的来源和书写规则。
② 五十音图。
③ 五十音图的行和段。
④ 日语词汇大致的组成和发音规则。

重点词例解析

1. あう（会う）（自五）会い（名）遇见、见面
    ○ いつもの場所で会う／在老地方见面
2. きく（聞く、聴く）（他五）
    ① 倾听
    ○ ラジオを聞く／听收音机
    ② 听说
    ○ 聞くと見るとでは大変な違いです。／听到的和看到的有很大的不同。
    ③ 问
    ○ 理由が聞きたい／我想问一下理由
3. くい（杭）（名）建筑用的椽子
    ○ 杭を打つ／打桩
4. しあい（試合）（名、自サ）試合する，体育、武艺、技艺等的比赛
5. すこし（少し）（副）
    ① 少量
    ○ 少しはある／有一点
    ○ 彼は少しは詩も作る。／他也写点诗。
    ② 稍微
    ○ もう少し速く歩けないの？／你能否稍微走快点？
    ○ すこしむずかしいです。／稍微有点难。
    ③ 一点时间
    ○ 少しでも早い方がいいです。／早一点都好。

6. たかい(高い)(形)
    ① 高、高的
      ○ 高い木／高高的树
      ○ 高い波／巨浪
    ② 贵、高价的
      ○ 高そうなラジオ／好像很昂贵的收音机

7. つくえ(机)(名) 书桌
    ○ 机に向かってする仕事／坐办公室的工作

8. らく(楽)(名、形动)
    ① 轻松、舒适
      ○ 暮らしが楽である。／日子过得舒适。
      ○ この薬を飲むとすぐ楽になる。／喝了这个药很快就会舒服的。
    ② 容易
      ○ 楽に勝つ／轻易获胜

9. るす(留守)(名)
    ① 不在
      ○ だれか来たら留守だと言いなさい。／要是有人来了就说我不在。
    ② 不用心、思想不集中
      ○ 勉強がお留守になる／不用心学习

10. わるい(悪い)(形)
    ①（道德上的）坏
      ○ 悪い事をする／做坏事
    ②（质量、天气等）不好
      ○ 覚えが悪い。／理解能力不好。
      ○ 胃が悪い。／胃口不好。

教材内容补充说明

日语的基本文字是由"假名、汉字、罗马字"组成的，其中"假名、罗马字"是表音文字，既是文字又是语音符号。日语的假名有71个，包括清音、浊音、半浊音和拨音。每个假名都有两种写法，一种叫平假名，另一种叫片假名。日文书写中，一般是平假名与日文汉字混合使用，片假名是用来标记外来词的。罗马字也就是拉丁字母，现代日语中罗马字主要用来标记地名、广告、商标等，如：SONY、NISSAN、YAMAHA。另外，在计算机普及的当代，罗马字还演变成为了一种最常用的日文输入法。

日语的字母表称作"五十音图"，五十音图横的叫"行"，竖的叫"段"，每行、每段都以第一个假名命名，"行"和"段"跟后面要学的动词变化有关系，必须记得滚瓜烂熟。广义上的"五十音图"是指包括浊音、半浊音、拗音等音节的日语音节体系表。"五十"也不再代表具体的数字，而是一个具有抽象意义的名词，广义的"五十音图"其实也可以称为"现代日语音

节体系表"。在汉字传入之前,日本只有自己的语言而没有文字。由于没有文字,日本文明的发展与传承都遇到了很大的困难。据日本的史书记载,公元4到5世纪,一个叫王仁的朝鲜籍中国人将汉字传到了日本,日本从此逐渐开始了使用文字记载语言的历史。

最初日语的每一个音,都是对应地假借一个汉字来表达。因此早期的日本古典文献里,汉字也多用来标注读音。因为这样的记述方式非常麻烦,所以日本人在后来逐渐地又在汉字的基础上创造了"假名"(所谓的"假名"当初是假借汉字之意)。日语的假名都是从中国的汉字演变而来。平假名是汉字的草书演变过来,而片假名是选用了汉字楷书的偏旁部首。所以,知道了某个假名是由哪个汉字变化而来,那么即使读音有些不同对于掌握假名的发音和书写还是有很大帮助的。

1. 元音与辅音

首先要掌握的是日语语音中只有「あ」「い」「う」「え」「お」五个元音音素,日本人称其为"母音"。发元音时声带振动,气流不受发音器官的阻碍,仅由舌位、口形来调节。日语的元音在任何语音环境中都保持音色的相对稳定,开口和舌位的变化幅度都小于汉语。其余音节的发音都是由辅音和这五个母音组合而成的"子音"。日语元音音素少,是开音节语言,这点和意大利语、西班牙语类似(从元音数来看,汉语有7个,英语有12个,俄语有6个、朝鲜语有11个、法语有16个)。

2. 要掌握特殊音节——拨音「ん」、促音「つ」和长音的发音规则。拨音「ん」是鼻辅音,它不会出现在一个单词的词头单独发音,发音时受前后读音环境的影响很大。促音「つ」是为做好发其后辅音的准备,造成相当于一个音节长度的无声状态。一般出现在"か、さ、た、ぱ"行的假名之前。要特别注意日语长音的构成,长音在日语词汇里还有区分意思的作用。

3. 音拍的概念

日语连续发音时,每个音节的音长大致相等。这个音长就叫"音拍"(モーラ),音拍可以说是日语音节结构中的一个非常重要的概念。日语中所说的"音节",通常也是指与"莫拉(「モーラ」)"等值的"音节",即"音节 = 音拍 = 莫拉"。简单地说,所谓的"音拍"就是日语的一种节奏感。特别是掌握特殊音节(拨音、促音、长音)的节奏,对说好日语至关重要。

4. 元音弱化(清化)

元音弱化现象实际上是为了发音方便而自然形成的一种规律。当元音「い」和「う」出现于两个辅音之间时,就会发生元音「い」和「う」的弱化现象。例如,「つくえ」的「つ」,「ひとつ」的「ひ」,都发生了元音弱化的现象。元音弱化是元音由声带振动变得声带不振动,但保留其舌位、口形和音长的一种发音习惯,它能使日语的语调流畅悦耳,反之会让人感觉呆板生硬。

5. 日语词的词调

日语的词调变化发生在假名与假名之间,一个假名代表一个音拍(包括表示促音、拨音和长音的假名,但不包括表示拗音的「ゃ」「ゅ」「ょ」)。按照假名发音时音拍的高低,可以分为以下几种词调。

⓪号音:第一拍低,以下各拍都高。

①号音:第一拍高,以下各拍都低。

②号音:第二拍高,第一拍和第三拍以下都低。
③号音:第二、三拍高,第一拍和第四拍以下都低。
④号音:第二、三、四拍高,第一拍和第五拍以下都低。
⑤号音:第二、三、四、五拍高,第一拍和第六拍以下都低。
⑥号音:第二、三、四、五、六拍高,第一拍和第七拍以下都低。
……

⓪号就是第一个音拍低,其余的音拍高。如:いく⓪号就是「い」发音低,「く」则升上去。就如音乐的唱名"12"。①号就是第一个音拍高,其余的音拍低,正和⓪号相反,如:はし①号就是「は」发音高,「し」则降下去,就如音乐的唱名"21"。日语假名相同但词调不同,意义有时也不一样。如「はし」词调为①时,它的意思是"筷子";如果声调为⓪时,它就成为"桥"了。在日语单词中,这种类似的情况较多。其余的发音(②号以后的)则是第一个假名和第二个假名用⓪号读,然后从标注的数字之后的那个假名开始下降。如:さむい②号就是「さ」和「む」按⓪号读,然后从第3个假名降下去,如音乐唱名中的"121"。

总之,除了⓪号和①号外,其余的都在标注数字的后一个假名上降下去。标注为③则从第四个假名下降,标注为④则从第五个假名开始下降,依此类推。日语的词调属相对高低型,在第一拍和第二拍之间肯定有变化,一个词中不会有两个以上的起伏,词调的种类为单词的音节数加一。日语的词调具有区别词义的作用,这点和汉语的声调一致。但汉语的"四声"标记对象是一个音节,而日语的词调却体现在不同的音节之间。

五十音图记忆技巧

日语五十音图表中是日语的所有清音假名,初学日语要尽量把它掌握好,这样对后续学习会大有裨益。日语五十音图表的横向称为"行",纵向称为"段"。一定要按行和段记,因为关系到动词的变形规律。在表中假名旁边的是罗马字母,我们尽可能地把它们也记住,因为在电脑上输入日语文字时会用到它们。

学五十音图时,不要想一下全记住,而要慢慢来,下面是学五十音图的方法。要把あ行和か行的假名都读会,然后不要忙于往下学,因为打下学日语的基础是很重要的。あ行和か行会读之后(只有两行应该很好记),学习几个单词,如,爱(あい)[名]爱情、会う(あう)[自五]见、会见、青い(あおい)[形]蓝色、赤い(あかい)[形]红色、秋(あき)[名]秋天、良い(いい)[形]好、家(いえ)[名]家、言う(いう)[他五]说、讲、上(うえ)[名]上面、駅(えき)[名]车站、王(おう)[名]王(姓)、买う(かう)[他五]买、闻く(きく)[他五]听说、声(こえ)[名]声音、行く(いく)[自五]去、池(いけ)[名]池子。读这些单词,然后在练习本上一遍遍地写。写的同时,嘴里要大声地念,这样手、嘴、耳就都练习了。等这些单词记住的时候,あ行和か行假名早就烂熟于心了。就这样学两行假名,记十几个单词,等把所有的假名都学完,就会一百多个单词了,记下来的单词也会为以后学习打下了一定的基础,而且因为记假名是靠写单词来记的,自然也就记得特别牢。

随堂自测练习

一、请试着将下面的片假名改写为平假名。

テスト　　ナイフ　　トイレ　　　　ナイロン　　カメラ
レストラン　メキシコ　サンフランシスコ　ワシントン　テキスト

二、请试着将下面的平假名改写为片假名。

ある　　　　いる　　　　いぬ　　　　かく　　　　きたない
けいさつ　　しいたけ　　すこし　　　せかい　　　さかな

三、在括号中填入适当的平假名。

あい(　)え(　)　かきくけ(　)　　さ(　)す(　)(　)
たちつ(　)と　　な(　)ぬね(　)　はひ(　)(　)ほ
ま(　)む(　)(　)やい(　)え(　)　(　)りる(　)(　)
わいうえ(　)

四、在括号中填入适当的片假名。

ア(　)ウエオ　　　カキ(　)ケコ　　　サシス(　)ソ
タチ(　)テト　　　(　)ニヌネノ　　　ハヒ(　)ヘホ
マミ(　)メモ　　　(　)イユエヨ　　　(　)リルレ(　)
ワイウエ(　)

第二课　　はじめまして

本课学前重点提示

① 浊音和半浊音的发音方法。
② 名词作谓语的判断句一般时态形式。
③ 语气助词"か"、提示助词"は""も"和格助词"の"的用法。
④ 事物指示代词「これ」「それ」「あれ」的区分使用。

语音知识

一、「が」行是「カ」行的浊音

由浊辅音[g]和五个元音[a]、[i]、[u]、[e]、[o]相拼而成。发音要领与「カ」行相同，区别在于发音时声带要振动。如果「が」行浊音不是出现在一个单词的词头时，要发成鼻浊音，也就是后舌面要一直顶住软腭，关闭气流的口腔通道，让气流从鼻腔流出。

二、「ざ」行浊音

由浊辅音[dz]和「あ」行中"[a]、[u]、[e]、[o]"四个元音构成，另一个「イ」段音「じ」由浊辅音[dʒ]和元音[i]相拼而成。

三、「だ」行浊音

由浊辅音[d]和「あ」行三个元音拼成，另外「イ」段音「ぢ」由[dʒ]和[i]构成，与「ざ」行「じ」发音相同。「ウ」段音「づ」由[dz]和[u]拼成，与「ざ」行「ず」发音相同。

四、「ば」行浊音

由浊辅音[b]和「あ」行五个元音拼成。发[b]音时双唇闭合形成阻塞，气流冲破阻塞呼出，并且声带振动。

五、半浊音

只有一行，由清辅音[p]和「あ」行五个元音拼成。清辅音[p]的发音要领和浊辅音[b]完全相同，只不过在发音时声带不振动。

课文翻译

前　文

初次见面，我姓鲁。我是日语专业一年级（学生）。请多多关照！

这是我的行李。
这是衣服。那也是衣服。那是书。

李：请问，你是小鲁吗？
鲁：是的，我是日语专业一年级的小鲁。您是哪一位？
李：我是日语专业二年级的小李。
鲁：初次见面。
李：初次见面。
鲁：请多关照。
李：请多关照。
鲁：那一位是谁？
李：他是日语专业三年级的小顾。小顾，这一位是小鲁。
顾：初次见面。
鲁：初次见面。
顾：请多多关照。
鲁：哪儿的话。请您多多关照。
李：这是你的行李吗？
鲁：是的，那是我的行李。
李：这是什么？
鲁：那是衣服。
李：那是什么？
鲁：这也是衣服。
李：书是哪个？
鲁：书是那个。
李：那么，我带你去吧。
鲁：拜托了。

重点词例解析

1. 「はじめまして」(寒暄语) 初次见面。这是日本人在初次见面时最常说的一句话。大家经常听到的中文是"初次见面，我是……，请多多关照"。那么这句话的日语便是「はじめまして、私は…です。よろしくおねがいします」。
2. 「これ」(代) 这个。「これ」「それ」「あれ」三个词是指代事物的指示代词。分别相当于汉语的"这个"、"那个（中称）"、"那个（远称）"。「これ」一般是指身边的物品或离自己比较近的物品（说话人所属范围内的事物）；「それ」则相对的是指说话的对方身边的物品或离对方比较近的物品（听话人所属范围内的事物）；「あれ」则是指离双方都比较远的物品

(会话双方以外的事物)。

- これは私の本です。/这是我的书。
- それはあなたの荷物ですか。/那是你的行李吗?
- あれは何ですか。/那是什么?

3. 「会話」(名、自サ)会话、对话
   - 李さんと会話をします/和小李对话
   - 李さんと会話します/和小李对话

4. 「すみません」(寒暄语)
   ① 对不起,抱歉
   - すみません。私は呂ではありません。/对不起,我不是小吕。
   ② 不好意思,打扰一下。
   - すみません。それは何ですか。/打扰一下,请问那个是什么?

5. 「どなた」(代)哪一位。「どなた」只用来指代人,而「これ」「それ」「あれ」则只能用来指代事物。

6. 「こちら」(代)这边、这位,是方位指示代词,既可以指方向,也可以比较有礼貌地指代人。
   - こちらは公園です。/这边是公园。
   - こちらは田中さんです。/这位是田中先生。

7. 「こちらこそ」(词组)哪里哪里
   - 李さん、はじめまして、よろしくお願いします。/小李,初次见面,请多多关照。
   - いいえ、こちらこそ、よろしくお願いします。/哪里哪里,请多多关照。

8. 「なん」(代)什么,通常作为疑问代词引起一个问句。
   - それは何の花ですか。/那是什么花?

语法句型详解

日语句子的构成

日语句子的最基本结构不是词汇而是句节。所谓句节,就是句子(文)的一节(基础结构),句节由一个独立词(只能是一个)加若干附属词(数量不限,也可以没有)组成。两个或两个以上的文节可以组成连文。日语的句子一般分为主题部分和叙述部分。主题和主语是有区别的,主题表示一句话的中心议题,是表示后面是就什么事物进行判断、叙述的。所以,日语可以根据表达的需要将主语、宾语、补语或其他成分用提示助词提示为主题。"主题"的范围是远大于主语的。日语句子的叙述部分则是对主题进行判断、叙述或说明的,以谓语为中心构成。

日语句子的顺序和汉语、英语也有所不同。汉语、英语的句子一般是按照主语、谓语和宾语这样的顺序来组织的,而日语的句子结构是主宾谓结构,词序相对自由。由于一句话的时态、肯定、否定等往往都是取决于句子的谓语部分,所以在和日本人交谈时只有听其说完每句话才能知道其所要表达的内容。

第二課　はじめまして

一、「…は…です」

　　这是日语中名词构成的最简单的句子,是名词做谓语的判断说明句。"～は ～です"表示"~为~也"。「は」是提示助词,读做[wa],提示一个句子的主题(同时也表示这个句子的主题),起明确指定事物、排斥它相、防止混乱的作用。「です」是敬体判断助动词,相当于汉语的"是"。「は」和「です」前面都接续体言,即名词、代词和数词。

　　○ これは万年筆です。/这是钢笔。
　　○ それは鍵です。/那是钥匙。

二、「…は…ですか」

　　「…は…ですか」的「か」是表示疑问的终助词(或称为语气助词),读升调,清音「か」一般浊化成「が」。日语中疑问句一般不用"?"号,回答时可以用「はい」「いいえ」,也可以在「はい」后加「そうです」,在「いいえ」后加「ちがいます」。

　　○ これはタオルですか。/这是毛巾吗?
　　　　はい、それはタオルです。/是的,那是毛巾。
　　○ それはポストですか。/那是邮筒吗?
　　　　はい、そうです。/是的,这是邮筒。
　　○ あれはレモンですか。/那是柠檬吗?
　　　　いいえ、ちがいます。/不,不是的。
　　○ 田中さんは学生ではありませんか。/田中同学难道不是学生吗?(构成反语,加强肯定的语气)。

三、「…は何ですか」

　　这是一个谓语部分含有疑问词的特殊疑问句,表示"……是什么?""～は(疑問詞)ですか"的句型,是带有疑问词的特殊疑问句。特殊疑问句,回答时不需要答"はい"或"いいえ"。

　　○ あれは何ですか。/那是什么?
　　　　あれはたばこです。/那是香烟。
　　○ それは何ですか。/那是什么?
　　　　これは服です。/这是衣服。
　　○ りんごはどれですか。/苹果是哪一个?
　　　　りんごはあれです。/苹果是那个。
　　○ 呂さんはどなたですか。/小吕是哪一位?
　　　　呂さんはあのひとです。/小吕就是那个人。
　　○ あの人はどなたですか。/那个人是谁?
　　　　あの人は日本語科一年の魯さんです。/是日语专业一年级的小鲁。

四、格助词「の」

　　"の"是领格助词。作用是:

　　① 构成定语。表示所有、所属、性质、状态等。人間の血、私の母国、王さんのお父さん、田舎の人、クラスの班長、日本語の新聞、大学の先生。

② 构成同位语。社長の田中さん、友達の村山さん。

五、提示助词「も」

「も」和「は」一样，是提示助词，可以用来提示句子中的主题、主语或是宾语等成分，与「は」不同的是他还暗示有其他同类的存在，表示"也"的意思。

○ これは李さんの本です。それも李さんの本です。/这是小李的书，那也是小李的书。

○ 田中さんは日本人です。木村さんも日本人です。/田中是日本人，木村也是日本人。

○ 私も日本語科の一年です。/我也是日语系一年级的学生。

○ それも顧さんの服です。/那也是小顾的衣服。

这也可以理解为判断说明句。提示助词"も"表示：位于"も"前的体言（人、物、事）与前句表示的人、物、事是同类。可译为"~也……"。

但是，他是老师，（他）也是医生。我喜欢橘子，（我）也喜欢苹果。则不能译成：「あの人は教師です。あの人も医者です」（×）。「私はミカンが好きです。私もリンゴが好きです」（×）。

因为：「あの人も医者です」的含义是「この人は医者です。あの人も医者です」，「私もリンゴが好きです」的含义是「あの人はリンゴが好きです。私もリンゴが好きです」。

应该说：① あの人は教師です。あの人は医者でもあります。
② わたしはミカンが好きです。わたしはリンゴも好きです。

六、指示代词「これ」「それ」「あれ」「どれ」

这是一组指代事物的指示代词，不能用来指示人。「これ」是近称，表示说话人身边（或所属）的事物；「それ」是中称，表示听话人身边（或所属）的事物；而「あれ」是远称，表示离说话人和听话人都比较远（两者之外）的事物。「どれ」则是疑问代词，即"哪一个"。

在对话时，要根据对话者和事物之间的位置选用适当的指示代词。具体地说，就是在问答句中，会因为说话人和听话人身份的转变而产生空间的变化，从而导致「これ」和「それ」这两个代词使用的变化。请看前一项语法中的例句。

○ これはタオルですか。/这是毛巾吗？
　はい、それはタオルです。/是的，那是毛巾。

对于说话人（提问者）来说，毛巾是在身旁的事物，因而可以用「これ」来表示。当听话人（回答者）回答问题时，这时候提问者成了听话人，回答者成了说话人，而此时毛巾仍然还在提问者，即现在的听话人那里，因此要用「それ」来表示，反之亦然。再看下面一组例句。

○ それはポストですか。/那是邮筒吗？
　はい、これはポストです。/是的，这是邮筒。

也是由于说话人和听话人身份的转变，用「それ」提问的句子，则要用「これ」回答，再看下面的句子。

○ あれはレモンですか。/那是柠檬吗？
　はい、あれはレモンです。/是的，那是柠檬。

由于「あれ」是远称,指示离说话人和听话人都比较远的事物,因此不管说话人和听话人身份怎么变化,所指示的事物依然离两人较远,所以答句中的指示代词不发生变化。

综上所述,一般情况下可以总结出这样一条规则:在对话当中,用「これ」提问的句子要用「それ」回答;用「それ」提问的句子要用「これ」回答;而用「あれ」提问的句子仍然用「あれ」回答。

七、「さん」的用法

接尾词,接在第三人称或听话人的人名后面表示敬称,男女老少的名字后面都可以接续「さん」表示对对方的尊敬,可以根据需要进行灵活的翻译。需要注意的是,「さん」不能用在自己或自己家人的姓名后面。

○ 私は李です。/我是小李。

在向别人介绍自己时姓名后面不能加「さん」。

○ あなたは王さんですか。/你是小王吗?

提及别人的姓名时后面必须加「さん」以示尊敬,否则会被视为失礼。句中的「王さん」可根据实际情况,翻译为汉语的"王先生""王小姐""小王、老王"等。此外,还有些带「さん」的常用单词:お母(かあ)さん、お父(とう)さん、お手伝(てつだい)さん、奥(おく)さん。

课文难点注释

1. 教材第16页会话的第1行「すみません。あなたは魯さんですか」的「すみません」除了表示道歉之外,打搅对方或有事求助于对方时也可以用其开口。表示道歉时可以翻译为"对不起",而打搅对方或求助于对方时可以灵活翻译为"不好意思、请问……"等,而"あなた"是第二人称代词,相当于汉语的"你或您"的意思,但是要注意「あなた」在现代日语中是并非可以随便使用的第二人称代词,这句话中的"あなた"是为了练习第二人称代词及对对方的尊称,实际生活中这样的话几乎不使用。因为事实上「あなた」在现代日语中并非敬语,一般只局限于妻子对丈夫或上级对下级时使用。

2. 第16页倒数第6、5行的「顧さん、こちらは魯さんです」,这里的「こちら」除可以指代方向外也可以指代人或物,这句话里「こちら」的意思是"这位",属比较尊敬的说法。

3. 第17页第1行「あなたの荷物ですか」中「にもつ」的意思有时不仅指行李,多数情况下指随身携带的包等。

4. 第17页会话最后一句的「おねがいします」在单独使用时,表示"那就拜托了"的含义。

随堂自测练习

一、请试着将下面的平假名改写为片假名。

げんき　いちがつ　ひげ　ざせき　ちず　だいがく　ぶた

二、请试着将下面的片假名改写为平假名。

パンダ　ピンク　プラス　ペン　ポスト

三、为下面的日语汉字注假名。

日本語科　荷物　会話　案内　単語

四、助词填空。
1. これ（　）ふくです。それ（　）ふくです。
2. これ（　）ほんです。これ（　）私（　）ほんです。
3. これ（　）なんですか。それ（　）李さん（　）にもつです。
4. あれ（　）なんですか。あれ（　）顧さん（　）ペンです。
5. 李さん（　）ノートはどれですか。李さんのノート（　）これです。

五、汉译日。
1. 这是教科书。
2. 那是小刀。
3. 这是我的笔记本。
4. 那是小李的手机。
5. 那是谁的暖水瓶？

六、日译汉。
1. 魯さんはどなたですか。魯さんはあの人です。
2. それも日本語の本です。
3. あの人は山田(やまだ)さんです。

七、下面初次见面时的情景对话用日语该怎么说？
甲:有人在家么？
乙:有的,请问是哪一位？
甲:您好！打扰了！我是新搬过来的中国研修生,我叫XXX,初次见面,请多多关照！
乙:哦,是吗？
甲:这是我的一点心意（或这是我给您的礼物）,是中国结,请您收下吧。
乙:哦、好漂亮啊！非常感谢你！我收下了！
甲:以后的一年中还请您多多关照！
乙:哪里、哪里,希望在今后的日子里我们能互相关照。
甲:好的,那我就先告辞了,再见！
乙:好的,慢走,再见！

第三課　へや

本课学前重点提示

① 日语特殊音节——长音和促音的发音规则。
② 10 以内数量词。
③ 日语存在句的类型和使用。
④ 名词作谓语的判断句否定形式及肯定、否定回答。
⑤ 场所指示代词「ここ」「そこ」「あそこ」「どこ」的用法。

语音知识

一、长音

长音是日语中一种最能体现语音节拍的特殊音,也就是发完一个音时,口形保持不变,继续把元音拉长一拍(实际上不足一拍),形成长音。在写法上当「あ」段假名后面出现「あ」,「い」段假名后面出现「い」,「う」段假名后面出现「う」,「え」段假名后面出现「え」或「い」,「お」段假名后面出现「お」或「う」时,要将前一个假名的元音拉长一拍,这时后面的假名发音仅仅起到一个长音符号的作用,而不能与前面的假名分开单独念。另外,还要注意外来词中的长音用横线「ー」表示。请看下面的例词,划线部分表示长音。

　　おか<u>あ</u>さん(母亲)　　し<u>い</u>たけ(香菇)　　く<u>う</u>き(空气)　　え<u>い</u>い(锐意)
　　え<u>い</u>ご(英语)　　　　こ<u>う</u>そく(高速)　　コ<u>ー</u>ラ(可乐)
　　ふ<u>う</u>りん(风铃)——ふりん(婚外恋)　　り<u>ょ</u>う(利用)——りょう(寮)
　　りゅう(劉)——り<u>ゅ</u>う(理由)

现代日语中,长音与非长音的区别是非常重要的,因为有许多的词是靠长短音来区分意思的。

二、促音规则

促音是一种顿挫音节,一般只出现在词中或句中,用小写的「っ」表示。这个符号本身不发音,表示在这里需要作即将发音的辅音的嘴形而停顿一拍,掌握其时间性很重要。如:ずっと的读法就是读完「ず」后停顿一拍,然后再发出「と」的音,中国人一般不容易把这个音读好,所以一定要多加注意。在日语中许多的词有无促音意思完全不同。如:

　　いったい(到底)——いたい(遗体)　　きっく(踢)——きく(听)
　　まち(城镇)——まっち(火柴)　　　　さっか(作家)——さか(山坡)

かっさい(喝彩)——かさい(火灾)

促音一般发生在清辅音か、が、さ、ざ、た、だ、ば、ぱ行假名之前。根据后续音的不同,又可以细分为下列四种情况：

(1) 舌尖促音

这时候促音一般出现在さ、ざ行和た、だ行假名之前。由于さ行和ざ行的假名中,辅音[s]和[z]都是靠舌尖的发音来实现的,因此称为舌尖促音。例如：

いっさい(一切)　　いっしん(一心)　　いっせい(一齐)　　いっそう(更加)
いったい(到底)　　いっつう(一封)　　いってい(一定)　　いっとう(一等)

(2) 舌面促音

这时候促音一般出现在か、が行假名之前。由于辅音[k]「g」是靠舌面抵软腭,阻塞气流发音来实现的,因此称为舌面促音。例如：

いっかい(一楼)　　すっきり(清爽)　　いっこう(一向)　　てっこう(钢铁)

(3) 双唇促音

这时候促音一般出现在ば、ぱ行假名之前。由于「ぱ」行假名中,辅音[p]是一种双唇无声爆破音,因此称为双唇促音。例如：

いっぱつ(一下)　　いっぴん(绝品)　　いっぷく(稍事休息)　　いっぺん(一次)

课文翻译

前　文

小鲁的房间在二楼。房间里有书桌和椅子等。

书桌有三张。椅子有六把。床有四张。房间里还有计算机。没有电视机。电视机在学生俱乐部。厕所在二楼。浴室在一楼。

会　话

李：小鲁,你的房间在二楼。
鲁：是么,房间里有什么?
李：房间里有书桌和椅子等。
鲁：房间里书桌有几张?
李：有三张。
鲁：房间里椅子有几把?
李：有六把。
鲁：床有几张?
李：有四张。
鲁：房间里,有计算机吗?
李：嗯,有的。

鲁：房间里也有电视机吗？
李：不，房间里没有电视机。
鲁：电视机在哪有？
李：电视机在学生俱乐部有。好，请进吧。小鲁的房间就是这儿。
鲁：对不起，请问书架在哪儿？
李：书架在这儿。
鲁：那儿是厕所吗？
李：对，是的。那儿是厕所。
鲁：那里是浴室吗？
李：不，不对。那里不是浴室。
鲁：浴室在二楼吗？
李：不，浴室不在二楼，在一楼。
鲁：你辛苦了，谢谢。
李：不用谢。那么，我告辞了。
鲁：再见。

重点词例解析

1. 「あります」（自五）有、在
    ○ わたしの部屋は三階にあります。／我的房间在三楼。
    ○ 机の上に本があります。／桌子上有书。

2. 「そうですか」（词组）是嘛，那样啊
    ○ すみません。私は行きません。／对不起，我不去。
     あっ、そうですか。／哦，这样啊。

3. 「いくつ」（名）几个、多少、几岁
    ○ りんごはいくつありますか。／有几个苹果？
    ○ おいくつですか。／你几岁啦？

4. 「どこ」（代）哪里
    ○ みかんはどこにありますか。／橘子在哪里？

5. 「さあ」（感叹）
    ① 表示劝诱、催促
    ○ さあ、いきましょう。／走，我们一起去吧。
    ○ さあ、どうぞおはいりください。／快，快请进。
    ② 表示踌躇、迟疑
    ○ さあ、わかりません。／嗯，我不知道。

6. 「違います」（自五）
    ① 不同、不一样
    ○ わたしの考えが違います。／我的想法不同。

② 不对、错了
- 計算が違います。/算得不对。

7. 「いろいろ」(名、副、形动) 很多、各种各样的
- 果物の種類はいろいろです。/水果有很多种。
- いろいろとありがとうございます。/各方面都谢谢您。
- 部屋の中に、いろいろなものがあります。/房间里有很多东西。

8. 「しつれいします」(词组)
① (进入别人房间时) 那就打扰了
- どうぞおはいりください。/请进吧。
ありがとうございます。失礼します。/谢谢。那我就打扰啦。
② (离开别人房间时) 那就告辞了
- では、失礼します。/那么,我就此告辞了。

9. さようなら(寒暄)是"再见"的意思,但要注意日常定期见面的人们(如:学生和老师、公司同事等)分手时一般不说,所以"さようなら"主要用在长期分手或不再见面时。

语法句型详解

一、「…は…にあります」

可以改写成「甲は乙にあります」,这是日语典型的"存在句"句型,表示"甲"物在"乙"地。"存在句"是日语中一个使用频率非常高的句型。这里的动词「あります」一般只用来表示没有生命的物体及植物等的存在,不能用于人或动物(人或动物要用「います」)。存在的物品用「は」提示为主题,「に」是提示存在地点的补格助词,在句子里面表示前面的名词是存在的场所。
- 本は机の上にあります。/书在桌子上面。
- 私の部屋は一階にあります。/我的房间在一楼。
- 公衆電話はデパートの前にあります。/公用电话在百货商店的前面。

该句型相应的否定形式是「…は…にありません」。
- ラジオは本棚の上にありません。/收音机不在书架上。
- テレビも本棚の上にありません。/电视机也不在书架上。

二、「…に…が(も)あります」

如果改写成「甲に乙が(も)あります」就比较好理解,这个句型表示"甲"地有"乙"物。格助词「に」放在了句子前面,突出了物品存在的地点,存在的主体则用「が」或「も」表示。
- この教室に机が30ぐらいあります。/这个教室有30张左右的桌子。
- 机の上に本が3冊あります。/桌子上有三本书。
- 部屋の中にテレビがあります。/房间里有电视。
- 部屋の中にラジオもあります。/房间里也有收音机。

如果要对存在主体进行提问的话,疑问词要用「何(なに)」,并且疑问词做主语的话,格助词要用「が」,答句的主语也必须用「が」表示。

○ 机の上に何がありますか。／桌子上面有什么？
   机の上に時計があります。／桌子上面有表。

三、「…には…があります」和「…には…はありません」

「には」是「に」和提示助词「は」的重叠使用,可以看做是将「に」引出的补语提出来作主题的强调形,有对比的语气,后面否定句中的「は」起加强语气的作用。
   ○ テーブルの上にはケーキがありますか。／餐桌上面有蛋糕吗？
      いいえ、テーブルの上にはケーキはありません。／不,餐桌上面没有蛋糕。

四、「…に…がいくつありますか」

「…がいくつありますか」的「いくつ」是数量疑问词,在日语句中,数量词表示事物程度的时候,和副词一样放在动词之前做状语,后面不加助词,这叫做数量词的副词用法。
   ○ テーブルの上にりんごがいくつありますか。／餐桌上有几个苹果？
      テーブルの上にりんごが三つあります。／餐桌上有三个苹果。

五、「…や…など」

「や」是并列助词,表示不完全列举(即:不一一全部列出同类事项)。「など」是副助词,表示从同类事物中列举出一个或几个,其余省略。这是日语典型的不完全列举的形式。
   ○ 学生寮には机や椅子やベッドなどがあります。／学生宿舍里有桌子、椅子和床等。
   ○ １階にはトイレや浴室や会議室などがあります。／一楼有厕所、浴室和会议室等。

六、「…は…ではありません」

这是第二课学习过的判断句型「…は…です」对应的否定句。句型中的「では」要读做[dewa],「は」和「ではありません」之前都要求接续体言。
   ○ これは日本語の本ではありません。／这不是日语书。
   ○ あの人は日本語科の学生ではありません。／那个人不是日语专业的学生。

七、「はい、そうです」与「いいえ、ちがいます」

这是判断句的简略回答形式。如:
   ○ これは中国の地図ですか。／这是中国地图吗？
      はい、それは中国の地図です。／是的,那是中国地图。
这样的答句重复了与问句中同样的内容「中国の地図」,显得比较啰唆。为了避免不必要的重复,使对话更加流畅、高效,可以用判断句的简略形式回答。
   肯定判断的简略回答:「はい、そうです」
   否定判断的简略回答:「いいえ、そうではありません」或「いいえ、ちがいます」
   ○ あそこはトイレですか。／那里是厕所吗？
   肯定回答「はい、そうです」／是,是的。
   否定回答「いいえ、そうではありません」／不,不是。「いいえ、ちがいます」／不,不对。

八、场所指示代词「ここ」「そこ」「あそこ」「どこ」

前面学习过事物指示代词「これ」「それ」「あれ」「どれ」,这一课学习场所指示代词的用法。与事物指示代词的指代关系一样,「ここ」表示近称,离说话人较近的场所;「そこ」表示中称,离听话人较近的场所;「あそこ」表示远称,离双方都较远的地方;而「どこ」则表示

疑问。这些指示代词里都有「こ」、「そ」、「あ」、「ど」存在,我们把这样的一组词语叫做「こそあど」系词汇。

○ トイレはどこにありますか。/厕所在哪里?
　トイレはあそこにあります。/厕所在那里。

课文难点注释

1. 第24页前文第1行「へやにつくえやいすなどがあります。」的「…や…など」是上文注释里介绍过的日语典型的不完全列举形式。

2. 第24页前文第3行「つくえが みっつあります。いすがむっつあります。ベッドがよっつあります。」大家要习惯日语中数量词的位置,一般直接放在谓语动词的前面。

3. 第25页第7行的「さあ、どうぞお入りください。」这里的「お入りください」是一种礼貌的表达方式。详细的构成原理会在今后关于日语敬语的章节里介绍。

4. 第25页会话倒数第3行「いろいろ どうもありがとうございました。」的「いろいろ」是副词,表示"很多"的意思,其后省略了"受到您的关照"等部分,这是口语中经常出现的省略形式。

5. 第25页会话倒数第1行的「さようなら」,虽然是"再见"的意思,但其往往是分手"不再见"时说的话,意思是"要分手了,请多保重",每周定期见面的人分手时一般不会说「さようなら」,而说「バイバイ」或「じゃ、また」等。

随堂自测练习

一、请为下面的日语汉字注假名。
　　学生　浴室　1階　本棚　二階　部屋　椅子　色々　失礼　言葉

二、在(　)内填入适当的助词。每个(　)限填一个假名。
　①ここには万年筆(　)ノート(　)(　)(　)あります。本(　)ありません。本(　)本棚(　)あります。
　②テーブルの上にケーキ(　)あります。コップ(　)あります。テーブルの上(　)(　)(　)ポット(　)ありません。
　③これはわたし(　)テキスト(　)(　)ありません。王さん(　)テキストです。

三、请试着写出下列答句的问句。
　①问:
　　答:トイレは一階にあります。
　②问:
　　答:かばんの中にりんごが五つあります。
　③问:
　　答:はい、テーブルの上にナイフもあります。

④ 問:
　　答:はい、大学もあそこです。
⑤ 問:
　　答:いいえ、部屋にはテレビはありません。
⑥ 問:
　　答:いいえ、そこは寝室ではありません。浴室です。
⑦ 問:
　　答:部屋には机や椅子などがあります。
⑧ 問:
　　答:はい、それも日本語のテキストではありません。

四、汉译日。
　1. 房间里有电视机,还有收音机。
　2. 桌子上有电脑,没有电视机。
　3. 浴室在一楼,厕所在二楼。
　4. 桌子上有钢笔、日语书、历史书等。
　5. 宿舍里有什么东西？有三张桌子,还有三张床。

五、日译汉。
　1. あそこにはテレビやラジオなどがあります。
　2. そこは李さんの寮ですか。いいえ、違います。
　3. そこは顧さんの寮ですか。はい、そうです。

第四课　がくえんとし

本课学前重点提示

① 拗音和拗长音、拗促音的读法。
② 形容词作谓语和形容词作定语的用法。
③ 表示生物和非生物存在的两种句型。
④ 形容动词作谓语和形容动词作定语的接续方法。
⑤ 几个常见助词及连体词的概念和用法。
⑥ 数量词和时间名词的副词性用法。

语音知识

一、拗音

五十音图中,以一个假名表示"辅音+元音"的音节,我们称之为"直音",而"辅音+半元音+元音"的音节被称为"拗音",拗音是相对"直音"命名的,由い段假名中除い之外的き、し、ち、に、ひ、み、り、ぎ、じ、び、ぴ等假名和复合元音や、ゆ、よ相拼而成的音节,拗音虽写作一大一小两个音节,但发音时只占一个拍的时长。日语的拗音与汉语的"i"为介音的三拼音节比较相似,但日语拗音的辅音要发的短而轻,元音部分相对较清晰,汉语的辅音比日语稍长且清晰。除教材上介绍的之外,日语还存在很多特殊的合拗音(只有片假名拼写形式)。如:シェ、チェ、ディ、ウイ、ウェ、ウォ、チェ等。

二、拗长音

拗音的长音同"や、ゆ、よ"的长音标记一样,分别用后加"あ"和"う"来表示。而片假名拼写的外来词拗长音用"－"来表示。

课文翻译

这一带是大学城。大学城里有各种各样的大学,校园都是新的。
这里是我们的大学。这个高的建筑物是图书馆。那个建筑物是阅览室。远处的那个建筑是校招待所。
学生上午在教室,下午在阅览室。晚上在宿舍。大学里有广场,广场上有个水池。水池

里有美丽的金鱼。

大学城有地铁站,交通非常的便利。

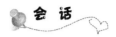
会　话

李：小鲁,现在带你看看大学的校园。

鲁：是么。你特意陪我去,十分感谢。

李：这一带是大学城。

鲁：真大啊。

李：是的。大学城里有各种各样的大学。这里是我们的大学。

鲁：是么? 这幢楼是什么楼? 真漂亮啊。

李：这幢高楼是图书馆。

鲁：那幢楼也是图书馆吗?

李：不,不是。那幢楼不是图书馆。是体育馆。

鲁：那个楼真漂亮啊。是什么楼?

李：那个漂亮的楼是大学的招待所。

鲁：招待所平时谁在住?

李：有留学生和外国友人等。

鲁：教室是哪栋楼?

李：教室是那栋红楼。

鲁：校园里非常安静啊。

李：是的,学生上午都在教室里。

鲁：下午也在教室吗?

李：不,下午不在教室。

鲁：下午在哪儿?

李：在阅览室。

鲁：晚上在哪儿?

李：晚上在宿舍。

鲁：那儿真热闹啊。是什么地方?

李：那儿是大学城地铁站。是个热闹的地方。

鲁：是吗? 这里交通非常的方便啊。大学城有多少学生?

李：大学城里,学生大约有十万三千五百人左右。

鲁：那儿有许多花和草啊。那儿是什么地方?

李：那儿是大学的广场。

鲁：广场上有什么?

李：广场上有个水池。水池里有许多美丽的金鱼。

鲁：那幢楼是食堂吧?

李：是的，那幢楼是食堂。
鲁：哟，已经到吃饭的时间啦。今天辛苦你了，十分感谢。
李：不，不用客气。

重点词例解析

1. 「あたり」（名）
   ① 表示地点上的"附近"、"周围"。
   ○ このあたりはにぎやかです。/这一带很热闹。
   ② 表示时间上的"左右"、"大约"。
   ○ 私は七時あたりに学校へいきます。/我大约七点去学校。

2. 「みんな」（代、副）
   ① 大家（代词）
   ○ みんなは記念写真をたくさんとりました。/大家照了许多纪念照。
   ② 都、全（副词）
   ○ 日本人はみんな野菜が好きです。/日本人都爱吃蔬菜。

3. 「あたらしい」（形）新的
   ○ 新しいノートを買います。/买新的笔记本。
   ○ 新しい魚を食べます。/要吃新鲜的鱼。

4. 「わたしたち」（代）我们。「たち」意为"们"，但一般只用于"我们"「わたしたち」和"你们"「あなたたち」。在表示"他们"的时候说「かれら」。日语的人称代词很多，如：
   第一人称：わたし、わたくし（谦称，用于正式场合）、わし（老人自谦用语）、ぼく（男子用语）、おれ（男子用语）。第二人称：あなた、きみ（长辈对晚辈用语）。第三人称：あのひと、あのかた、かれ、かのじょ。不定称：どなた、どちら（尊称，正式用语）、だれ。

5. 「その」（连体词）那、那个……「この」「その」「あの」「どの」都是连体词（也就是连接体言的词），连体词是日语中特有的一种词类，它不能单独使用，必须后续体言才可以在句子中充当成分。日语的体言包括：名词、数词和代词。
   ○ その部屋/那个房间
   ○ その椅子/那把椅子
   ○ その二人/那二位
   ○ あの人はとても親切です。/那个人待人非常亲切。

6. 「います」（自一）在，有。「います」只用于有生命的物体（植物除外），而「あります」则用于无生命的物体。
   ○ この公園に、虎がいます。/这个公园里有老虎。
   ○ お兄さんは家にいますか。/你哥哥在家吗？

7. 「きれい」（形动）漂亮的、干净的。「きれい」是形容动词。形容动词修饰体言需加「な」。
   ○ きれいな花/漂亮的花
   ○ きれいな部屋/整洁的房间

8.「とても」(副词)很、非常。
　　○ 今日はとてもいい天気です。/今天是个非常好的天气。
　　○ 上海の動物園はとても大きいです。/上海动物园非常大。
9.「これから」(词组)从现在起,从今往后。
　　○ これから説明しますが、…/下面说明一下,……(从现在开始,我说明一下)
10.「わざわざ」(副)故意地、特意地。
　　○ わざわざ来て、ありがとうございます。/特地过来,真是谢谢!
　　○ わざわざ行きます。/特意去。
11.「いつも」(副)总是、经常。
　　○ 田中さんはいつも運動をします。/田中经常做运动。
12.「たくさん」(副词)许多、很多
　　○ 明日、新しい学生がたくさんいます。/明天会有很多新生在。
13.「もう」(副)已经、马上就要。
　　○ もう夜です。/已经是夜里了。
　　○ もう来ます。/马上就来。

语法句型详解

一、形容词作谓语和定语

形容词是描述人的情感及事物的性质、状态的一类词,形容词的词尾都是「い」,并且表达不同的意思时词尾有相应的变化。

① 形容词作谓语构成描写句是形容词的次要功能,可以直接结句,后续「です」结句表示对听话人的尊敬。
　　○ この雑誌は新しいです。/这本杂志是新的。
　　○ デパートは遠いです。/百货商店很远。
　　○ 田中さんは優しいです。/田中先生很和蔼。
　　○ 私は嬉しいです。/我很高兴。

② 形容词作定语是其主要功能,可以直接修饰体言。
　　○ これは新しい日本語の雑誌です。/这是一本新的日语杂志。
　　○ これは小さいケーキです。/这是一块小蛋糕。

二、「…は…にいます」

① 是表示有生命物体(人或动物)存在句的形式。动词「います」用来表示人或动物的存在。
　　○ 山田さんは今教室にいます。/山田同学现在在教室。
　　○ 李さんは部屋にいます。/小李在屋子里。
　　○ 犬は庭にいます。/狗在院子里。
　　○ 先生はどこにいますか。/老师在哪里?
② 在日语口语中,存在句还可以用简单的判断句来表示。如:

○ 大学の正門はどこですか。/大学的正门在哪里?
③ 可以看成是"大学の正門はどこにありますか。/大学的正门在哪里?"的简单说法。类似的如:
○ 李さんは今どこですか。＝李さんは今どこにいますか。/小李在哪里?

三、「…に…がいます」

是将存在地点前置的存在句型,意在突出存在的地点。
○ 食堂に学生がたくさんいます。/食堂里有许多学生。
○ ベッドの上に猫がいますか。/床上有猫吗?
○ 部屋の中にだれがいますか。/房间里有谁在?

四、形容动词作谓语和定语

形容动词和形容词的功能几乎完全一样,可以作为形容词的一种类型来看待。由于形容动词的词尾是「だ」,和以「い」为词尾的形容词不同,因此日语中有的将形容动词称为"な形形容词"。需要注意的是,这套教材的形容动词词尾在单词表中都是省略的,但在进行词尾变化时必须考虑词尾的存在。形容动词作谓语时将词尾「だ」变成「です」。
○ この新しい建物はりっぱです。/这个新的建筑物很气派。
○ 李さんは日本語が上手です。/小李的日语很好。
形容动词作定语时要将词尾「だ」变成「な」。
○ これはりっぱな建物です。/这是个气派的建筑。
○ ここはにぎやかな公園です。/这里是热闹的公园。

五、格助词「へ」

「表示场所的名词＋へ(に)行きます」是日语表达去某地的句型,「へ」或者「に」都可以在移动性的动词做谓语的句子里引出"去或来的目的地",表示移动的方向,相当于汉语的"向""往""到"。"へ"侧重指"方向","に"侧重于到的"地点"。例如:
○ 何時に上海に(へ)行きますか。/几点去上海?
○ 大学へ案内します。/陪同去学校参观。
○ 日本へ旅行します。/去日本旅行。

六、副助词「ぐらい」

跟在数词后面表示大概的数量。
○ この図書館は本がどのぐらいありますか。/这个图书馆大约有多少本书?
○ 李さんは日本に二年ぐらいいます。/小李要在日本待两年左右。
○ 私のクラスには学生が30人ぐらいいます。/我们班里有三十几个学生。

七、并列助词「と」

用来连接体言,表示完全列举。
○ 李さんと魯さんは日本語科の学生です。/小李和小鲁是日语系学生。
○ テーブルの上には、ナイフとりんごがあります。/餐桌上有小刀和苹果。
○ 机の上に、電話と時計があります。/桌子上面有电话和手表。

八、终助词「ね」的用法
① 表示感叹
○ このはなはきれいですね。/这花真漂亮啊。
○ このあたりはにぎやかですね。/这一带真热闹啊。
② 表示确认
○ これは李さんの本ですね。/这是小李的书,对吧。

九、指示连体词「この」「その」「あの」「どの」
连体词是日语中特有的一种词类,它不能单独使用,必须后续体言(名词、数词、代词)才可以在句子中充当成分。
○ あの人はとても親切です。/那个人待人非常亲切。
○ その建物は大学のゲストハウスです。/那个建筑是大学的招待所。
连体词和其所修饰的体言之间可以有其他修饰语存在。
○ あのきれいな花は何の花ですか。/那个漂亮的花是什么花?
○ あの高い建物は大学の図書館です。/那个高的建筑是大学的图书馆。

十、数量词和时间名词作状语的副词性用法
日语的数量词和时间名词在用法上与汉语的副词类似,不用加任何助词就可以直接修饰"用言"作状语,用来表示事物发展的程度、范围等含义。
○ 部屋には、椅子が四つあります。/房间里面有四把椅子。
○ 学生は朝どこにいますか。/学生早上在哪里?
○ 私のクラスには学生が30人ぐらいいます。/我们班里有三十几个学生。

课文难点注释

1. 教材第33页前文第1行「学園都市にはいろいろな大学があります。」中的「いろいろ」既是副词又是形容动词。它修饰名词的时候,一般用「いろいろな」的形式出现。如:
○ いろいろな人、いろいろな人生/各种各样的人,各种各样的人生
另外,还可以直接修饰动词。
○ いろいろお世話になりました。/承蒙各种关照。
○ いろいろ工夫しました。/想了各种各样的办法。

2. 第33页倒数第1行「がくせいはあさはきょうしつにいます。ごごはえつらんしつにいます。よるはりょうにいます。」中第一个「は」提示句子主题,是整个这段话叙述的主体。后面三个「は」提示的都是时间状语,有对比作用。根据表达的需要日语一句话里可以有多个提示助词「は」,除主题外其余的可以作"前提条件"来理解。如:
○ あの人は雨の日には外は運動はしません。/他下雨天的话在外面不做运动(下雨天不包括晴天、在外面并不否定在室内)。

3. 第34页会话第2行「わざわざどうもありがとうございます。」的「わざわざ」是"特意"的意思。后面省略了"您为我带路"等部分,所以这句话应该译为"感谢您特意为我带路"。

4. 第34页会话第4行「ひろいですね」的「ね」是终助词(也称为语气助词),在这里读降调,表示感叹的意思。本页第7行和35页第1行的「ね」也表示同样的意义。

5. 第35页倒数第4行「あのたてものはしょくどうですね。」这里的「ね」读升调,表示说话人向对方确认某事,即"那个建筑物是食堂吧"。

6. 第35页会话的倒数第1行「いいえ、どういたしまして。」的「どういたしまして」是感叹词,回答对方感谢时的自谦客套用语,意思是"哪里的话、岂敢、不必客气"。

随堂自测练习

一、请给下列日语汉字注假名。

お茶　辞書　百　逆　金魚　授業　習慣　休暇　今日　瞬間　出張

二、假名写汉字。

たてもの　　　　えつらんしつ　　　としょかん　　　こうつう　　　りっぱ
ゆうじん　　　　はな　　　　　　　しょくどう　　　じかん　　　　しょくじ

三、填空。

1. このあたり(　　)がくえんとしです。がくえんとし(　　)(　　)いろいろ(　　)だいがく(　　)あります。

2. がくせい(　　)あさ(　　)きょうしつ(　　)います。ごご(　　)えつらんしつ(　　)います。よる(　　)りょう(　　)います。

3. がくえんとし(　　)(　　)ちかてつ(　　)えき(　　)あります。こうつう(　　)とてもべんりです。

4. ゲストハウス(　　)(　　)いつもだれ(　　)います(　　)。りゅうがくせい(　　)がいこく(　　)ゆうじん(　　)います。

四、日译汉。

1. わたしたちのきょうしつはきれいです。
2. あのにぎやかなところはたいいくかんです。
3. がっこうのとしょかんはしずかです。
4. 私たちはあさはきょうしつにいます。ごごはえつらんしつにいます。よるはりょうにいます。

五、汉译日。

1. 图书馆里有许多中文书和外文书。
2. 小顾的爸爸和妈妈都在这所大学里。
3. 大学城中有许多壮观的建筑。
4. 那个红色的建筑物是我们学校的食堂。

単元一復習　シャンハイのワイタン

本课学前重点提示

　　本课是单元小结课,除单词和课文外没有新的语法,重点在于通过对课文内容的学习,巩固和厘清本单元所学的各种语法。

课文翻译

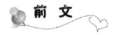

　　小鲁是无锡人。小李是上海人。今天是国庆节,天气很好。所以,小李和小鲁要去上海的外滩。

　　外滩在黄浦江的西面,其英文名叫"班德"。外滩是个有异国情调的地方,那里有很多古老的外国式建筑。

　　外滩的对面是浦东,浦东在黄浦江的东边。那里有很多新的现代式建筑。

　　外滩的历史文化和浦东的现代景色形成了很好的对比。

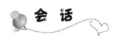

李:小鲁,你好。

鲁:你好。

李:你身体好吗?

鲁:谢谢。托你的福,很好。

李:你是第一次来上海吗?

鲁:是的,第一次来上海。

李:你的家乡是哪儿?

鲁:是无锡。你呢?

李:是上海。今天是个好天气啊。

鲁:嗯,真是个非常好的天气啊。

李:小鲁,今天是国庆节。带你去逛上海的外滩。

鲁:是么。太感谢了。

李：瞧,小鲁,这儿就是外滩。在黄浦江的西面。

鲁：是么。人真多啊。

李：是啊。外滩什么时候都会有很多的观光客。

鲁：外滩是有点异国风情的地方啊。

李：那是。这里的银行、宾馆等都是古老的外国式建筑。

鲁：外滩的对面是什么地方?

李：外滩的对面是浦东,浦东在黄浦江的东边。

鲁：浦东有很多新的现代式建筑。那个高塔是什么?

李：那是东方明珠电视塔。是新上海的象征。

鲁：真高! 大概有多高呢?

李：468米左右。

鲁：那附近的建筑也很漂亮,那是些什么楼?

李：金茂大厦、环球金融中心、上海中央大厦。

鲁：外滩的历史文化和浦东的现代景色形成的对比真是非常好啊。

重点词例解析

1. それで(接续)该词是因果关系的接续词(连接词),表示前因后果,意思是:"因为……所以……"。

    ○ はちじにかいしゃへ行きます。それで、七時におきます。/八点去公司。所以,七点起床。

    ○ とてもよいてんきです。それで、私はこうえんへいきます。/天气非常好。所以我要去公园。

2. 「行きます」(自五)去。表示去某地,表地点的名词与「行きます」用「へ」来连接。此时,「へ」写作「へ」,但读「え」。

    ○ わたしはシャンハイへ行きます。/我要去上海。

3. 「なかなか」(副)

    ① 相当、颇

    ○ 私の家は学校からなかなか遠いです。/我家离学校很远。

    ② 难以(后续否定表达)

    ○ 約束の時間を過ぎましたが、季美子さんはなかなか来ません。/已经过了约定的时间了,季美子还是没来。

    ○ 三十分待ちましたが、バスはなかなか来ません。/等了30分钟,公交车还是不来。

4. 「こんにちは」(词组)你好。常用寒暄语,对家庭成员之外的人一天内皆可使用。

    ○ おはようございます。/早上好。

    ○ こんばんは。/晚上好。

5. 「お元気ですか」(词组)是日本人见面寒暄时最常用的词组之一,意为"你(您)好吗?"答复这样的寒暄可以说「おかげさまで元気です」,即"托您的福,我很好。"或者直接说「お

かげさまで」"托您的福"。

6. 「初めて」(副) 第一次、初次
    ○ 初めて出張します。/第一次出差。

7. 「うち」和「いえ」。这两个单词都可以写成「家」,意思有相近的一面。
    ○ いえ(うち)を建てます。/盖房子。
    ○ うちを持ちます。/成立家庭。
    ○ いえを出ます。/离开家。
    但有所不同的是,「うち」的意义很广,还可以表示"家里人"、"一家人"等各种意思,而「いえ」则没有这些用法。
    ○ うちはいっしょにご飯を食べます。/我们是全家人在一起吃饭。

8. いい(形) 好的。「良い」既可读「いい」,也可读「よい」。其中「いい」最为口语化,「よい」比其稍加正式,另有「よろしい」最为正式,常用于商业场合及正式场合。
    ○ 今日はいい天気です。/今天天气很好。

9. 「凄い」(形)(程度) 很深的、厉害的。这个词表示事物发展的程度很高,注意这个词有多种含义,既可以是赞许的,也可能是贬义的。
    ○ すごい光景/骇人的情景
    ○ 彼はすごい顔をしています。/他长的一脸横肉。
    ○ すごい人気/极高的人气(演员等红得发紫)
    ○ すごい雨/大(暴)雨

10. 「大勢」(副) 与「たくさん」。这两个副词都表示"许多"的意思,不同的是「大勢」只能用来指代人,而「たくさん」既可以指代人也可以指代物品。
    ○ 庭に花や草などがたくさんあります。/院子里有很多花草。(大勢×)
    ○ 公園に人が大勢います。/公园里有很多人。(たくさん＊)
    ○ 教室に学生がたくさんいます。/教室里有很多学生。(大勢＊)
    另外,两个词都有名词性用法,即可以直接后续「の」来修饰名词。
    ○ 大勢の人が公園にいます。/很多人在公园里。
    ○ たくさんの学生が教室にいます。/很多学生在教室里。

11. どのぐらい(副) 多少。既可问时间,亦可问金钱、距离。
    ○ 時間はどのぐらいかかりますか。/要花多长时间?

12. 「近く」(名、副)
    ① 附近(名)
    ○ 家の近くに映画館があります。/家的附近有电影院。
    ○ 学校の近くに公園があります。/学校附近有公园。
    ② 最近(副)
    ○ 近く日本へ行きます。/最近要到日本去。
    ○ 彼女は近く出張します。/她最近要出差。

语法句型详解

本课是复习课,重在通过对课文的学习,巩固本单元所学句型语法。请大家认真阅读教材44页到50页的内容。

日语词汇

1. 日语词汇中的汉字

日语词汇中的汉字由于是在漫长的中日文化交流过程中,不断地传到日本,被日本人吸收利用的,有些与我国现在通行的汉字完全相同,有些有差别,另外还有一些则是日本人自己根据汉字的造字规律模仿、创造出来的"日本汉字"。从中日文汉字字型比较来看,有完全相同的,如:教室、学校、学生等;也有大同小异的,如:变化、团体、周边等;还有差异很大的,如:竜、売、払等;甚至有日本人模仿创造的,如:畑、峠、辻等。在词义方面,也不完全与汉语中汉字的含义一致;与汉字词词义相同的,如:教室、学校、学生等;完全不同的,如:手紙、丈夫、切手、娘等。

日语汉字的读音非常复杂,既有模仿汉语读音的"音读",也有按日本固有语音来发声的"训读",还有混合读的。

2. 日语单词的类别

日语中的词类,叫做品词。根据单词的意义、形态和在句子中的修饰作用,按照单词是否可以单独表示事物的独立性来划分,可以将日语单词划分为独立词(实词)和附属词(虚词)两种。所谓独立词,就是有独立的含义,在句子中可以充当独立成分的词。还可以根据有无变化来进一步划分。附属词,是对独立词进行补充、叙述或添加意义的,只有语法功能,并且只能接续在独立词之后才可以起作用的词。日语有四种词有词尾变化,这种变化叫活用,活用有一定的规律。

日语词汇的具体种类按传统学校语法可划分为12种品词。

(1) 独立词包括用言(动词、形容词、形容动词)、体言(名词、代词、数词)、副词、连体词、接续词、感叹词等10种。

名词、代词、数词统称为"体言",即表示实体的语言。所谓"用言",就是"对体言的运用",描述事物的动作、存在、性质、状态,在句子当中可以单独充当谓语的词汇。其中,"形容动词"是汉语中没有的概念,它最早其实是从汉语中引进的名词,因为日本人用它加"な"当做形容词来修饰名词,所以归入形容词的一种,由于词尾变化固定、容易辨别,因此现代日语中形容动词和形容词、动词一同被列为用言的三大类。

介于体言和用言之外无变化的独立词是连体词、副词、接续词和感叹词。"连体词"也是汉语中没有的一个概念,这里的"体"就是指"体言",因此"连体词"也就是直接用来连接体言的词汇,起到修饰作用。

副词用来修饰"用言",即动词、形容词和形容动词,而接续词则是用来连接前后两个句子,表示其间的逻辑关系。感叹词位于句首或独自成句,表示感叹、呼唤、应答等。日语中

的名词与动词没有单、复数的概念。

（2）附属词包括助动词和助词两种。

助词、助动词接在其他词后面，表示该词在句中的地位和语法职能。助动词主要接续在用言后面，起到增添某种含义的语法作用，有各种变化。助词则接续在独立词后面，表示该词在句子中的作用及与其它词之间的关系，或增添某种含义、语气等，虽然没有变化，但对日语意思的表达起至关重要的作用，被形象地称为是日语的"生命所在"。

3. 日语词汇的来源

日语词汇主要由三个部分组成，即日本固有词汇（也叫"和语"），如：あう、あき等，汉语词汇（也叫"漢語"），和外来词。其中，外来词（日语称为"外来語"）主要是从欧美语言（多数是英语）词汇音译而来，一般情况下都用片假名书写，如：ノート、インク、テレビ、ラジオ等。

综上所述，学习者在记忆单词时，必须将一个日语单词的诸多要素都记下来。首先是假名标记的发音，其次如果有汉字的话，需要记对应的日语汉字，再次是词调，然后是生词的属性，最后是对应的各种汉语的含义。

课文难点注释

1. 第42页前文第2行「とてもよいてんきです。」。日语的副词和汉语的副词一样，主要是修饰用言（形容词、形容动词和动词），这里的「とても」（非常）是副词，修饰后面的形容词「よい」（好），这句话的意思是"今天是个非常好的天气"。

2. 第42页第5行「ワイタンはエキゾチックなところです。」的「ところ」是"地方"的意思，可以写汉字"所、处"。

3. 第43页第3行「コントラストはなかなかよいです。」的「なかなか」（副词）修饰形容动词「よい」，表示"非常好"。

4. 第43页会话第5行「シャンハイははじめてですか。」的「はじめて」是副词，要注意日语里有这类型的副词可以单独做谓语、主语，还可以加「の」修饰名词。

5. 第43页会话第8行「むしゃくです。李さんは。」这是一句省略句，句末的「は」要念升调，表示疑问。日语里面，当双方对会话所涉及的内容都很了解时，就会出现省略的情况。有时是主语的省略，有时是谓语或宾语等。这句话实际上也是在问小李的家乡在哪里，由于双方都很了解会话背景，不需要把话说得非常完整。这句话补充完整应该是「李さんのうちはどこですか。」

单元自测练习

一、汉字注假名。

国慶節　　天気　　地下鉄　　大勢　　留学生　　綺麗　　東方　　元気
風景　　現代　　無錫　　図書館　　交通　　友人　　文化　　銀行

二、假名写汉字。

えつらんしつ　　たいいくかん　　りっぱ　　　　ゆうじん　　　　しょくどう
じかん　　　　　しょくじ　　　　ひとで　　　　かんこうきゃく　にもつ

にほんごか　　　かいわ　　　　ぜんぶん　　　　がいこく

三、仿照例句编写完成会话。

例：テレビを見る。
问：あなたはよくテレビを見ますか。
答：いいえ、私はあまりテレビを見ません。
① デパートへ行く。
② りんごを食べる。
③ 新聞を読む。

四、填空。

1. このあたり（　）ワイタンです。ワイタン（　）（　）いろいろ（　）たてもの（　）あります。
2. がくせい（　）あさ（　）きょうしつ（　）います。ごご（　）えつらんしつ（　）います。よる（　）りょう（　）います。
3. なんきんろ（　）にぎやか（　）ところです。そこ（　）（　）、デパート（　）ホテルなど（　）たくさんあります。
4. このへや（　）だれ（　）います（　）。りさん（　）日本語科（　）顧さん（　）います。
5. ここ（　）こうえんです。むこう（　）きんもビル（　）あります。
6. あのりっぱ（　）たてものはこくさいホテルです。あのあかいたてもの（　）シャンハイとしょかんです。
7. これはだれ（　）ペンですか。それ（　）李さん（　）ペンです。
8. へやにさんじゅうにん（　）（　）（　）います。

五、汉译日。

1. 托您的福，我很好。
2. 那么，我就告辞了。
3. 我陪您去图书馆。
4. 国庆节，我和弟弟要去公园。
5. 我的班里有三十个左右的学生。
6. 我不是日语专业的学生。我是汉语专业的学生。

六、试着用日语回答下列问题。

问1：あなたは寮から教室までどのくらいかかりますか。
问2：食事の時間は何時から何時までですか。
问3：南京から上海までバスで何時間ぐらいかかりますか。
问4：日本語の授業は何時から何時までですか。
问5：午後2時から5時まであなたはどこにいますか。

第五课　大学の生活

本课学前重点提示

① 时刻和时间的说法。
② 动词的种类以及其终止形、连用形的变化。
③ 自动词和他动词的大致区别及句子结构的不同。
④ 补格助词「に」表示时间、基准的多种用法。
⑤ 补格助词「で」表示动作发生场所以及手段、方法的多种用法。
⑥ 提示助词「は」「も」对宾语的提示（宾语作主题）。

课文翻译

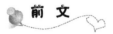

前　文

　　小李每天早晨六点起床。早晨经常去操场。在操场打篮球或做广播体操等。然后朗读日语。小李每天早晨七点半左右在学生食堂吃早餐。早餐吃面条或肉包。他不怎么吃面包。接着在七点四十分左右骑车去教室。
　　小李每天晚上七点至九点半学习。十点左右回宿舍。从大学到宿舍需要十分钟左右。大约在十点半睡觉。大学的生活很忙，但是非常愉快。

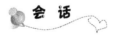

会　话

（在操场）
木村：早上好。
李　：早上好。
木村：小李你常来操场吗?
李　：是的，常来操场。对不起，现在几点了?
木村：现在六点四十分。你每天早晨几点起床?
李　：每天早晨六点起床，然后在洗脸间刷牙洗脸。
木村：每天早晨做什么样的运动?
李　：打篮球或做广播体操等。木村你呢?
木村：我打羽毛球或网球等。你每天早晨朗读日语吗?

李： 是的,朗读的。你朗读汉语吗?
木村：是的,我也朗读的。你在几点左右吃早餐?
李： 七点半左右吃早餐。
木村：在哪儿吃?
李： 在学生食堂吃。
木村：吃什么?
李： 吃面条或肉包。
木村：吃面包吗?
李： 不,面包不大吃。
木村：几点左右去教室?
李： 七点四十分左右去教室。
木村：骑自行车去吗?
李： 是的,骑自行车去。
木村：上课从几点到几点?
李： 上午从八点到十一点四十分,下午从一点四十分到三点二十分。
木村：是什么课?
李： 上午是日语课,下午是汉语课、体育课等。
木村：日语课每周有几节课?
李： 日语课每周有十节课。
木村：每天有几节课?
李： 每天有两节课。
木村：从几点钟开始?
李： 从八点钟开始。
木村：在几点结束?
李： 在九点四十分结束。
木村：小李听日语广播吗?
李： 是的,有时候听。
木村：电视也看吗?
李： 不,电视不大看。
木村：看日语报纸吗?
李： 是的,有时候看。
木村：小李每天晚上从几点到几点学习?
李： 每天晚上从七点到九点半学习。
木村：几点左右回宿舍?
李： 十点左右回宿舍。
木村：从大学到宿舍需要多少时间?
李： 需要十分钟左右。
木村：几点左右睡觉?
李： 十点半左右睡觉。

木村：大学的生活很忙吧？
李：　是的，非常忙。但是，十分愉快。

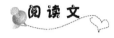

小丁的一天

小丁是上海日资企业的公司职员。他每天六点起床。七点在家吃早餐。八点左右出门。

小丁的家在市区。公司在郊区。从家到车站走十分钟。然后乘电车去公司。从家到公司需要花费一小时左右。因此，小丁在电车内读晨报，电车内十分拥挤。

公司九点开始上班。下午五点下班。但是，小丁时常要加班。另外同事之间还要经常交往应酬。所以一般九点左右回家。然后洗澡。十点左右看看书或杂志。还有就是稍微上网轻松一下。十一点左右睡觉。

重点词例解析

1. 「よく」(副)
   ① 经常（表示事情发生的频率）。
   ○ 私はよく上海へ行きます。/我经常到上海去。
   ② 很好地（表示事情发展的程度）。
   ○ 服をよく洗います。/好好地把衣服洗一下。

2. 「する」(他サ)表示做某事，宾语用格助词「を」来引出。
   ○ 勉強をします。/学习
   ○ 運動をします。/做运动

3. 「ごろ」与「ぐらい」。「ごろ」接在具体的时间点之后表示该时间点的前后；「ぐらい」接在时间量后面，表示大约的时间长度。
   ○ 田中さんは毎日午後八時ごろ寝ます。/田中每天八点钟左右睡觉。
   ○ 田中さんは毎日八時間ぐらい寝ます。/田中每天睡八个小时左右。

4. 食べる(他一)吃
   ○ ご飯を食べます。/吃饭
   ○ "吃饭"还可以说「食事をします」，不可以说「食事を食べます」，「食べます」的宾语要接具体食物。

5. 「あまり」(副)后续否定表达，表示"不怎么……"、"不太……"。
   ○ 李さんはあまり寮にいません。/小李不大待在宿舍。
   ○ 顧さんはあまり勉強しません。/小顾不大学习。

6. 「掛かる」(自五)表示"花费"的意思，可以指金钱、时间等。
   ○ 駅までたいへん時間が掛かります。/到车站很花时间。
   ○ お金(かね)が掛かります。/需要花费金钱。

7. 「たいへん」与「とても」，这两个副词都表示"非常"、"很"等意思，意思相近，常可以互换

使用。「とても」比较口语化,语气随便一些;而「たいへん」常用在比较正式的场合。
  ○ 桜の花はとてもきれいです。/樱花非常漂亮(也可用「大変」)。
  ○ 李さんは日本語がたいへん上手です。/小李的日语很棒(也可用「とても」)。

8. 来る(自力)来
  ○ 李さんは何時に来ますか。/小李几点来啊?

9. 「どんな」与「何の」,「どんな」侧重于问性质,而「何の」更侧重于问内容。
  ○ 彼はどんな人ですか。/他是什么样的人?
  ○ 何の勉強をしますか。/你要学什么?

阅读文重点词例解析

1. 「出掛ける」(自一)表示外出到某地,目的地可以用「に」或「へ」来表示。
  ○ デパートへ出掛けます。/出门去百货商店。
2. 「残業」(名)表示"加班",动词词组用「残業をする」来表示。
3. 「また」(副)表示"另外"、"再一次"。
  ○ また日本へ行きます。/还要再去日本。
  ○ 日本語を勉強します。また英語も勉強します。/学习日语,另外还要学习英语。
4. 「たいてい」(副)表示一般情况下都是如此。
  ○ たいてい朝六時に起きます。/基本上都是早上六点起床。
5. 「お風呂に入る」,「入る」是一个特殊的五段动词,虽然「る」之前的假名「い」在「イ」段上,但仍是五段动词。
  ○ 毎日お風呂に入ります。/每天都要洗澡。
6. 「楽しむ」(他五)欣赏、享受。
  ○ 観劇を楽しむ/观赏戏剧演出
  ○ 生活を楽しみます/享受生活

语法句型详解

一、动词的种类及活用形。

初学者在学习日语时常常会发现句尾有"ます"及"です"的区别。日本人常常在动词后加"ます",在名词等后加"です",用来表示对对方的尊敬。而动词没有发生变化的形态,我们习惯称之为"原形",而日语称其为"终止形",或"辞書形",也是字典上出现的形态。

1. 日语动词的分类及其变化

日语动词有各种分类方法,根据词尾变化的规律可以分为四种类型,分别是五段动词、一段动词、サ变动词和カ变动词。根据动词表达意思时是否要求"宾语"又可分为"他动词"和"自动词"。

(1) 五段动词、一段动词、サ变动词和カ变动词。日语动词都是由词干和词尾两个部分组成的,并且词尾的最后一个假名都在「う」段上。

　　a. 一段动词
　　一段动词的词尾是「る」,并且「る」前面一个假名必定是在「イ」段或「エ」段上。「イ」

段上的也叫上一段动词,「エ」段上的叫下一段动词。我们试着看下列几个动词:「居(い)る」、「起きる」、「寝(ね)る」、「見(み)る」、「食べる」、「教える」,这些动词都以「る」结尾,并且「る」之前的假名分别是:「い」、「き」、「ね」、「み」、「べ」、「え」,都在「イ」段或「エ」段。

b. サ变动词。以「する」作词尾形式出现的动词即为サ变动词。请看下列这组动词:「案内する」、「旅行する」、「勉強する」。这些动词都是以「する」作词尾形式出现的,我们称之为サ变动词。

c. カ变动词。日语里カ变动词只有一个,即:「来(く)る」。

d. 五段动词。五段动词的词尾有:「く」、「ぐ」、「す」、「つ」、「る」(「る」前一个假名不在「イ」段或「エ」段上)、「う」、「ぬ」、「む」、「ぶ」。

上一段动词和五段动词在词形上有时难以辨认,但上一段动词数量很少,可以单独记住。

(2) 自动词与他动词

日语动词按表达意思是否及物分成自动词和他动词两种,自动词即所谓的"主体自身在动"的不及物动词,作谓语时不需要宾语。如:「行く・遊ぶ・寝る・終わる」等。他动词即所谓"主体要对他而动"的及物动词,没有宾语就无法表达完整的意思。如:「食べる・飲む・書く・見る」等。他动词的宾语用格助词「を」来提示,故称「を」为宾格助词。他动词构成的句子:"ご飯を食べます/勉強をします/本を読みます/テレビを見ます/ラジオを聞きます/服を洗います"等。

自动词句:

○ 私はトイレへ行きます。/我去洗手间。

○ 李さんは家へ帰ります。/小李回家。

2. 动词的连用形 +「ます」

一般情况下日语的动词都有七种变化,分别是"未然形,连用形,终止形,连体形,假定形,命令形,推量形"。其中,接「ます」的活用形叫「连用形」。动词连用形加「ます」之后构成礼貌的语体,可以表示对听话人的尊敬。

(1) 一段动词将词尾「る」去掉,即构成一段动词的连用形,然后接续助动词「ます」。

「居る」→「居ます」;「起きる」→「起きます」;「寝る」→「寝ます」

「見る」→「見ます」;「食べる」→「食べます」;「教える」→「教えます」

(2) サ变动词将「する」变成「し」,即构成サ变动词的连用形,然后接续「ます」。

「案内する」→「案内します」;「旅行する」→「旅行します」

「勉強する」→「勉強します」;「運動する」→「運動します」

(3) カ变动词,「来る」接续「ます」形时的连用形为「来(き)」。

「来(く)る」→「来(き)ます」

(4) 五段动词,将词尾变成该行「イ」段假名即构成五段动词的连用形,然后接续「ます」。

「行く」→「行きます」;「泳ぐ」→「泳ぎます」;「話す」→「話します」;

「待つ」→「待ちます」;「掛かる」→「掛かります」;「会う」→「会います」;

「死ぬ」→「死にます」;「読む」→「読みます」;「遊ぶ」→「遊びます」

我们把连用形,即「ます」形,称作"动词现在时",动词现在时可以① 表示未来的动作或作用,含有将要进行该动作的意思;② 表示经常性、习惯性的动作及恒常不变的事物;③ 主

语的愿望、意志。如：
○ 私は午後学校へ行きます。/我下午要到学校去(将来)。
○ 私は毎日11時ごろ寝ます。/我每天11点睡觉(经常性、习惯性)。
○ 私も日本料理を食べます。/我也要吃日本料理。
「ます」形的否定形式为「ません」，表示"不……"。
○ 彼は牛肉を食べません。/他不吃牛肉。
○ 李さんは今日学校へ来ません。/小李今天不来学校。

二、格助词「を」及自动词与他动词。
　　简单地讲日语的自动词就是不带宾语能完整表达含义的动词，他动词是须带宾语才能完整表达含义的动词。在表示宾语时需要用格助词「を」来提示。需要注意的是，虽然从动词含义上大体能推断出大部分的自动词与他动词，但是是否带宾语，日语动词中仍有相当一部分与汉语中的动词不一致。所以在平时的学习中需要加强这方面的记忆和区分，不可以想当然地认为汉语意思是他动词的日语词就是他动词。
　　自动词句子：
○ 私はトイレへ行きます。/我要去洗手间。
○ 李さんは家へ帰ります。/小李将要回家。
他动词句子：
○ 新聞を読みます/看报纸
○ 毎朝歯を磨きます。/每天早上刷牙。

三、格助词「に」表示准确的时间及比例、分配的基准。
　1.「に」表示动作、行为发生的时间点。
○ 会議は15時に終わります。/会议在15点结束。
○ 日本語の授業は午後3時に始まります。/日语课下午三点开始。
　2.「に」表示分配频率、基准，相当于汉语的"每"。
○ りんごは一日に二つ食べます。/每天吃两个苹果。

四、「ごろ」与「ぐらい」
　　「ごろ」接在表示具体时间的词后，表示在那个时间或时刻的前后；「ぐらい」接在有幅度的时间量后面，表示大约的时间长度。
○ 田中さんは毎日夜八時ごろ寝ます。/田中每天晚上八点左右睡觉。
○ 私は毎日朝九時ごろ会社へ行きます。/我每天早晨九点左右去公司。
○ 彼は毎日八時間ぐらい寝ます。/他每天睡八个小时左右。
○ 毎日六時間ぐらい日本語を勉強します。/每天花六个小时左右的时间学日语。

五、格助词「で」表示动作发生的场所及手段、方法、材料等。
　1. 表示动作发生的场所，意为"在……地方做……事"。
○ 私は閲覧室で新聞を読みます。/我在阅览室看报纸。
　2. 引出动作使用的手段、工具，相当于汉语的"用""靠"等。
○ テレビでニュースを見ます。/通过电视看新闻
○ 船で旅行をします。/坐船旅行
○ りんごでサラダを作ります。/用苹果做沙拉

○ 王さんは何で日本へ行きますか。/小王乘什么去日本？

六、格助词「から」「まで」表示起点和终点。

「から」和「まで」是补格助词，接在体言后面分别表示空间、动作、作用的起点和终点。意为"从……到…"。「から」表示起点，「まで」表示范围或移动的终点。

○ 今日から～/从今天开始～
○ 明日まで/到明天
○ 心からありがとうございます。/由衷地谢谢啦。
○ こちらからはじめましょう。/从这边开始吧！
○ 何時から始まりますか。/几点开始？
○ 南京から上海までいくらですか。/南京到上海多少钱？
○ 夜明けまでお酒を飲みます。/喝酒喝到天亮。
○ 何時に終わりますか。/几点结束？

七、副词「あまり」的用法。

后续否定表达，表示"不怎么……"、"不太……"

○ 李さんはあまり寮にいません。/小李不大待在宿舍。
○ 顧さんはあまり勉強しません。/小顾不大学习。

八、名词谓语句的中顿。

名词谓语句的中顿就是名词加「で」，可以表示并列等含义。

○ 田中さんは日本人で、会社員です。/田中是个日本人，公司职员。

九、宾语提示（宾语作主题）

日语里的提示助词「は」和「も」有很强的提示功能，当它们将宾语提示为主题时，宾格助词「を」无法和「は」、「も」重叠，所以「を」会消失。

○ ラジオはよく聞きます。テレビはあまり見ません。/经常听广播，不怎么看电视。
○ 肉まんじゅうもよく食べます。/也经常吃肉包子。

课文难点注释

1. 教材第54页前文第1行的「六時に」是用「に」来表示起床的准确时间点，而第3行的「七時半ごろ」、55页第2行的「七時四十分ごろ」、第3行的「十時ごろ」和第4行的「十時半ごろ」，都使用「ごろ」表示一个时间点的前后大约的时刻，而第4行的「十分ぐらい」里的「ぐらい」表示一个"时间幅度"的大约总量。要注意在表示时间的词后接「に」或「ごろ」、「ぐらい」的不同。

2. 第54页前文第1行的「朝、よく運動場へ行きます。」省略了主语，根据上下文可以知道主语是小李。这句话里的「よく」表示频率。意思是：早晨，小李经常去运动场。

3. 第54页第2行的「バスケットボールやラジオ体操などをします。」，「や」与「など」呼应的用法在前面已经出现过了，句中「や」是表示不完全例举的并列助词，常与「など」呼应使用，表示"……、和……等"，有时也有「うどんや肉まんじゅうを食べます」的形式。

4. 第55页会话倒数第5行句末的「木村さんは」是一个省略句，助词「は」读升调，表示疑问。很显然小李也在问木村每天早上做什么事情，因此这句话补充完整应该是「木村さん

は毎朝どんな運動をしますか。」。

　　5. 第55页会话倒数第3行的「はい、します。」省略了宾语,补充完整应该是「はい、日本語の朗読をします」/我每天早晨都朗读日语。后面木村说的「私もします」也是省略了宾语,补充完整应该为「私も中国語の朗読をします」/我也朗读汉语的。

　　6. 第57页第1行「大学から寮までどのぐらいかかりますか。」的「どのぐらい」是较万能的疑问词,可以对价格、时间、距离等进行提问。在这里是表示要花费多少时间的疑问词。

　　7. 第63页阅读文第7行「会社は九時から始まります。」的「から」表示动作开始的时间点时,后面的动词要求是可持续性的动词,而「始まる」既可以看做是一个瞬间性动词,即在某一点时间开始某件事情;也可以看做是一个持续性动词,即在某一点时间开始某件事情之后,这种状态还一直持续下去,因此,「始まる」前面出现「に」或「から」时,意思是不完全一样的。如:

　　○ 会社は九時に始まります。/公司九点整上班。（强调一个准确的时间点）。
　　○ 会社は九時から始まります。/公司九点开始上班。（强调动作或状态自这个时间点开始,并将持续下去）。

　　8. 第63页倒数第5行的「しかし、丁さんは時々残業をします。」的「残業」,即"加班"。"加班"是日本公司里面一个普遍的现象,尤其是对中层干部来讲,一般公司都是下午五点下班,但是几乎没有课长以上的人会这个时间准点离开公司回家,而是会自觉不自觉地留下来不计报酬地加班,以显示自己的干劲或对公司的忠诚。

随堂自测练习

一、汉字注假名。

　　新聞　自転車　洗面所　運動　体育　放送　午前　歯　生活　朗読

二、假名写汉字。

　　かいしゃいん　　にっけいきぎょう　　こうがい　　ざんぎょう　　まいにち
　　どうりょう　　　たいてい　　　　　　ざっし　　　まいばん　　　たいへん

三、四选一。

1. ここに鉛筆が＿＿＿＿あります。
   ① はっさつ　　② はっぽん　　③ はっぱい　　④ はっこ
2. 彼は英語の＿＿＿＿を読んでいます。
   ① テレビ番組　② きって　　　③ 新聞　　　　④ 電話
3. もう時間はあまり＿＿＿＿。
   ① あります　　　　　　② ありました
   ③ ありませんでした　　④ ありません
4. 私は＿＿＿＿金曜日に買い物をします。
   ① まいにち　　② まいとし　　③ まいつき　　④ まいしゅう
5. この料理は＿＿＿＿ですよ。
   ① すずしい　　② さむい　　　③ おいしい　　④ あかるい

6. のどがずいぶん_____います。
   ① はかって　　　② はじまって　　　③ はれて　　　④ はれって
7. アメリカ_____旅行する人がおおぜいいます。
   ① へ　　　　　② に　　　　　　　③ を　　　　　④ の
8. 外国_____てがみが来ました。
   ① とも　　　　② ごろ　　　　　　③ から　　　　④ しか
9. きのうのパーティー_____何をしましたか。
   ① を　　　　　② で　　　　　　　③ へ　　　　　④ が
10. 一週間_____2回ぐらいテニスをします。
    ① が　　　　　② も　　　　　　　③ の　　　　　④ に
11. お寿司を食べました。それから、てんぷら_____食べました。
    ① が　　　　　② か　　　　　　　③ は　　　　　④ も

四、将下面的句子变为否定句。

1. 李さんは日本語科一年の学生です。
2. 教室に机と椅子があります。
3. 池にきれいな金魚がいます。
4. 今日はいい天気です。
5. あの建物は高いです。
6. 学生のクラブはにぎやかです。
7. 昨日は金曜日でした。
8. 昨日映画を見ました。

五、日译汉。

1. 私はあまり肉を食べません。しかし、野菜をよく食べます。
2. 毎朝、私はバスで学校へ行きます。午前は英語の授業で、午後は音楽や体育の授業です。
3. 上海から南京まで車で3時間ぐらいかかります。それで、私たちは8時ごろ出発します。
4. 日曜日、午前は私は教室で日本語を復習します。午後は私は友達とデパートへ行きます。夜はちょっとインターネットを楽しみます。

六、汉译日。

1. 这里是我们的宿舍,非常干净。所以,我们经常在宿舍里看书。
2. 爸爸是日资企业的部长。他早晨8点去公司,晚上6点回家。周末还要加班。
3. 我不怎么吃肉,但经常吃鱼。

第六课　浦　东

本课学前重点提示

① 名词谓语句的过去式及过去否定的表达。
② 动词谓语句的过去式及过去否定的变化。
③ 补格助词「と」、「で」、「に」的新用法。
④ 「か」在句中作副助词的用法和意义。
⑤ 形容词作谓语描写句的否定用法。
⑥ 形容动词作谓语描写句的否定用法。

课文翻译

前　文

　　昨天是星期天,天气非常好。那样好的天气真是少有。留学生木村跟日语专业的小吕一起坐地铁去了浦东。而且,在浦东的第一八佰伴百货商店买了东西。木村在那里买了茶叶等东西。小吕买了文具以及食品。购物之后,两人乘坐磁悬浮列车去了国际机场,并且在那的西餐馆两人一起吃了饭。然后,木村和小吕去了世纪公园,在那儿散了大约三十分钟的步。其后,登了东方明珠塔,从塔上眺望了黄浦江的美丽景色。随后两人在浦东的电影院看了一部十分有趣的电影。

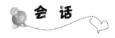

会　话

李：　你好。
木村：你好。
李：　昨天星期天真是个好天气啊。
木村：是的,那样好的天气真是少有啊。
李：　你昨天出门了吗?
木村：是的,出去了。
李：　去了哪儿?
木村：跟日语专业的小吕一起去了趟浦东。
李：　乘公交车去的吗?

木村：不，坐地铁去的。

李：　在浦东买东西了吗？

木村：是的，买了东西。

李：　买了什么呢？

木村：我买了茶叶等东西。小吕买了文具以及食品。

李：　在哪家店买的？

木村：在第一八佰伴百货商店买的。

李：　呵，那儿是个很大的百货商场吧？

木村：是的，那儿是个大的百货商场。

李：　东西贵吗？

木村：不，不太贵。

李：　茶叶一盒多少钱？

木村：九十二块七。

李：　真便宜啊。在日本大约多少钱？

木村：两千八百五十日元左右。

李：　是么。然后又到哪儿了？

木村：然后乘磁悬浮列车去了国际机场，并且在"樱海亭"西餐馆两个人一起吃了饭。

李：　吃了些什么？

木村：小吕吃了拉面，我吃了炒饭。

李：　也喝酒了吗？

木村：不，没有喝酒。

李：　那儿的饭菜好吃吗？

木村：不，那儿的饭菜不太好吃。

李：　吃饭后，又去了什么地方吗？

木村：是的，去了世纪公园。在那儿散了大约三十分钟的步。

李：　世纪公园是浦东最大的公园啊。

木村：是的，但是不太安静。

李：　那之后，做了什么？

木村：那之后，乘电梯登上了东方明珠塔的展望台，从那里眺望了黄浦江的美丽景色。然后在浦东的电影院看了一部十分有趣的电影。

李：　是么，是部什么样的电影？

木村：是中国电影《新西游记》。你已经看过了吗？

李：　不，还没有看。电影长吗？

木村：不，不长。大约一个半小时。

李：　几点左右回到大学的？

木村：六点左右回来的。

李：　晚上做了什么？

木村：晚上复习汉语到十点。

李： 你真是一个学习用功的人啊。

木村：不,还差得远呢。

阅读文

一 日 游

昨天是星期天,幸好从早晨起就是非常好的天气。我跟朋友一起去了苏州。从学校乘公交到了火车站。从火车站乘上了高铁。

早上八点左右到达了苏州。苏州不太远。从上海到苏州大约花了半个小时。我们首先乘旅行车去了虎丘。在那儿游览了著名的虎丘斜塔。然后,在西园参观了五百罗汉。之后,在附近的饭馆吃了美味可口的苏州菜。

午饭之后,又乘上了旅行汽车。很快就到了著名的寒山寺。大家在那儿拍了许多纪念照。下午三点左右,到了苏州的名园"狮子林"。苏州的园林非常美丽。五点左右,我们坐高铁回到了上海。朋友累的够呛。但是,我不太累,这真是一次非常愉快的一日游。

重点词例解析

1. 「素晴らしい」(形)出色的、绝佳的
   ○ 彼は日本語が素晴らしいです。/他的日语很棒。
   ○ 今日はとても素晴らしい天気です。/今天是个非常好的天气。

2. 「珍しい」(形)用于描述正面事物,一般不含贬义。
   ① 新奇的,新颖的
   ○ 何か珍しいことがありますか。/有什么新鲜事没有啊?
   ② 稀奇的,珍奇的
   ○ 珍しい植物/珍奇的植物
   ③ 罕见的,少有的
   ○ 珍しいお客さんが来ました。/来了稀客。
   ④ 珍贵的,非常好的
   ○ 珍しい品をありがとうございます。/谢谢您(送的)珍贵礼物。

3. 「一緒に」(副)
   ① 一同、一起、一块儿
   ○ いっしょに行きます。/一起去。
   ② 一齐,同时
   ○ 今年、国慶節と中秋節がいっしょに来ます。/今年国庆节和中秋节赶在了一起。

4. 「買い物」(名、自サ)买东西,要买的东西,买到的东西
   ○ 買い物がたくさんある。/有许多东西要买。
   ○ 午後、洋服の買い物をします。/下午,我要去买西服。

5. 「買う」(他五)买
    ○ りんごを買います。/买苹果
6. 「あと」(名)以后。「あと」只能用于表示时间上的"之后,以后",而不能表示空间上的"以后"。
    ○ 食事のあと、散歩をします。/吃完饭之后,去散步。
7. 「乗る」(自五) 与汉语不同,"乘坐"在日语里是自动词,不能带宾语,乘坐对象要用「に」引出。
    ○ 汽車に乗ります。/坐火车
    ○ 自転車に乗ります。/骑自行车
8. 「おもしろい」(形)有趣的,有意思的,快活的
    ○ この本はおもしろいです。/这本书很有趣。
9. 「値段」(名)价钱、价格
    ○ 値段が高いです。/价钱贵。
    ○ 値段が安いです。/价钱便宜。
10. 「いくら」(副)多少钱
    ○ このお茶はいくらかかりますか。/这种茶叶多少钱?
    ○ このハンバーガーはいくらですか。/这个汉堡多少钱?
11. 「飲む」(他五)喝
    ○ ジュースを飲みます。/喝果汁
12. 「料理」(名、他サ)
    ① (名词)饭菜
    ○ 中華料理/中国菜
    ○ 日本料理/日本菜
    ② (动词)烹饪
    ○ 魚を料理します。/做鱼
13. おいしい(形)好吃,好喝,味美
    ○ おいしい料理/好吃的菜
    ○ あの喫茶店のコーヒーはおいしいですよ。/那家咖啡店的咖啡很好喝。
14. 「一番」(名,副)
    ① 第一
    ○ 一番になります。/成为第一名。
    ② 最优秀、最出色
    ○ 彼の日本語はクラスで一番です。/他的日语是班里最好的。
    ③ 最、顶
    ○ これが一番好きです。/我最喜欢这个。
    ○ 一番暑い日/最热的一天

15. 「まだ」(副)
    ① 尚未、还没(后续否定)
    ○ 朝ご飯はまだ食べません。/早饭还没吃。
    ② 还、仍(后续肯定)
    ○ 上海まで、まだ一時間かかります。/到上海还需要一个小时的时间。

16. 「まだまだ」(副)仍,还(多用于受到表扬时的回答)
    ○ 田中：李さん、日本語は上手ですね。/小李,你的日语说得真好啊!
      李：　いいえ、まだまだです。/哪里哪里。

17. 「さいわい」(名、形动、副)
    ① 幸福、幸运
    ○ 不幸の中のさいわい/不幸中的大幸
    ○ 幸いな男/幸运的男人
    ② 正好、幸好、幸亏
    ○ さいわい間に合った。/幸好赶上了。

18. 「着く」(自五)到达某地,用「に」表示动作的着落点
    ○ 南京駅に着きます。/到达南京火车站。

19. 「まず」(副)
    ① 首先、第一、最初
    ○ まず君からどうぞ。/请先从你开始。
    ② 暂且、姑且、不管怎样、总之
    ○ まずは乾杯しましょう。/让我们先干下杯。
    ③ 大概、大致
    ○ まずまちがいない。/大概没错。

20. 「やがて」(副)
    ① 不久、最近
    ○ 父はやがて戻ります。/父亲不久就要回来。
    ② 大约、大致、差不多、乎
    ○ やがて一年になる。/大约有一年了。
    ③ 结果、结局、归根到底
    ○ それが、やがて大事故へとつながるのだ。/那件事到底还是牵扯到大事故里去了。

21. 「疲れる」自一
    ① 累、乏、疲倦、疲劳
    ○ 体が疲れる/身体疲劳
    ② 用旧,东西因长期使用而受损、性能变差。
    ○ 疲れた背広/穿旧的西服

语法句型详解

一、名词谓语句（判断句）的过去式

名词作谓语句也就是判断句的过去式通常用于对过去的事物进行判断式的叙述。在形式上，肯定句只需把敬体判断助动词「です」变为「でした」即可；否定句则要把「ではありません」变为「ではありませんでした」。

○ 今日の朝ごはんはパンとコーヒーでした。／今天早饭吃了面包和咖啡。

○ 昨日はとてもいい天気でした。／昨天天气真好啊。

○ 昨日は雨ではありませんでした。／昨天没下雨。

敬体助动词「です」の活用：非过去形（～です）、过去形（～でした）、否定形（～ではありません）、过去否定形（～ではありませんでした）。

二、动词谓语句的过去式

动词谓语句通常用来叙述讲话之前已经发生了的事。在形式上，肯定句只需把一般陈述句中的敬体助动词「ます」变为「ました」即可；否定句则是把「ません」变为「ませんでした」。

○ 山田さんは昨日家でテレビを見ました。／山田昨天在家看电视的。

○ 山田さんは昨日電車で上海へ行きました。／昨天坐火车去了上海。

○ 山田さんはパンを食べませんでした。／山田没有吃面包。

○ 山田さんは昨日学校に来ませんでした。／昨天山田没来学校。

动词过去式的疑问句，一般有两种情况：

① 对过去是否发生某事进行确认，答句不管肯定与否都用过去式回答。

○ 昨日映画を見ましたか。／昨天看电影了吗？

　　はい、映画を見ました。／是的，看电影了。

　　いいえ、見ませんでした。／不，没有看电影。

② 对某件事情现在是否已经实现进行确认时，答句若是肯定则用过去式作答，常与「もう」搭配；若答句是否定，即目前仍未实现或完成的，则用「まだ+动词否定现在时」来回答。

○ 李先生はもう来ましたか。／李先生已经来了吗？

　　はい、もう来ました。／是的，已经来了。

　　いいえ、まだ来ません。／不，还没来。

敬体助动词「ます」の活用。「ます」是接在动词后面、表示礼貌的语体。一般时态表示：

① 将要进行该动作。

② 经常性的或恒常不变的。变化有：非过去形（～ます）、过去形（～ました）、否定形（～ません）、过去否定形（～ませんでした）。

三、格助词「と」表示动作的对手、对象

「と」常用来引出同一行为、动作的协调者，相当于汉语的"和"。如：

○ 李さんと会話の練習をしました。／和小李一起练习了对话。

○ 朝友達とテニスをしました。/早上和朋友一起打网球的。
○ 昨日彼女といっしょに食事をしました。/昨天和她一起吃了饭。
　要注意的是,「と」的位置不同,其侧重点也不同。如：
○ 私は李さんと図書館へ行きました。
○ 私と李さんは図書館へ行きました。
这两句的主语不同。再如：
○ 魯さんと王さんは日本語科の一年です。
○ 魯さんは王さんと(いっしょに)日本語を勉強します。
这两句的侧重点不同。

四、格助词「で」。「で」通常用来表示动作的场所、手段、方法、材料等。
　格助词「で」的用法很多(具体有近20种),本册常用的如：
① 表示动作发生的场所
○ 私は閲覧室で新聞を読みます。/我在阅览室看报纸。
② 表示工具、方法、材料
○ ラジオで日本語を勉強します。/通过收音机学日语。
○ 船で行きます/坐船去
○ あの社長はあごで社員を使います。/那位经理对员工颐指气使。
③ 表示评价、比较的范围
○ これは学校で一番きれいな建物です。/这是学校里最漂亮的建筑物。
④ 表示动作、作用发生的方式和条件
○ 一人で行きます/一个人去
○ 三人で会話の練習をします。/三个人一起练习会话。

五、格助词「に」
　格助词「に」通常用来表示动作、作用的方向、着落点、分配的比例等。其用法也有很多(具体也有近20种),本册常用的如：
① 表示动作进行的时间点
○ 九時四十分に終わります。/九点四十分结束。
② 表示分配比例、标准
○ 日本語の授業は週に十二時間です。/日语课是每周12个小时。
③ 表示动作、作用的方向、目的地
○ 彼は学校に来ました。/他来学校了。
○ 私は土曜日、北京に出張します。/我星期六去北京出差。
④ 表示动作、作用的着落点或动作的接受者
○ お母さんに電話をしましたか。/给你母亲打过电话了吗？
○ 留学生に中国語の授業をします。/给留学生上汉语课。

六、「疑问词＋か」表示不定
　「疑问词＋か」可以表示不确定。「どこか」表示"什么地方","某个地方";「だれか」表

示"什么人","某个人";「なにか」表示"什么东西","某样东西"等。表示不确定的疑问句中,询问的重点不在具体内容,而在于动作或行为本身。不确定有疑问和肯定两种可能。

① 疑问
○ 田中さんはどこかへ出かけましたか。/田中出门了吗?(不在乎去往的具体地点,重点是对方是否外出了的事实)。
○ 昨日だれか来ましたか。/昨天有谁来过吗?(不在乎谁来过,重点是是否有人来过)。
○ この中に何かがありますか。/这里面有什么东西吗?(不在乎有的究竟是什么,重点是里面是否是有东西的。)

② 肯定
○ 田中:王さん、李さんはいますか。/小王,小李在吗?
　王:　いいえ、いません。李さんはどこかへ行きました。/不在,小李出去了。(重点不是说小李去了哪里,而是小李出门了,不在家。)
○ 何か食べ物を食べたいです。/我想吃点什么。

七、形容词的否定

形容词表示否定是把词尾「い」改成连用形「く」后续「ありません」或「ない」。
○ この肉まんじゅうはおいしくありません。/这个肉包子不好吃。
○ この建物は高くありません。/这幢建筑物不高。
○ 今日はあまり忙しくありません。/今天不太忙。
○ 「いい」的否定式是「よくありません」。
○ 今日の天気はあまりよくありません。/今天天气不太好。

八、形容动词的否定

形容动词的否定和名词一样,把「です」改成「ではありません」即可。
○ この花はあまりきれいではありません。/这个花不怎么漂亮。
○ その公園はあまり有名ではありません。/那个公园没什么名气。

课文难点注释

1. 第68页前文第1行「昨日は日曜日で、とてもいい天気でした」的「で」表示中顿,名词谓语句的中顿形式仅仅起到连接作用,不反映时态,时态要通过全句末尾的时态来判断。

2. 第68页同行的「あんなにすばらしい天気はほんとうにめずらしいです」这是对昨天的天气进行描述,却用的是现在时结句。日语当中,有时为了再现当时的场景以及强调说话人的感受,常会用现在时来描述过去的事情增加"临场感",尤其在日记等文体里较常见。

3. 第69页第3行「そこで三十分ぐらい散歩しました」这里的「そこで」是由场所「そこ」+表示动作发生场所的「で」构成的,而不是第五课出现的接续词「そこで」。这句话里的「そこ」指代上文里出现的「世紀公園」。

4. 第69页会话第3行「昨日の日曜日はとてもいい天気でしたね。」这里的「の」是同位语,「昨日」也即「日曜日」。

5. 第69页会话第5行的「木村さんは昨日、どこかへ出かけましたか。」和「はい、出かけました」中的「疑问词＋か」表示不确定,叙述的重点在动词部分。因此,回答这样的句子时,只需要就动词部分做出肯定或否定回答即可,不需要具体回答到什么地方去了。

6. 第70页第5行「日本ではいくらぐらいですか。」中的「で」表示范围,「は」起提示地点的作用,表示与中国的价格不同。

7. 第70页第7行「そうですか。」在这里不表示疑问,是随声附和,读降调。

8. 第70页倒数第3行「いいえ、まだです。」的意思是"还没有看"。如果说全就是:「まだみていません。」。

9. 第75页阅读文第2行「駅から高速電車に乗りました。」的「から」表示动作的起点,即"从车站乘上高铁"。

10. 第75页倒数第4行「みんなはそこで記念写真をたくさん撮りました。」的「みんな」既是名词又是代词和副词,这里是代词,表示"大家"的意思。

随堂自测练习

一、汉字注假名。

文房具　　後　　散歩　　景色　　品物　　値段　　展望台

二、假名写汉字。

いちばん　　　りょうり　　　ふくしゅう　　　ともだち
かんこう　　　ちゅうしょく　　　ていえん

三、在下列(　)内填入适当的指示代词。

① 去年の12月7日に日本へ来ました。(　　)日はとても寒い日でした。
② 先月、北海道の札幌へ行きました。(　　)で雪祭りを見ました。
③ A：田中一郎さんという人から電話がありましたよ。
　 B：えっ(　　)人知りません。
④ A：うばすてという昔話を知っていますか。
　 B：いいえ、(　　)昔話はどんな話ですか。
⑤ A：先週見た(　　)映画、おもしろかったですね。
　 B：ええ、もう一度見たいですね。
⑥ (歴史館で江戸時代の説明を聞きながら)
　 A：あのう、(　　)時代にはもう電気がありましたか。
　 B：いいえ、電気はまだありませんでした。(　　)時代にはランプやろうそくを使っていました。

四、在(　)内填入适当的助词。

1. 私はいつも友達(　　)一緒に食事をします。しかし、今朝(　　)一緒にしませんでした。
2. 李さんは魚(　　)料理を作ります。
3. あの女の子は目(　　)大きくて、きれいですね。

4. グラブ(　　)おおぜい(　　)学生がいますね。
5. あのスチュワーデスは親切(　　)きれいです。
6. 「どこ(　　)教室ですか。」「あそこ(　　)教室です。」
7. 毎日忙しく(　　)、テレビを見ません。
8. 「北京へ何(　　)行きましたか。」「飛行機(　　)行きました。」

五、四选一。
1. 私はおじいさん_____よく散歩をします。
   ① と　　　　　② を　　　　　③ の　　　　　④ へ
2. 私は友達_____電話をしました。
   ① に　　　　　② や　　　　　③ を　　　　　④ で
3. このたてものは_____ありません。
   ① あたらしく　　　　　② あたらしい
   ③ あたらしいく　　　　　④ あたらしいでは
4. 先週はしゅくだいが多くて_____。
   ① たいへんしました　　　　　② たいへんです
   ③ たいへんでした　　　　　④ たいへんだったでした
5. かぜがなおってねつも_____。
   ① さげました　　　　　② さげてです
   ③ さがったでした　　　　　④ さがりました
6. この花は美しくて_____です。
   ① さわやか　　　② しずか　　　③ あざやか　　　④ にぎやか
7. 日曜日のつぎの日は_____です。
   ① 水曜日　　　② 木曜日　　　③ 月曜日　　　④ 火曜日

六、汉译日。
1. 对不起,您家在哪边?
2. 鱼很新鲜,很好吃。
3. 已经是11月份了,但天不怎么冷。
4. 南京最热的时候是几月份?
5. 宿舍很近,很方便。
6. 昨晚的电影很长,但没什么意思。

第七课　北京オリンピック

本课学前重点提示

① 日语年月日、星期、年龄的表达法。
② 形容词的接续形式(连用形)。
③ 形容动词的接续形式(连用形)。
④ 形容词、形容动词的过去式和过去否定式。
⑤ 疑问词作主语的用法及主格助词"が"的用法。
⑥ 敬语接头词"お"、"ご"的用法及含义。

课文翻译

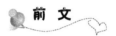

前　文

2008年召开了北京奥运会。留学生田中和留学生中心的小王暑假一起去了北京。二人在国家体育场"鸟巢"观看了北京奥运的圣火传递和开幕式。还看了各种比赛，为日本、中国等队加油助威，并且购买了北京奥运的吉祥物"福娃"和代表性的纪念徽章。北京城装扮一新、热闹非凡，市民们既热情又友善。而且，田中在北京迎来了自己三十岁的生日。

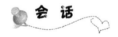

会　话

李：　田中，日语里年月日的说法真难啊。
田中：是啊。年月日的说法已经学过了吗？
李：　是的，上周学的。
田中：那么，一年有几个月？
李：　一年有十二个月。一月、二月、三月、四月、五月、六月、七月、八月、九月、十月、十一月、十二月。
田中：上海的春天从几月到几月？
李：　从三月到五月。
田中：上海的气候怎么样？
李：　春天暖和，夏天炎热，秋天凉爽，冬天寒冷。
田中：哪个月最热？

李： 八月份最热。
田中：本月是几月？
李： 本月是十月。
田中：今天是几月几号？
李： 今天是十月二十号。
田中：昨天是几号？
李： 昨天是十九号。
田中：今年是哪一年？
李： 今年是二零一零年。
田中：北京奥运会是哪年哪月举办的。
李： 北京奥运会是二零零八年八月举办的。
田中：从几号到几号？
李： 是八号到二十四号。
田中：你已经记了很多年月日的说法了啊。
李： 不，还差得远呢。不过，在奥运会开幕那年你去北京了吗？
田中：是的，正好是暑假。我和留学中心的小王一起去了北京。在北京的国家体育场"鸟巢"观看了北京奥运的圣火传递和开幕式。深受感动。
李： 是么。比赛也看了吗？
田中：看了。观看了从八月八号到二十四号的各种比赛。和小王一起为日本、中国等队的比赛加了油。
李： 心情怎么样？
田中：很是愉快，不过稍微有点紧张。
李： 北京的气氛怎么样？
田中：游客很多。北京城非常明快、热闹，市民们既热情又友善。
李： 是吗？你们买了些什么样的纪念品呢？
田中：我和小王都买了北京奥运的吉祥物"福娃"和代表性的纪念徽章。
李： 天气怎么样？
田中：非常好。白天虽然稍有些炎热，但早晚不太热。
李： 宾馆安静吗？
田中：不，宾馆不太安静。
李： 宾馆的房间干净吗？
田中：是的，房间又干净又宽敞，但房费贵了一点。
李： 北京的饭菜怎么样？
田中：非常丰富且味道很好。
李： 什么菜的味道好？
田中：北京烤鸭既便宜又好吃。鱼也既新鲜又可口。
李： 也有聚会吗？
田中：是的，也有朋友的聚会。很热闹也很愉快。而且，那天正巧是我的生日。
李： 那太好了。恕我冒昧，请问你今年多大了？

田中：我生于一九七八年，今年三十二周岁。
李： 你在北京迎来了三十岁的生日，那真是太好了。
田中：是啊！我真的非常高兴。

一年的节日活动

一月一日是日本的新年。早上吃煮年糕。很多人去参拜寺庙神社。二月初有立春。三月三日是女孩节。女孩子设坛供奉偶人。五月五日是男孩节。这天高挂鲤鱼旗。七月有七夕节。八月中旬是盂兰盆节。九月的月圆之夜是赏月节。十月十日是体育节，这前后举行运动会。十一月十五日是七五三节，这天三岁、七岁的女孩子和三岁、五岁的男孩子去参拜神社。

重点词例解析

1. 応援（名、他サ）
   ① 帮助、援助
   ○ 応援演説/声援演说
   ② 助威、声援、用声音、鼓掌为选手助威
   ○ 応援歌/拉拉队歌
   ○ 応援隊/拉拉队

2. 「町」（名）
   ① 大街、街道
   ○ 町には人がたくさんいます。/街上有很多人。
   ② 城镇、城市
   ○ 南京は有名な町です。/南京是一座有名的城市。

3. 「明るい」（形）
   ① 明亮的、鲜艳的
   ○ 寮は明るいです。/宿舍很明亮。
   ○ 部屋の中が明るいです。/房间里亮堂。
   ② 快活的、开朗的
   ○ 王さんは明るいです。/小王性格开朗。
   ○ 気分（きぶん）が明るい。/心情愉快。
   ③ 用"〜に明るい"的形式，表示通晓、熟悉
   ○ 彼は北京の歴史に明るいです。/他对北京的历史熟悉。

4. 形容动词「親切」与「熱心」。「親切」表示对人的态度很亲切、热情，而「熱心」则是表示对事情很热衷。
   ○ 彼は仕事に熱心な人です。/他是个对工作很热心的人。
   ○ 彼は学生に親切な先生です。/他是个对学生很亲切的老师。

5. 「やさしい」(形)同音异义字。
   ① 友善的、和蔼的,汉字写"優しい"
   ○ 顧さんはやさしい人です。/小顾是和善的人。
   ○ 李先生はとてもやさしいです。/李老师非常和蔼。
   ② 容易的,简单的,汉字写"易しい"
   ○ この問題は易しいです。/这个问题简单。
   ○ 今度の中間テストはやさしいです。/这次期中考试容易。

6. 「習う」与「勉強する」。「習う」是有直接向别人学习或别人教后通过模仿、反复练习掌握某种技能的含义。
   ○ 大学で先生に日本語を習います。/在大学里向老师学习日语。
   ○ 友達に水泳(すいえい)を習います。/跟朋友学习游泳。
   「勉強する」是指学习者自己通过刻苦钻研的方式进行学习,且学习内容多为与成就事业有关的学问、技能等。
   ○ 料理を勉強します。/学习做菜
   ○ ラジオで日本語を勉強します。/通过收音机学习(自学)日语

7. 「どう」与「どんな」都是"如何,怎么样"的意思。但,「どう」是副词,「どんな」是连体词。
   ○ 今日の天気はどうですか。/今天天气怎么样?
   ○ 今日はどんな天気ですか。/今天是个什么样的天气?

8. 「覚える」(他一)
   ① 记,记住
   ○ 英語の単語を覚えます/记英语单词
   ② 学会,掌握
   ○ 水泳を覚えます/学会游泳

9. 「ところで」(接续词)用来转换话题,前后话题之间往往没有直接联系。
   ○ 今日はいい天気ですね。ところで、昨日のパーティーはどうでしたか。/今天天气真好啊。对了,昨天的聚会如何?
   A:日本語は難しいですね。/日语难,对吧?
   B:ええ、文法が一番むずかしいです。/是的,语法最难。
   A:ところで、午後は何をしますか。/对了,你下午干什么?
   B:友人と一緒にデパートへ行きます。/我要和朋友一起去逛商场。

10. 「休む」(自五)
    ① 休息
    ○ 横になって、休みます/躺下来休息
    ② 停歇,暂停
    ○ 機械が昼夜休まず回転する。/机器昼夜不停地转动。
    ③ 安歇,就寝
    ○ おやすみなさい。/晚安!
    ④ 请假,缺勤
    ○ 病気で休みます。/因病休息;因病缺勤;因病缺课。

11. 「いつ」(代) 什么时候。「いつ」问的范围很广,大到年份小到日期,但回答时应回答具体的时间。
    ○ いつ卒業ですか。/什么时候毕业?
       今年の6月に卒業します。/今年6月份毕业。

12. 「……代」(名) 表示"……费用"。除此之外日语还有"……费;……料;……賃"等汉字表示费用。例如:
    バス代/车费   食事代/餐费   タクシー代/出租车费
    部屋代/房租   水道料/水费   ガス料/煤气费   電気料/电费
    国費/公费   私費/自费   家賃/房租

13. 「ちょうど」(副)
    ① 正好,恰巧
    ○ 試験日と誕生日はちょうど同じ日です。/考试日和生日正好是同一天。
    ② 整,正
    ○ ちょうど10人/整整十个人
    ○ それからちょうど3年目の春です。/从那时起正是第三年的春天。

14. 「失礼」(名、形动、自サ)
    ① 失礼、没有礼貌
    ○ 彼は失礼な人です。/他是一个很没有礼貌的人。
    ② 请原谅、对不起
    ○ 失礼ですが、お名前は何ですか。/对不起,请问一下您贵姓?
    ③ 告辞
    ○ もう十時ですから、失礼します。/已经十点钟了,(我要)告辞了。

15. 「生まれる」(自一) 出生,诞生,产生
    ○ 貧しい家に子供が生まれました。/穷苦之家里诞生了一个孩子。
    ○ 生れぬ先のむつきさだめ/生孩子前的过分准备(未雨绸缪)

16. 「満…」(连体词) 日本人计算年龄时也分周岁和虚岁,「満…歳」就是"……周岁"的意思。虚岁则用「数え年」来表示,读作「かぞえどし」。

17. 「うれしい」与「楽しい」(形)。「うれしい」是指当外部事物符合自己的期望或要求时所产生的一种个人内心喜悦的感受。一般时态有人称限制。疑问句中可用于第二人称。
    ○ 明日は旅行です。嬉しいですね。/明天去旅行,我真开心啊!
    ○ いっしょに食事をして、嬉しかったです。/能(和你)一起吃饭,让我感到真开心。
    「楽しい」是指个人参与某种活动所感受到的一种和谐、融洽的氛围。
    ○ 昨日の食事は楽しかったです。/昨天的聚餐真是很让人感到愉快啊。
    ○ 今日はとても楽しい一日でした。/今天是非常愉快的一天。

18. 「正月」(名词) 过年
    日本现在只过公历年,过年要迎年神,先要大扫除。中国人过年要贴春联,日本人则家家户户要插门松装饰。门松是用松、竹等绿色植物做成的,放置在门口作为迎神的标志,一直要装饰到七号左右,送完神后才拆撤。也有人会在门窗或柱子上挂稻草绳装饰物,象征着

禁止不洁净的东西进入屋内,有驱邪的意味。在家中则要为年神供上「镜饼(かがみもち)」,其实就是几个圆形、由大到小的年糕叠起来,上面再放个橘子象征吉利。

19.「節分」(名词)

节分是指立春、立夏、立秋、立冬的前一天,但主要是指立春的前一天。根据日本传统戏剧故事,日本很早以前在这一天就有一个传统的习俗,即在立春的前一天傍晚,把黄豆炒好,放在篮子里,口念"鬼出去,福进来",在房屋里四处撒豆子,以驱鬼招福。

20.「ひな祭り」(名词) 偶人节

偶人节是日本的传统节日,又称为女儿节或桃花节,源于中国。平安时代(794—1192)初期经过相当长一段时期对古代中国文化的吸收、融合后,日本逐渐形成了自己的"和风文化"。那时在贵族中女性尤其是少女们非常流行赏玩人偶。以后又与祈求身体安泰之风俗相结合,形成了用人偶抚摩身体,然后把人偶和供物摆在用草编的织物上,再把它们一同放入水中任其漂走。这一"送走偶人"的习俗,据说能把疾病和灾难带走。在日本中部地区这一古老传统至今仍保留着。

21.「こいのぼり」(名词) 鲤鱼旗

5月5日是日本的男孩节,凡有男孩的家庭便在自家院中竖起高高的旗杆,上面张挂起数面鲤鱼旗。鲤鱼旗用布料按着鲤鱼形状做成中空式,再在中空的鲤鱼旗上画上嘴、眼、鳞及尾巴。风吹来,顺着鱼嘴穿过鱼体,把鲤鱼旗吹得起起落落、鼓鼓胀胀,让"鲤鱼"在空中摇来摆去。

这个风俗起源于中国的"鲤鱼跳龙门"的民间故事,就像中国人的"望子成龙"一样,日本人期望自家的男孩子将来能像鲤鱼一样,不仅体魄强健,而且奋发向上、事业辉煌。这种期望在5月里化作了日本天空上一片鲤鱼旗飘飘的壮观景象。

22.「七夕」(名词) 七夕节

自中国古代起,每年农历七月初七,相传是牛郎织女鹊桥相会的日子,也被称为七夕节。这个节日同样传到了日本,并被延续了下来。七夕节,日本男女青年会穿上和服,相约到神社和庙会参加各类庆祝活动。

23.「お盆」(名词) 盂兰盆节

盂兰盆节在日本是仅次于新年的盛大节日,它起源于佛教的法式。按照佛教的教义,在7月15日(阴历),以各种食物为供品,家家都设神龛、点燃迎魂火和送魂火,祭奠祖先。现在一般是在阳历的8月13日前后迎接祖先的灵魂,16日以送魂火的方式把祖先的灵魂送回阴间。

24.「月見」(名词) 赏月

在日本,农历八月十五的中秋节被称为"十五夜"或"中秋名月"。日本人在这一天同样有赏月的习俗,在日语里就称为「月見」。日本的赏月习俗来源于中国,在1000多年前传到日本后,当地开始出现边赏月边举行宴会的风俗习惯,被称为"观月宴"。

与中国人在中秋节的时候吃月饼不同,日本人在赏月的时候吃江米团子,称为「月見団子(つきみだんご)」。由于这个时期正值各种作物的收获季节,为了对自然的恩惠表示感谢,日本人要举行各种庆祝活动。虽然日本在明治维新后废除了农历,改用阳历,但是现在日本各地仍保留着中秋赏月的习俗,一些寺院和神社在中秋节还要举办专门的赏月会。

语法句型详解

一、形容词的接续

将形容词的词尾「い」变成「く」，连接接续助词「て」可以后续形容词、形容动词、动词或一个句子，表示并列、因果、中顿等前后关系。具体如下：

① 并列关系。用「て」连接的前后两个形容词或形容动词必须是相同方向评价的词，即要么都是褒义词，要么都是贬义词。

○ 夏休みは長くて、つまらないです。/暑假又长又无聊。

○ 新しい先生は美しくて、知識が多いです。/新老师既漂亮，又有知识。

② 因果关系，此时的因果关系较弱，强调后句是前句条件下的必然结果，因此不能接续表示主观意志的表达形式。

○ 値段が高くて買いませんでした。/因为价格高，所以没有买。

○ 日本語は難しくて、毎日夜十時まで勉強します。/日语很难，所以每天学到晚上十点。

③ 中顿

○ 私の家は、冬は暖かくて、夏は涼しいです。/我家冬暖夏凉。

○ このレストランの料理は、味もおいしくて、見た目もいいです。/这个餐厅的菜口味很好，品相也很漂亮。

二、形容动词接续

将形容动词的词干后加上接续助词「で」后续形容词、形容动词、动词或一个句子，可表示并列、因果、中顿等前后关系。具体如下：

① 表示并列关系。用「で」连接的前后两个形容词或形容动词必须是相同方向评价的词。即要么都是褒义词，要么都是贬义词。

○ この魚は新鮮で、おいしいです。/这鱼既新鲜，又好吃。

② 表示因果关系，此时的因果关系较弱，强调后句是前句条件下的必然结果，因此不能接续表示主观意志的表达形式。

○ 図書館は静かで、毎日たくさんの学生がここで勉強します。/因为图书馆很安静，所以每天都有很多学生在这里学习。

③ 表示中顿

○ 李さんは親切で、ハンサムな人です。/小李是个又亲切又帅气的人。

三、形容词的过去式与过去否定式

形容词过去式是将词尾「い」变成「かった」，过去否定式是将词尾「い」变成「く」，后续「ありませんでした」构成，即过去式是"形容词的词干＋かったです"，过去否定式是"形容词的词干＋く＋ありませんでした"。

○ 昨日の日本料理はおいしかったですね。/昨天的日本菜真好吃。

○ 今日のパーティーは楽しかったですね。/今天的聚会真是让人愉快。

○ その映画はあまりおもしろくありませんでした。/那部电影没有什么意思。

四、形容动词的过去式与过去否定式

形容动词的过去式是将词尾「だ」改成「でした」,过去否定式是将词尾「だ」改成「ではありませんでした」。即过去式是"形容动词的词干+でした",过去否定式是"形容动词的词干+ではありませんでした"。

○ 十年前、この町はあまりにぎやかではありませんでした。/十年前,这个城区还不是太热闹。

○ 昨日は日曜日で、学校は静かでした。/昨天是星期天,学校很安静。

五、疑问词+「が」

疑问词作主语时,要用主格助词「が」引出,并且答句主语也用「が」。

○ 部屋にだれがいますか。/房间里有谁在啊?

○ 部屋に魯さんがいます。/小鲁在房间里。

○ どれが李さんの本ですか。/哪个是小李的书啊?

○ それが李さんの本です。/那个是小李的书。

六、接续助词「が」的用法

接续助词「が」接在复句的前一个分句之后,连接两个意义相反的形容词或形容动词,表示一事物具有不协调的两方面的性质或特点。用「が」连接的前后两个形容词或形容动词应是相反评价的词。

○ 日本料理はおいしいですが、ちょっと高いです。/日本菜虽然好吃,价钱却很贵。

○ 日本語は難しいですが、面白いです。/日语虽然难,但是很有趣。

接续助词「が」还可以连接两个没有转折意义的句子。但此时只起连接作用,前句大多是讲述后句的前提、情况等。

○ すみませんが、今何時ですか。/对不起,请问现在几点了?

○ 北京ダックを食べましたが、とてもおいしかったです。/吃了北京烤鸭,味道真不错。

七、格助词「が」用于客观描述的现象句

格助词「が」可用于对眼前一些客观事实以及自然现象的描述。当被描述的事物在句中成为主语时用「が」表示。

○ 部屋が広いです。/房间很大。

○ 買い物の客が多いですね。/购物的客人可真多啊!

格助词「が」表示主语。用「が」表示主语的句子其重点在主语。提示助词「は」提示主题,重在说明、叙述其固有的特性。

○ 鳥は飛ぶ。/鸟这种动物是会飞的。

○ 鳥が飛ぶ。/鸟要飞。

八、「これ、それ、あれ」「この、その、あの」的承上启下作用

这两组词除前面学过可用于指代实物外,还可用于指代谈话中涉及的事物,例如"这件事"、"那个问题"等。它们用于此类指代时用法如下:

「これ、この」指讲话人刚讲过或即将要讲述的事物

「それ、その」指讲话人或对方刚讲过的事物

「あれ、あの」指对方已很了解一提就明白、已成为共同话题的事物

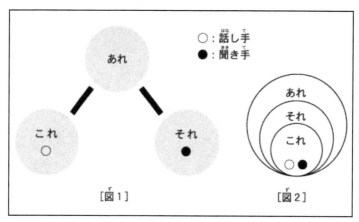

○ この仕事はどうですか。/这个工作怎么样？
○ その仕事はちょっと難しいですね。/那个工作有些难度。
○ あの時はあまりよく勉強しませんでした。/那个时候没有好好努力学习。

九、接头词「お」和「ご」

属于敬语范畴。接在名词前面，用在尊长身上，以示尊重与恭敬。多数情况下，「お」接在日本固有词汇或日式汉语词汇之前，「ご」接在汉语词汇前面。例如：「お荷物」「お手紙」「ご親切」「ご家族」等。

○ ご家族は何人ですか。/您家有几口人？
○ お母さんからのお手紙ですか。/这是您母亲给您的信吗？

有部分情况不符合此规律，而是依据习惯，例如：「お電話」「ご無沙汰」。「おメール」或「ごメール」等各种情况。

○ お電話があります。/有你的电话。
○ お誕生日はいつですか。/你的生日是什么时候啊？

除此之外，某些物品前面接续「お」或「ご」时，是为了让语言听起来更文雅，没有特别要尊敬的含义。

○ 日本のお酒はおいしいです。/日本酒味道很好。
○ 日本のお茶もおいしいです。/日本的茶味道也不错。

课文难点注释

1. 教材80页第1行「北京の町はとてもあかるくてにぎやかでした。人々もとても親切でやさしかったです。そして、田中さんは北京で三十歳の誕生日を迎えました。」。要注意这句话中形容词和形容动词的连接形式。该句的意思是："北京这个城市非常明快、热闹。人也非常和蔼可亲。而且，田中在北京迎来了三十岁的生日。"

2. 第80页会话第4行「では、一年は何か月ですか」这句话是用判断句型代替存在句型，如使用存在句型表达则应该是：「一年には何か月ありますか」，日语的存在句型除了可以表示具体的人或物的存在以外，也可以表示抽象事物的存在。

3. 第80页会话倒数第5、4行「何月が一番暑いですか」「八月が一番暑いです」中疑问词作主语时，只能用「が」引出，并且答句的主语也一定要用「が」表示。

4. 第81页倒数第3行「昼はちょっと暑かったですが、朝と夜はあまり暑くありませんでした。」这句话有两处需要注意。一个是「が」的用法,一个是「は」的用法。前者表示逆接;后者除了提示功能外,还有对比的含义。该句的意思是:"白天有点热,但早晨和晚上不怎么热。"

5. 第82页倒数第5行「失礼ですが、田中さんは今年おいくつですか。」的「が」是顺接的用法,翻译时可以忽略。

6. 第82页倒数第3行「北京で三十歳のお誕生日を迎えましたね。」的「お誕生日」是尊敬听话人的用法,相当于汉语的"您的生日"。

随堂自测练习

一、汉字注假名。
年中行事　正月　神社　参拝　運動会　月見　前後　中旬　開催　国家

二、假名写汉字。
かんせん　　おうえん　　まち　　ひとびと　　しんせつ
ねんがっぴ　せんしゅう　はる　　きんちょう　ふんいき

三、填空。
1. この部屋ひろく(　　)きれいです。
2. ここは静か(　　)きれいです。
3. 春は暖かいです(　　)、冬は寒いです。
4. 失礼です(　　)、李さんはおいくつですか。
5. だれ(　　)李さんですか。
6. 李さん(　　)だれですか。
7. 今年の夏はあまりあつく(　)(　)(　)(　)(　)(　)(　)(　)。
8. 去年の誕生日はたのし(　)(　)(　)です。
9. 先生の家(　　)行きました(　　)、いませんでした。
10. 正月、神社は賑やか(　　)大勢の人(　　)います。

四、四选一。
1. あにの新しいカメラは_____軽い。
   ① 小さいくて　② 小さいで　③ 小さいと　④ 小さくて
2. 去年のふゆは_____。
   ① あたたかいです　　　　② あたたかいだった
   ③ あたたかったです　　　④ あたたかくでした
3. わたしのアパートは_____いいです。
   ① しずかく　② しずかで　③ しずかの　④ しずかと
4. ホテルのへやは_____。
   ① きれくなかったです　　　② きれいじゃありませんでした
   ③ きれいじゃなくでした　　④ きれくありませんでした
5. 図書館で3時間勉強しました。でも、うち_____しませんでした。
   ① とは　② がは　③ には　④ では

6. わたしは子供＿＿＿＿＿＿＿何も買いませんでした。
   ① で　　　　　② ほど　　　　　③ と　　　　　④ に
7. 今日の午後は仕事をしなく＿＿＿＿＿＿＿いいです。
   ① ては　　　　② ても　　　　　③ から　　　　④ だけ
8. わたしは＿＿＿＿＿＿＿家へ帰ります。
   ① これから　　② それから　　　③ もう　　　　④ まだ
9. 南京はいい所です。＿＿＿＿＿＿＿夏はとても暑いです。
   ① でも　　　　② では　　　　　③ だから　　　④ みんな
10. 日本の印象は＿＿＿＿＿＿＿ですか。
    ① どんな　　　② どれ　　　　　③ どう　　　　④ どこ
11. わたしは朝ご飯を＿＿＿＿＿＿＿食べません。
    ① とても　　　② あまり　　　　③ おおぜい　　④ もう
12. 王さんは野菜しか＿＿＿＿＿＿＿。
    ① 食べます　　② 食べました　　③ 食べる　　　④ 食べません
13. テニスと野球と＿＿＿＿＿＿＿が上手ですか。
    ① どこ　　　　② どの　　　　　③ どちら　　　④ いくら
14. この町で＿＿＿＿＿＿＿いい季節はいつですか。
    ① ずっと　　　② いちばん　　　③ ぜひ　　　　④ たとえば
15. どうぞお＿＿＿＿＿＿＿に。
    ① 注意　　　　② 安全　　　　　③ 大事　　　　④ 心配
16. わたしは田中さんに一度も会った＿＿＿＿＿＿＿。
    ① ことがあります　　　　　　　② ことがありません
    ③ ほうがいいです　　　　　　　④ ほう

五、汉译日。
1. 今年，我是42周岁。
2. 暑假，我和朋友去了北京，在那里我们观看了奥运圣火传递。
3. 这个教室既干净又亮堂。
4. 那个校区宽敞，有许多学生。
5. 这家餐馆的饭菜不怎么好吃。

六、日译汉。
1. 今度の中間（ちゅうかん）テストはやさしいです。
2. 日本語は難しくて、毎日夜十時まで勉強します。
3. その時、このあたりはあまり賑やかではありませんでした。
4. 北京の町はとてもあかるくてにぎやかでした。人々もとても親切でやさしかった。
5. 今年、私は満36歳ですが、彼は数え年で30歳です。
6. この教室はきれいであかるいです。

第八课　家族のデジカメ写真

本课学前重点提示

① 动词"持续体"的意义和用法。
② 各种类型动词接「て」的变化规律。
③ 动词持续体作定语的连体修饰用法。
④ 移动性自动词作谓语通过补格助词"を"带补语的意义和用法。
⑤ 表示状态自然变化的句型。
⑥ 动词"知る"表示肯定、否定的固定形式。
⑦ 副助词"ほど"、接续助词"ながら"及语气助词"よ"的用法。
⑧ 日语家庭成员的称谓。

课文翻译

前　文

铃木今年春季回日本待了两个星期左右。他家里人身体都很健康。铃木返回中国后，拜访了小李，并给他看家里人的数码照片。那是铃木家里人一起在上野公园赏樱花的照片。
铃木的父亲穿着蓝色毛衣。哥哥系着红色领带，穿着黄色裤子。铃木戴着墨镜、白帽子。一家人十分热闹，非常愉快。

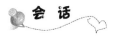

会　话

铃木：你好。
李　：啊，欢迎欢迎。好久不见了。
铃木：是啊，久未问候了。我回日本待了两个多星期。
李　：是么。你家里人都还好吗？
铃木：嗳，托你的福，都很好。这是今年赏樱花时家里人照的数码相片。
李　：是么。在哪儿拍的？
铃木：在东京的上野公园。
李　：哦，是上野公园吗？是很有名的公园啊！
铃木：你知道？

李：　是的,知道。人真多啊。都在干什么呢？

铃木：有的人在唱歌。有的人在跳舞。有的人一边喝酒,一边在欣赏美丽的樱花。有的人一边在公园里散步,一边赏花。

李：　既热闹又高兴啊。

铃木：那照片里的前面是我家里人。

李：　是么。你家里有几口人？

铃木：共七个人。父母、哥哥、姐姐、弟弟、妹妹和我。

李：　是个大家庭啊。

铃木：是的。在如今小家庭化时代是不多见的。

李：　穿着蓝色毛衣的这一位是谁？

铃木：是我父亲。

李：　哪个人是你哥哥？

铃木：这个系着红色领带,穿着黄色裤子的人是我哥哥。

李：　这个戴着墨镜和白帽子的人是谁？

铃木：就是我呀！

李：　哦,是么。恕我冒昧,你父亲现在做什么工作？

铃木：我父亲在公司工作。有时也来中国。

李：　你母亲工作吗？

铃木：现在不工作,但是以前在超市工作。

李：　你哥哥呢？

铃木：大学毕业后在医院工作。

李：　你姐姐做什么工作？

铃木：姐姐在百货商店工作。

李：　你妹妹也工作吗？

铃木：是的。妹妹是空姐。

李：　你弟弟呢？

铃木：弟弟在美国,在纽约的大学学习。

李：　一家人住在一起吗？

铃木：妹妹和弟弟跟父母住在一起,但是哥哥和姐姐已经结婚了,现在住在别的地方。

李：　那大家庭也慢慢变成了小家庭了。

铃木：是的,是这样啊。

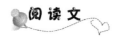

世　博　园

上海的世博园在卢浦大桥的附近。成为了市民的休闲场所。总是充满着活力。今天是星期天而且天气非常好。

天空十分晴朗。阳光普照。树叶闪闪发亮。大片鲜花盛开着。小鸟一边啼鸣,一边飞舞。小溪流过公园。鲤鱼在嬉游。

有很多的孩子们在玩耍。男孩和女孩在荡秋千。父母在一旁看着。老人们坐在长椅上休息。男学生们在投球玩,女学生们在一边跳舞一边唱歌。

重点词例解析

1. 「…たち」(接尾)……们
   ○ わたしたち/我们
   ○ あなたたち/你们

2. 「戻る」(自五)表示返回原处。「帰る」既可表示"回去",也可表示"回来"。「戻る」只表示回到原来的地方。
   ○ 国に帰りました/回家乡(国)去了
   ○ 李さんは教室へ戻りました。/小李回教室了。

3. 「訪ねる」(他一)拜访、访问
   ○ 木村さんは日本に帰って、大学の先生を訪ねました。/木村回到日本之后,拜访了大学时代的老师。
   ○ 友達を訪ねる前に、電話をしました。/拜访朋友之前,先打了个电话过去。

4. 「見せる」(他一)给……看,给谁看用「に」来引出
   ○ 写真を友達に見せます。/把照片给朋友看。

5. 「花見」(名)一般专指赏樱花
   ○ 四月に桜が咲きますので、人々はお花見に行きます。/四月樱花盛开,人们都去赏花。

6. 「着る」(他一)这个词只能用来表示穿上装或大衣
   ○ 上着を着ていますから、とても暖かいです。/因为穿着外套,所以很暖和。

7. 「締める」(他一)勒紧,系紧
   ○ ネクタイを締める/系领带
   ○ 財布のひもを締める/勒紧钱包(不花钱)

8. 「穿く」(他五)这个词和上面的「着る」对应,只能用来表示从下往上提的穿,如:裤子、鞋袜等。
   ○ 山田さんは白いズボンを穿いています。/山田穿着一条白裤子。
   ○ 彼女はいつも青いスカートを穿いています。/她总是穿着一条蓝裙子。

9. 「かける」(他一)
   ① 戴(眼镜)
   ○ あの眼鏡をかけて本を読んでいるのは誰ですか。/戴着眼镜在看书的那个人是谁啊?
   ② 打电话
   ○ 両親に電話をかけました。/给父母打了电话。

10.「かぶる」(他五)
① 戴(帽子)
○ 帽子をかぶる/戴帽子
② 蒙,盖
○ 蒲団を頭からかぶる/把被子一直蒙到头上
③ 套,穿
○ シャツを頭からかぶる/把衬衫从头套上
④ 蒙受,遭受
○ 負債をかぶる/背上债
○ 人の罪をかぶる/替别人承担罪责

11.「いらっしゃい」(寒暄语)欢迎。"欢迎光临",可用范围很广,如有客来自己家里拜访时等等。在商业场合用「いらっしゃいませ」表示"欢迎光临"。

12.「暫く」(名、副)
① 许久
○ しばらくですね。/好久不见了。
② 暂时
○ しばらく休みます。/稍微休息一下。

13.「ご無沙汰」(名、自サ)久疏问候
○ ご無沙汰しました。/好久不见了。

14.「知る」(他五)
① 了解、得知
○ テレビでこのニュースを知りました。/通过电视知道了这个消息。
○ 今はインターネットでいろいろなことを知ることができます。/现在可以通过网络来了解许多事情。
② 认识、知道、懂得(某种技能)。在表示认识某人或懂得某种知识、技能的时候,要用动词的持续体「知っている」来表示,因为"认识"或"懂得"等都是一种状态,不可用「知ります」表达,而否定形则使用「知りません」,不能用「知っていません」。
○ 田中さんを知っていますか。/你认识田中吗?
○ はい、知っています。/是的,认识。
○ 日本語を知っていますか。/你懂日语吗?
○ いいえ、知りません。/不,不懂。

15.「ほう」(名)方,方面,方向
① 表方向
○ 前の方へ行きます/往前走
○ 北の方/北方
② 表方面
○ 私の方/我这一方

○ 囲碁の方は彼にかなわない。/下围棋这一方面,我不如他。

16. 「勤める」与「働く」。这两个都是自动词,都表示"工作"的意思,但是用法不大一样。「勤める」的意思是概念较笼统的就职,而「働く」给人的感觉是具体地在干活,并且相对指比较繁重、需要更多使用体力的工作。两者表示工作场所的助词也不一样,「勤める」要用「に」表示工作场所,「働く」要用「で」表示工作场所。
    ○ 姉は証券会社に勤めています。/姐姐在证券公司工作。
    ○ 弟はスーパーで働いています。/弟弟在超市工作。

17. 「出る」(自一)
    ① 毕业(助词用「を」或「から」,表示动作起点)
    ○ 来年の六月に大学を出ます。/明年六月份大学毕业。
    ○ 大学から出て、今は日系企業に勤めています。/从大学毕业之后就在日本公司工作。
    ② 出来、离开(助词用「を」,表示离开、移动的场所)
    ○ 家を出て、一人で生活します。/离开家,一个人生活。
    ③ 来到(助词用「に」,表示动作的着落点)
    ○ 十分間歩いて、駅に出ました。/走了十分钟,来到了火车站。

18. 「住む」(自五)表示住在某地,助词用「に」表示为行为、动作的着落点。
    ○ 両親は姉と一緒に南京に住んでいます。/父母和姐姐住在南京。

19. 「だんだん」(副词)渐渐地
    ○ わたしは日本語がだんだんわかってきました。/我渐渐地懂日语了。

20. 「なる」(自五)表示状态的变化,变化的结果用助词「に」来表示
    ○ もう八時になりました/已经八点钟了
    ○ 九月から大学生になりました。/九月份开始成了大学生。

21. 「差す」(自五)照射
    ○ 光が壁に差す。/光线照在墙上。

22. 「きらきら」与「ぎらぎら」(副词)。「きらきら」指灿烂,闪亮,多为褒义;「ぎらぎら」常有刺眼、晃眼的意思,多带有贬义。
    ○ 星がキラキラと光ります。/星光闪耀。
    ○ 真夏の太陽がぎらぎら照りつけます。/盛夏的太阳照得刺眼。

23. 「咲く」(自五)。「咲く」是状态性动词,表示花在某地盛开,要用「に」表示盛开的地点。
    ○ 公園にたくさんの花が咲いています。/公园里开着许多花。

24. 「流れる」(自一)如果表示某条河流经某地,用「を」表示其移动的场所。
    ○ 長江は中国の多くの所を流れています。/长江流经中国许多地区。

25. 「ぶらんこ」(名)是"秋千"的意思,表示"荡秋千"的话,用动词「乗る」表示。
    ○ 子供たちは公園でぶらんこに乗っています。/孩子们在公园中荡秋千。

语法句型详解

一、动词的持续体

1. 动词持续体的构成。动词持续体是由动词的连用形后续接续助词「て」再加上「いる」构成的。不同类型的动词后续「て」的规则也不一样。

五段动词：五段动词持续体的构成最为复杂，其变化因动词词尾的不同而造成「て」的接续也不同。具体如下：词尾是「う、つ、る」的时候，将发生"促音变"，即词尾的「う、つ、る」变成促音「っ」，再加上「て」。如：買う→買って、待つ→待って、戻る→戻って。词尾是「く、ぐ」的时候，将发生"イ音变"，即词尾的「く、ぐ」变成「い」，再加上「て」（词尾为「ぐ」时加「で」）。如：聞く→聞いて、泳ぐ→泳いで。词尾是「ぬ、む、ぶ」的时候，将发生"拨音变"，即词尾的「ぬ、む、ぶ」变成「ん」，再加上「で」。如：死ぬ→死んで、読む→読んで、飛ぶ→飛んで。词尾是「す」的时候，不发生音变，直接将动词变成其连用形，后续「て」即可。即将词尾的「す」变成「し」，再加上「て」。如：話す→話して。

五段动词中的「行く」的情况比较特殊，接「て」时发生促音变，即「行って」。

一段动词：一段动词的持续体构成规则是去掉词尾「る」直接加「て」，如：食べる→食べて、寝る→寝て、見る→見て。

サ变动词：サ变动词的持续体构成规则是将词尾的「する」变成「し」再加上「て」，如：勉強する→勉強して、旅行する→旅行して、案内する→案内して等。

カ变动词：カ变动词只有一个，即「来る」，它的持续体是「来(き)て」。

2. 动词持续体的含义。日语的动词按照动作完成时间长短可以分为"持续性动词"、"瞬间性动词"和"状态性动词"。动词持续体由动词连用形后续「ている」（五段动词后续「て」时发生音变）构成。动词持续体有如下几种含义：

① 接在持续性动词后面，表示正在进行的动作。
○ あの人は歌を歌っています。／那个人正在唱歌。
○ 私たちは日本語を勉強しています。／我们正在学日语。
○ 彼はあさの朗読をしています。／他正在晨读。
○ 木村さんはお茶を飲んでいます。／木村正在喝茶。

② 表示经常、反复进行的动作。
○ 週に一回日本語の講座を聞いています。／每周听一次日语讲座。
○ 毎年、交通事故で多くの人が死んでいます。／每年都有很多人因为交通事故而死亡。
○ いつもここでビールを注文しています。／平时一直在这里订啤酒。
○ この学校では毎年一万人ぐらいの学生が卒業しています。／这个学校每年有一万人左右的学生毕业。

③ 接在瞬间性动词后面，表示动作结果的存续及状态。
○ 彼女は黒い服を着ています。／她穿着黑色的衣服。
○ 王さんは眼鏡をかけています。／小王戴着眼镜。

○ 一カ月ほど国へ帰っていました。/我回国了一个月。
④ 接在状态性动词后面,表示事物的恒常状态。
○ 夕方のバスはいつも込んでいます。/傍晚的公交车总是很拥挤。
○ 李さんは痩せています。/小李很瘦。

3. 动词持续体的过去式和过去否定式。持续体的过去式(过去否定式)表示在过去一段时间里所发生(没有发生)的动作、状态。其构成是连用形加「ていました」(「ていませんでした」)。

○ 午前は図書館で日本語を勉強していました。/上午在图书馆学习日语的。
○ 去年の冬休みは家へ帰っていませんでした。/去年寒假没有回家。

二、数词 + ほど

「ほど」是副助词,接在数词后面表示大约的概数,与「ぐらい」相近,不同的是,「ほど」表示的是数量多或程度高,有时是一种委婉表达。

○ 王さんは二か月ほど学校を休みました。/小王向学校请了两个月的假。
○ 宿題はまだ半分ほど残っています。/作业还剩一半多。
○ 彼女は毎日二時間ほど英語のラジオを聞いています。/她每天都听两个小时的英语广播。

三、动词连接式

动词连接式是由动词连用形 +「て」构成的,可以起到连接前后句的作用,根据不同情况会产生并列、先后、因果、手段、方法等关系。

○ 歯を磨いて、顔を洗います/刷牙洗脸(并列)
○ 家へ帰って宿題をします/回家写作业(先后)
○ 雨がやんで、友達と遊びました。/雨停了,所以和朋友一起出去玩了。(因果)
○ 毎日ラジオを聞いて、日本語を勉強しています。/每天听广播学日语。(手段)
○ 歩いて家へ帰ります。/走着回家。(方法)

四、动词持续体作定语

动词持续体作定语时需要用简体形式,「ています」的简体是「ている」,「ていました」的简体是「ていた」。且定语句中出现主语的时候,只能用「が」或「の」来表示,而不能用「は」来提示。

○ お茶を飲んでいる人は木村さんです。/正在喝茶的那个人是木村。
○ 一緒に映画を見ていた人はあなたの友達ですか。/刚才和你一起看电影的人是你朋友吗?
○ あなたが食べているものは何ですか。/你正在吃的是什么?

五、动词连用形 + ながら

「ながら」是接续助词,接在动词连用形后面,表示同一主体同时正在做两个动作。句子表达的重点在后句,译成"一边……一边……"。

○ 音楽を聴きながら、勉強する人は多いです。/有很多人一边听音乐一边学习。
○ 彼は朝ごはんを食べながら、新聞を読んでいます。/他一边吃早饭一边看报纸。

六、…を(补格助词)…(移动性自动词)

除宾格助词可以提示宾语之外,「を」还有补格助词的用法。可以后续带有移动性自动词,表示移动、离开、经过的场所或路线。

○ 中国を旅行します。/在中国旅行
○ 公園を散歩します。/在公园散步

七、终助词「よ」加强语气

终助词「よ」接在句末可加强句子的语气,通常表示主张、叮咛或引起对方注意。

○ わたしですよ。/是我啦。
○ 今日は月曜日ですよ。/今天是星期一哦。

八、提示助词「は」和「も」

提示助词「は」「も」的提示功能很强,可以根据表达的需要将各种成分提示为主题进行叙述。如可提示主语或宾语。可接在「に」「から」「まで」「で」等格助词的后面,构成助词重叠使用。当提示由「が」「を」构成的句子成分时,「が」「を」要省略。

提示主语:

○ 明日のパーティー、私は行きますが、李さんは行きません。/明天的聚会我去,小李不去。

提示宾语:

○ 今日の昼ごはんは食べはしましたが、あまりおいしくありませんでした。/今天的午饭吃是吃了,不过不怎么好吃。

提示谓语:

○ 今日は月曜日ではありません。水曜日でもありません。/今天不是星期一,也不是星期三。

此外,「は」表示对比:

○ 新聞は読みますが、テレビは見ません。/报纸是读的,电视不看。

「は」加强语气引出否定的谓语:

○ 吉田さんとはテニスをしますが、田中さんとはしません。/和吉田先生一起打网球,不和田中先生打。

「も」表示类推:

○ 冬休みは無錫に帰ります。蘇州にも行きます。/寒假要回无锡,也要去苏州。

九、体言 + になります

这是一个表示自然变化结果的句型。表示从一种状态变化成另一种状态,「に」表示变化的结果,「なる」是自动词,表示成为、变化。

○ 大学を出て、何になりますか。/大学毕业之后,你想成为什么?
○ もう夏になりました。/已经到夏天了。

十、「知っています」和「知りません」

日语五段他动词"知る"较为特殊,它有两个基本意思。一个是"获知、了解",另一个就是教材介绍的"知道、晓得"。做"获知、了解"时它是一个一般的动词。但做"知道、晓得"

时,肯定句要用「知っています」,否定用「知りません」。没有"しっていません"和"しります"的用法。但可以说"知っていました"(表示以前就知道)和"知りませんでした"(以前一直不知道)。

　　A:山下さんを知っていますか。/你知道山下先生吗?
　　B:はい。知っていました。/是的,以前就认识。
　　○ 私は南京の名物を知っています。/我知道南京的名胜特产。

十一、家庭成员的称呼

　　日本人对家庭成员的称呼虽然没有中国精细,但也较为复杂,主要是因对内和对外不同,必须区分清楚。基本原则是:当面称呼自己的家长和称呼别人的家长须尊敬,其说法是相同的,对别人提及自己的家庭成员时须用另一种相对自谦的称呼方式。

课文难点注释

　　1. 第92页前文第3行「それは家族の人たちがいっしょに上野公園で花見をしている写真でした。」这句话是对照片里的人物进行描述,对于照片里的人来说「花見」这样的行为是正在进行的,所以这里用现在进行时表述。

　　2. 第92页第5行「鈴木さんのお父さんは青いセーターを着ています」这句话也是对照片中的人物进行描述,所以用现在进行时来描述当时的情景。前文部分后面几句现在时的句子均属于这种用法。

　　3. 第93页会话倒数第7行「ある人は踊りを踊っています。」的「踊る」是五段自动词,但是有时候却可以当做他动词来用,这在日语当中叫做"自动词的他动词用法"。这样的动词数量不多。

　　4. 第93页倒数第5行「お花見をしています。」这里的「お」属于「美化語」,增加文雅的语感,不表示尊敬。

　　5. 第93页倒数第3行「その写真の前の方がうちの人です。」这里的「方」念做「ほう」,表示位于照片前方的人。不能念做「かた」,因为「かた」是「人」的敬语,铃木在介绍自己的家人,所以不可能对自己用敬语。

　　6. 第94页第2行「ええ、今の少子化時代ではめずらしい家庭です。」的「では」表示时间范围,即"在如今这个少子化的时代……"。
　　○ 今では、テニスはとても人気があります。/当今,网球很受欢迎。

　　7. 第94页倒数第6行「弟はアメリカへ行っています。」这里把「行く」看作状态动词,表示结果的持续。

　　8. 第100页阅读文的第一段「空はよく晴れています。日がさしています。木の葉がきらきら光っています。花がたくさん咲いています。小鳥が鳴きながら飛んでいます。小さい川が公園の中を流れています。鯉がおよいでいます。」是用简单的句型对自然的优美描写,大家可以试着把它翻译成优美的汉语,考察一下自己的汉语表达能力。

　　9. 第100页第2、3行「小さい川が公園の中を流れています。」这里的「を」表示经过的场所、路线,即"小河从公园里流过"。

10. 第100页倒数第3、2行的「男の学生たちはボールを投げて遊んでいます。」这里的动词「て」形表示方式或手段,即"男孩子们正在玩掷球游戏"。

随堂自测练习

一、汉字注假名。

　　一家　　兄　　妹　　家庭　　少子化　　貿易会社　　核家族　　病院

二、假名写汉字。

　　ばんぱく　　　しみん　　　かっき　　　こども　　　こい
　　おや　　　　おとこ　　　おんな　　　ぼうし　　　はなみ

三、在括号中填形式名词。

1. 日本語を勉強する(　　)は楽しいです。
2. わたしの趣味は、星を見る(　　)です。
3. 試験に受かった(　　)を先生に伝えました。
4. 朝からずっと、手紙が来る(　　)を待っています。
5. 船の中から、魚が泳いでいる(　　)が見えます。

四、选择适当的疑问词,以「疑问词+でも(も)」的形式填入(　　)。

① 今は(　　)忙しいです。
② 難しくて、(　　)できません。
③ 彼は(　　)本を読んでいます。
④ 今は(　　)高いです。
⑤ 病気で、(　　)食べませんでした。
⑥ 昨日は(　　)行きませんでした。
⑦ 赤いりんごは(　　)甘いです。

五、汉译日。

1. 妈妈做的菜非常好吃。
2. 昨天看的电视剧很有意思。
3. A:写这个作文的人是谁?
   B:对不起,是我。
4. A:田中是哪个人?
   B:就是坐在那边的那个女的。

六、日译汉。

1. 健康のありがたさを知っています。
2. 私はコンピューターのことは知っていません。
3. その時、私は遊んでいませんでした。勉強していました。
4. 母は今は働いていませんが、前はスーパーで働いていました。
5. 音楽を聞きながら宿題をしています。

6. 働きながら勉強しています。
7. 私はシャンハイへ一週間ほど出張して、昨日帰りました。
8. きれいな川が公園を流れています。
9. 「何をしていますか。」「何もしていません。あなたは?」「寮で日本語を復習していました。」
10. あの人はセビロを着ていますが、布靴(ぬのぐつ)を履いています。

七、四选一。
1. これは去年_____カメラです。
   ① 買った　　② 買う　　③ 買いた　　④ 買います
2. 田中さんは教室まで_____行きました。
   ① 走る　　② 走り　　③ 走って　　④ 走ろう
3. _____ながら、話さないでください。
   ① 食べ　　② 食べる　　③ 食べた　　④ 食べて
4. テストが_____あとでパーティーをします。
   ① 終わった　　② 終わって　　③ 終わる　　④ 終わります
5. 「あのう、ハンカチが落ちました_____。」「あっ、どうも。」
   ① よ　　② かい　　③ だい　　④ さ
6. 「田中さんを知りませんか。」「_____。」
   ① いいえ、知ります。　　② はい、知っています。
   ③ いいえ、知っています。　　④ はい、知っていません。

単元二復習　連休

本课学前重点提示

本课是单元小结课,除单词和课文外没有新的语法,重点在于通过对课文内容的学习,巩固和厘清本单元所学的各种语法。通过阅读文的学习,还要了解日语书信的基本格式。

课文翻译

前文

小杨利用长假回了趟家乡,他是青岛人。青岛是个十分美丽的好地方。

小杨是坐飞机去的青岛。机票费大约八百元。小杨的家离海不远,步行大约十五分钟左右。所以,小杨每天在晚饭之后,跟哥哥一起在海边散步。

小杨一家包括小杨在内是五人。有父母和一个姐姐,一个哥哥。小杨是家里最小的孩子。父亲在海洋研究所工作。母亲今年已经退休。姐姐在中学当老师。哥哥在医院工作。

长假结束后,小杨从青岛返回了上海并拜访了留学生宫本,而且将青岛啤酒作为礼物送给了宫本。

会话

杨：　对不起,有人吗?
宫本：来了,是哪一位?
杨：　我是小杨。
宫本：哦,是小杨啊,欢迎光临。
杨：　你好。
宫本：你好。请进来吧。
杨：　嗳。那就打搅了。
宫本：请坐。
杨：　谢谢。
宫本：请喝茶。
杨：　请别张罗了。

宫本：长假已经结束了吗？
杨：　是的，昨天学校开学了。
宫本：长假过得怎么样？
杨：　非常愉快。
宫本：去什么地方了吗？
杨：　是的，回了趟家乡。
宫本：是么。你家乡是哪儿？
杨：　青岛。
宫本：是个好地方啊。
杨：　你知道吗？
宫本：当然知道啰。青岛啤酒味道好极了！
杨：　谢谢。
宫本：回去住了几天？
杨：　住了五天左右。
宫本：坐船去的吗？
杨：　不，坐飞机去的。
宫本：机票多少钱？
杨：　八百来块。
宫本：你家离海远吗？
杨：　不，不远。
宫本：从你家到海边需要多长时间？
杨：　步行十五分钟左右。
宫本：是么。那么每天都有在海边散步吗？
杨：　是的，每天晚饭之后，和哥哥一起在海边散步。
宫本：真好啊。你家里人都好吗？
杨：　嗯，托你的福，都很好。
宫本：你家有几口人？
杨：　包括我在内五口人。父母和一个姐姐，一个哥哥。我是家里最小的。
宫本：是么。恕我冒昧，你父亲是做什么工作的？
杨：　父亲在海洋研究所工作。
宫本：母亲呢？
杨：　母亲以前在纺织厂工作，今年已经退休了。
宫本：姐姐和哥哥呢？
杨：　姐姐大学毕业后在中学里当老师。哥哥在医院工作。你在长假里去哪了吗？
宫本：是的，去长江流域参观了好多地方。那一带的发展真快啊。真是令人吃惊啊。
杨：　是么，今天打搅了你这么长时间，我该告辞了。这是我送你的礼物，是青岛啤酒。
宫本：呀！特意给我，太感谢了。
杨：　那么我就告辞了。再见。
宫本：再见。请走好。

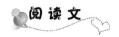

伊藤的来信

小王,秋意渐浓,你好吗?

留学生的进修旅游开始之后已经过了一周。在这一周的时间里,我们留学生们登山、下海玩得很痛快。我们登山的那段时间一直是好天气,但在下海的那段时间经常下雨。从现在起要有很多很难的研修课程,真叫人有些吃不消。

下周星期五是当地"庙会"的日子,平时宁静而寂寞的这座城市到了那天晚上将会变得欢腾热闹,大家会一边唱歌一边跳舞。小王,我将在下星期六回来。星期天晚上给你讲我的各种旅途见闻。我会在留学生宿舍做好丰盛的菜肴等着你。

最后,祝你健康、事业有成。再见。

十一月二十日
伊藤明

重点词例解析

1. 「入れる」(他一)
   ① 放入
   ○ 本を机の中に入れます。/把书放到桌子里面去。
   ○ 魚を池の中に入れます。/把鱼放到池子里去。
   ② 连……在内;计算上……。
   ○ 田中さんを入れて、5人です。/包括田中在内,一共是5人。
2. 「定年退職」(名)"退休"的意思,其动词词组是「定年退職になります」。
3. 「どちら」(疑问代)
   ① 哪个(指物)
   ○ 李さんの本はどちらですか。/小李的书是哪个?
   ② 哪边(方向)
   ○ 駅はどちらにありますか。/车站在哪里?
   ③ 哪位(指人)
   ○ どちらが田中さんですか。/哪位是田中啊?
4. 「卒業」(名、自サ)表示从某处毕业时,用「を」表示地点。表示动作的起点,也可以用「から」表示。
   ○ 大学を卒業して、先生になります。/大学毕业之后当老师。
   ○ 高校から卒業して、港工場で働いています。/高中毕业后在港口工厂工作。
5. 「間」
   ① (接尾词)间,期间,中间
   ○ 5分間/五分钟(工夫)
   ○ 阪神間/大阪神户之间

② (名)表示"在……中间",可以是时间,也可以是某一类事物。
　　○ 三人の間では、張さんは日本語が一番素晴らしいです。/三个人中间,小张日语最棒。
　　○ 友人を待っている間は、私は新聞を読みました。/在等朋友期间,我看了份报纸。

6. 「ずいぶん」(副)非常、颇,与前面学习过的「とても」「たいへん」不同的是,「ずいぶん」表示事物的发展程度超乎了说话人的意料。
　　○ 南京の夏はずいぶん暑いですね。/南京的夏天真是热。

7. 「驚く」(自五)吃惊,惊讶,感到吃惊的对象用「に」表示。
　　○ 中国の発展の速さに驚いています。/对中国的发展速度感到惊讶。

8. 「お邪魔します」(寒暄语)在进入别人的空间或中途打断别人时,要说「お邪魔します」(打搅了)。结束之后,则需要说「お邪魔しました」(打搅您了)。

9. 「そろそろ」(副)
　　① 马上、就要
　　○ そろそろ十一時になります。/马上就要十一点了。
　　○ そろそろ失礼します。/差不多该告辞了。
　　② 渐渐地
　　○ そろそろ寒くなりました。/(天)渐渐变冷了。

10. 「手紙」(名)信,信件
　　○ 母に手紙を書きました。/我给妈妈写了信。

11. 「経つ」(自五)表示时间的"经过"、"流逝"
　　○ 時間は一か月経ちました。/时间已经过去了一个月。

12. 「ずっと」(副)
　　① 一直
　　○ 朝八時からずっと勉強しています。/从早上八点开始就一直学习。
　　② 超过……得多
　　○ 李さんは王さんより日本語がずっと素晴らしいです。/小李比小王日语好得多。

13. 「降る」(自五)只用于下雨、下雪,无其他用法。
　　○ 昨日、雨が降りました。/昨天下雨了。

14. 「大変」(形动)够呛、辛苦、严重,以前学习过的「たいへん」是副词,含义也不一样。
　　○ 教師は大変な仕事です。/教师是一份很辛苦的工作。
　　○ 毎日宿題がたくさんあって、とても大変です。/每天都有很多的作业,真是够呛。

15. 「待つ」(他五)等、等待,等待的对象用「を」来引出。
　　○ 李さんを一時間待ちました。/等了小李一个小时。

语法句型详解

　　本课是单元复习课,重在通过对课文的学习,巩固本单元所学语法。请大家认真阅读教材107页到110页的内容,掌握相关的时态和句型表达。

一、名词谓语句的时态和基本句型。
　　1. 现在时
　　　① ～は～です。

○ それは先生の服です。/那是老师的衣服。
○ 私は日本語科の学生です。/我是日语专业的学生。
② ～は ～ではありません。
○ それは先生の服ではありません。/那不是老师的衣服。
○ 私は日本語科の学生ではありません。/我不是日语专业的学生。

2. 过去时
① ～は ～でした。
○ 私はあの高校の学生でした。/我曾经是那所高中的学生。
○ ここは田舎(いなか)でした。/这里曾是乡下。
② ～は ～ではありませんでした。
○ 私はあの高校の学生ではありませんでした。/我过去不是那所高中的学生。
○ ここは田舎ではありませんでした。/这里过去不是乡下。

二、形容词谓语句的时态和基本句型。

1. 现在时
① ～は ～(い)です。
○ 私のズボンは黒いです。/我的裤子是黑色的。
○ その机は白いです。/那张桌子是白色的。
② ～は ～(く)ありません。
○ 私のズボンは黒くありません。/我的裤子不是黑色的。
○ その机は白くありません。/那张桌子不是白色的。

2. 过去时
① ～は ～(かった)です。
○ 去年の冬は寒かったです。/去年冬天冷。
○ この建物は赤かったです。/这个建筑曾经是红色的
② ～は ～(く)ありませんでした
○ 去年の冬は寒くありませんでした。/去年冬天不冷。
○ この建物は赤くありませんでした。/这个建筑过去就不是红色的。

三、形容动词谓语句的时态和基本句型。

1. 现在时
① ～は ～(词干)です。
○ 東京はにぎやかです。/东京热闹。
○ ここの交通は便利です。/这里的交通便利。
② ～は ～(词干)ではありません。
○ 東京はにぎやかではありません。/东京不热闹。
○ ここの交通は便利ではありません。/这里的交通不方便。

2. 过去时
① ～は ～でした。
○ このあたりはにぎやかでした。/这一带过去热闹。
○ ここの交通は不便でした。/这里的交通过去不方便。

② ～は～ではありませんでした。
○ このあたりはにぎやかではありませんでした。/这一带过去不热闹。
○ ここの交通は便利ではありませんでした。/这里的交通过去不方便。

四、动词谓语句的时态和基本句型。

1. 现在时
① ～は～(連用形)ます。
○ 机の上に本やペンなどがあります。/桌子上有书和钢笔等。
○ 日曜日、李さんはよく図書館へ行きます。/周日,小李常去图书馆。
② ～は～(連用形)ません。
○ 机の上に本やペンなどがありません。/桌子上没有书和钢笔等。
○ 日曜日、李さんは図書館へ行きません。/周日,小李不去图书馆。

2. 过去时
① ～は～(連用形)ました。
○ 夏休み、李さんは日本へ行きました。/暑假,小李去了日本。
○ 去年、私は日本語を勉強しました。/去年,我学习了日语。
② ～は～(連用形)ませんでした。
○ 夏休み、李さんは日本へ行きませんでした。/暑假,小李没有去日本。
○ 去年、私は日本語を勉強しませんでした。/去年,我没有学习日语。

五、其他主要句型。

1. ～で～
这是名词的中顿形式,将两句话连为一体。
○ 私は日本語科の学生で、南京人です。/我是日语专业的学生,是南京人。
○ 午前は英語の授業で、午後は国語の授業です。/上午是英语课,下午是国语课。
○ 本を読んでいる人は李先生で、この大学の学長(がくちょう)です。/正在看书的是李老师,他是这所大学的校长。

2. あまり～(否定)
「あまり」和否定形式相呼应,表示"不太……"
○ 彼はあまり図書館へ行きません。/他不怎么去图书馆。
○ 父はあまりテレビを見ません。/爸爸不怎么看电视。

3. ～になります
这个句型表示"成为……"或"变成……"
○ 彼はお医者さんになりました。/他成为了医生。
○ あの子は小学生になりました。/那孩子成为了小学生。

4. ～から～まで
这个句型表示时间或空间上的起点和终点。
○ 午後の授業は一時から四時までです。/下午的课从一点到四点。
○ 家から学校まで自転車で十五分ぐらいかかります。/从家到学校,骑自行车要花费十五分钟左右的时间。

课文难点注释

1. 第104页前文第1行「楊さんは…国へ帰りました。」日语的「国」除了指国家之外，还可以指地方、地区。如：日语的「北国」、「中国」就分别有"北方"，"中部地区"的含义，这里的「国」指的是"家乡"。

2. 第105页第2、3、4行「お父さんは海洋研究所に勤めています。お母さんは今年、定年退職になりました。お姉さんは中学校の先生をしています。お兄さんは病院で働いています。」这句话中出现了表示工作的几种表达形式，请注意这些表达形式的构成和用法。比如「〜に勤める」、「〜で働く」、「〜をする」等。「する」除了表示做某事之外，还可以表示从事某种工作。意思是：他爸爸在海洋研究所工作。他妈妈今年退休了。他姐姐是中学的老师。他哥哥在医院工作。

3. 第105页倒数第4行「どこかへ行きましたか。」中「どこか」的「か」表示不确定，不表示疑问，即"你是不是到什么地方去了?"回答时也可以只说"去了"或"没有去"，不必回答去过的具体地方。

4. 第106页第9行「航空券はいくらでしたか。」日语询问"多少钱"，要用「いくら」这个词。如：

○ この新しい万年筆はいくらですか。/这支新钢笔多少钱?

5. 第106页第13行「おうちから海までどのぐらいかかりますか。」的「かかる」是自动词，表示"花费"的意思，显然这里指的是时间，即"从你家到海边要花多长时间?"

6. 第107页第1行「今日は長い時間お邪魔しました。」的「長い時間」是"长时间"的意思，在这里可以看作副词，修饰后面的动词。

7. 第111页阅读文第1行「秋冷の日が続いていますが、お元気ですか。」要注意日语信件的写法，一般都是以季节问候开头。所以类似的套语很多。如：「陽春の候、お元気ですか。」(春暖花开之际,你身体好吗?)「残暑なお厳しいこのごろ」(残暑时节)、「歳末の心せわしいこのごろ」(年关大忙季节)等等。

8. 第111页阅读文第3行「わたしたちが山に登っているあいだはずっといい天気でしたが、…」的「…間は」表示在某件事情发生期间,一直存在某种状态或进行某种行为。与此相对,「…間に」则表示趁在某件事情发生期间,只用其中一段时间完成了某事或发生了某种状态。

○ 子供が寝ている間は、私は服を洗っていました。/小孩睡觉的时候,我一直在洗衣服。

○ 子供が寝ている間に、私は服を洗いました。/趁小孩睡觉期间,我把衣服洗了。

所以「…間」和「…間に」虽然只差一个"に",但意思差距很大。

9. 第111页第9行「ごちそうを作って待っています。」伊藤明邀请小王周六来玩,那么伊藤明做菜并等小王来应该是将来才发生的事情。这里用「待っています」就是站在届时邀请小王来玩的时间点上说的,也即"届时我将会做好菜等你来。"

单元自测练习

一、汉字写假名。

国際空港　　映画館　　観戦　　開催　　誕生日　　年月日
部屋代　　雰囲気　　感動　　失礼　　運動会　　弟

二、假名写汉字。

おや　　　おんな　　　ろうじん　　　かんこう　　　こうそくでんしゃ
きねん　　きょうし　　そつぎょう　　はってん　　　けんがく
ぼうせきこうじょう　　しゅうれい　　けんしゅうりょこう
こうぎ　　かつやく　　けんこう　　　みやげばなし

三、用( )内词的适当形式完成句子。

1. 去年植えた桜の木が(大きい)_____なりました。
2. 冬は、朝6時半ごろ(明るい)_____なります。
3. 最近、あの学校は(有名)_____なりました。
4. 毎日カレーライスを食べます。ですから(嫌い)_____なりました。

四、填空。

1. 大学(　　)卒業して、先生(　　)なりました。
2. 昨日(　　)暑かったです(　　)、今日(　　)あまり暑くありませんでした。
3. このクラスの中(　　)、王さんが一番高いです。
4. 私は九時(　　)(　　)十時(　　)(　　)図書館で本を読んでいました。
5. あそこまで自転車(　　)十五分(　　)(　　)(　　)かかります。
6. あのレストランの料理がまずいです。(　　)(　　)(　　)(　　)、私はあまり行きません。
7. この自転車は(　　)(　　)(　　)やすくありません。
8. だれ(　　)教室にいますか。
9. 父は(　　)(　　)夜八時ごろ家へ帰ります。
10. お姉さんは貿易会社(　　)働いています。

五、选词填空。

| ゆっくり | ほとんど | 代わりに | しっかり | あまり |
| ぜひ | おかげで | もちろん | きっと | によって |

1. かばんがないから馬さんは_____帰りました。
2. 日本語を教えてください。その_____英語を教えてあげます。
3. 中国人ですから_____中華料理が好きですよ。
4. 医者さんの_____風邪がよくなりました。
5. 気候は国_____違います。
6. 一度でも_____私の家へ来て欲しいです。
7. 早くて分かりませんが、もう少し_____話してください。
8. 最近、忙しくて_____テレビを見ません。
9. それは_____有名な大学ではありません。

10. 日本の応用技術が進歩していますから、＿＿＿＿＿＿研究してくださいね。

六、请用下列词语造句。
1. ～に勤めます
2. ～は ～になります
3. ～から ～まで
4. あまり ～否定
5. ～。ですから ～。
6. ～は ～と ～
7. ～ながら ～
8. ～を ＋自動詞
9. 数量詞 ＋ほど
10. 疑問詞 ＋が ～

七、汉译日。
1. 对不起,哪位是日语专业二年级的小王?
2. 我穿着毛衣,所以不冷。
3. 学生宿舍里,大约有四个人。
4. 昨天,我和朋友去了百货公司,买了钢笔和铅笔等。
5. 正在打电话的人是我的哥哥。
6. 我经常一边听音乐,一边看书。
7. 教室里不太干净,所以,我和小王一起打扫了一下。
8. 暑假,我回到家乡,和全家人一起去了日本。
9. 我常常在晚饭后,和朋友一起在操场上散步。
10. 我爸爸在大学工作,我妈妈在公司上班。

八、阅读回答问题。

　　わたしは今年4月に中学生になりました。そのとき、母から腕時計をもらいました。それから、父に学校へ行くかばんをもらいました。それは軽くて便利なかばんです。
　　5月5日の子供の日に、弟も父からきれいなかばんをもらいました。わたしは音楽の本をあげました。昨日はお母さんの誕生日でした。わたしは家の近くにある花屋で買った花と自分（　　）かいた両親の絵を母にあげました。母は私からプレゼントをもらって、とても喜びました。弟はきれいな紙で年賀状を作って、母に上げました。誕生日のパーティーはとてもにぎやかでした。みんなでケーキも食べました。

問題1　（　　）に適切な助詞を入れてください。
　　　　①が　　　　②で　　　　③に　　　　④や
問題2　この文章からわかったことは次のどれですか。
　　　　① 私は母に絵だけをあげました。
　　　　② 私は父から何にももらいませんでした。
　　　　③ 母は弟からもプレゼントをもらいました。
　　　　④ 母は私のプレゼントがあまり好きではありませんでした。
問題3　下線を引いている「プレゼント」は何を指していますか。
　　　　① かばん　　②年賀状　　③腕時計　　④花と絵

第九課　趣　味

本课学前重点提示

① 大主题小主语句「…は…が…」的用法和表达的各种意义。
② 日语比较句的各种形式。
③ 纯粹形式名词「の」与「こと」的用法以及区别。
④ 形容词、形容动词连用形加"なる"表示状态的自然转变。
⑤ 表示可能的句型「…ことができる」的用法。
⑥ 动词做定语的连体修饰用法。

课文翻译

前　文

　　青木的爱好是体育。他喜爱的运动是网球和羽毛球。与网球相比，羽毛球的球技稍好一些。喜欢看棒球，但不太喜欢打。青木非常爱吃中国菜。爱吃北京菜中的烤鸭和上海菜中的糖醋里脊。四川菜一开始因为辣而不爱吃，但后来慢慢爱吃了。
　　小李喜爱听音乐。与爵士音乐及摇滚乐相比，更喜爱古典音乐。除此之外，爱吃美味可口的佳肴。日本菜和中国菜都爱吃。中国菜无论什么都爱吃，没有不爱吃的东西。但是，他虽然爱吃佳肴，却不会做菜。

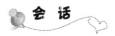

会　话

李　：青木你好。
青木：你好。
李　：青木你的爱好是什么？
青木：我的爱好是体育。
李　：你喜爱的运动是什么？
青木：我喜爱的运动是网球和羽毛球。
李　：网球和羽毛球，哪个打得好？
青木：与网球相比，羽毛球打得稍好些。
李　：网球比羽毛球难吗？

青木：是的,网球比羽毛球稍微难一些。

李： 我说,棒球在日本很受欢迎吧。

青木：是的,非常受欢迎。但是,我喜欢看棒球,不太喜欢自己打。小李的班上同学喜爱什么?

李： 有的人喜爱乒乓,有的人喜爱看电视。

青木：现在,中国电视的频道数也变得相当得多起来了吧。

李： 是的,节目内容也变得十分丰富了。

青木：请问,你班上谁乒乓球打得最好?

李： 小陈打得最好。

青木：你擅长打乒乓球吗?

李： 不,我打乒乓球不行。

青木：那你喜爱什么呢?

李： 以前喜爱围棋和象棋,但现在对音乐感兴趣。

青木：喜欢什么样的音乐?

李： 喜爱古典音乐,不太喜欢爵士音乐和摇滚音乐。

青木：你爱吃日本菜吗?

李： 是的,爱吃。

青木：中国也有很多的日本菜馆吗?

李： 是的,最近有很多了。

青木：日本菜和中国菜,爱吃哪个?

李： 都爱吃。

青木：中国菜有不爱吃的东西吗?

李： 中国菜没有不爱吃的东西。中国菜无论什么都爱吃。

青木：你会做菜吗?

李： 不,喜欢吃菜,但不会做菜。

青木：日本菜中最爱吃什么?

李： 最爱吃牛肉火锅。

青木：纳豆和腌梅子,爱吃哪个?

李： 都不爱吃。

青木：鱼怎么样?

李： 烤的鱼和煮的鱼喜爱吃,但生鱼不爱吃,青木爱吃中国菜吗?

青木：嗯,非常爱吃。

李： 比如爱吃什么呢?

青木：哦……我爱吃北京菜中的烤鸭和上海菜中的糖醋里脊。

李： 甜的东西和咸的东西,你爱吃哪个?

青木：我爱吃甜的东西。

李： 四川菜怎么样?

青木：一开始因为辣不爱吃，但后来慢慢变得爱吃了。
李：　电影怎么样？喜不喜欢看？
青木：既有喜欢的电影，也有不喜欢的电影。
李：　你喜欢什么样的电影？
青木：我喜欢宣扬人们善良之心的电影。
李：　你不喜欢什么样的电影？
青木：恐怖片。

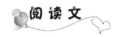

留学生——池田

　　留学生池田是北京大学的研究生。从去年进入研究生院时开始学习汉语，所以现在懂一点汉语，也能用汉语唱歌。虽然他的专业是中国史，但也喜欢唱歌。从小学生的时候起就喜爱棒球，所以打得很好。

　　池田喜欢在留学生宿舍里做日本菜，但做的不太好。购物也不在行。还有就是很擅长计算机，但车开得很差劲，而且也不会做中国菜。

　　池田经常会受到大学棒球队的邀请。他因为喜欢打棒球，所以一般总是接受邀请。但是现在他正在写硕士论文，所以无法打棒球，每天在学难懂的中国史。不过，将来能够从事喜欢的研究。

重点词例解析

1. 「趣味」与「興味」(名)。「趣味」指个人在业余时间里面喜欢从事的休闲活动与业余爱好。谈及对方的业余爱好时可在前面加「ご」构成「ご趣味」，以示尊敬。
   ○ ご趣味は何ですか。／你(您)的业余爱好是什么？
   ○ 私の趣味は音楽です。／我的业余爱好是音乐。
   而「興味」则指某人对某件事物持有强烈的好奇心与兴趣，并且愿意花时间去探究，常用「…に興味があります」、「…に興味を持っています」这样的表达，「に」引出感兴趣的对象。
   ○ 私は日本料理に興味をもっています。／我很喜欢(研究)日本菜。
   ○ 日本の古典小説に興味があります。／我对日本古典小说感兴趣。

2. 「好き」与「嫌い」(形动)。这是一组表示好恶的形容动词，常以「…は…が好きです」或「…は…が嫌いです」构成对象语句。其中「は」表示主题，「が」表示喜欢或厌恶的对象，也称为"对象格助词"。
   ○ 青木さんは野球が好きです。／青木喜欢棒球。
   ○ 私は日本料理があまり好きではありません。／我不大喜欢日本菜。
   ○ 私は辛い料理が嫌いです。／我讨厌吃辛辣的菜肴。

3. 「やる」与「する」(他动)。「やる」可以看做是「する」的较口语化的表达方式,两者都表示"做某事"。

    ○ 宿題をやります(します)/做家庭作业

    另外,表示从事某种职业时通常用「します」,有时也可以换用「やります」。而进行某种体育活动时,这两个词都可以用。

    ○ 姉は小学校の先生をしています(やっています)。/姐姐在小学当老师。
    ○ 友達と野球をやります(します)。/和朋友打棒球。
    ○ 李さんとピンポンをしました(やりました)。/和小李打了乒乓球。

4. 「できる」(自一)

    ① 表示个人能力,通常是带有技能性的,如「野球」等,但是「自転車」不可以接「できる」。

    ○ 李さんは日本語ができますか。/小李会日语吗?

    ② 表示外部条件的许可

    ○ 天気がいいから、外へ行くことができます。/今天天气好,可以外出。

    ③ 做好、做成、完成

    ○ 料理ができました。/饭菜做好了。

5. 「ゆたか」(形动)

    ① 丰富、充裕、宽裕

    ○ 豊かに暮らしています。/生活过得富裕。
    ○ このあたりは海産物が豊かです。/这一带水产物丰富。

    ② 丰盈、丰满

    ○ 豊かな曲線を描く/描绘丰盈的曲线
    ○ 朗々として豊かな声/洪亮的声音

    ③ 悠然

    ○ 馬上に豊かに乗っています。/悠然骑在马上。

6. 「得意」与「上手」(形动)。「得意」表示对某件事情很擅长,同时还含有当事人很愿意向别人进行展示、炫耀的意味。而「上手」则只是客观描述,不含主观色彩。

    ○ 青木さんは野球が得意です。/青木棒球打得很好。
    ○ 青木さんは野球が上手です。/青木棒球技术很好。

7. 「苦手」与「下手」(形动)。「苦手」表示对某件事情很不擅长,并且当事人主观上对这件事情也有厌恶与排斥的意味。而「下手」则只是描述客观事实。

    ○ 私は料理が苦手です。/我的菜做得不好(自己也很不愿意做菜)。
    ○ 私は料理が下手です。/我做菜不怎么样。

8. 「たとえば」(副词)例如

    ○ わたしは果物が大好きです。たとえば、りんごを毎日三つ食べています。/我非常喜欢水果。比如,我每天都要吃三个苹果。

9.「最近」(名、副)表示"最近",包括现在以及过去不久的一段时间(时间的长短是相对的)。与汉语不同的是日语的"最近"不能用来表示将来。
   ○ 最近、日本へ行きました。/最近去了一趟日本。
   ○ 食堂の料理は最近おいしくありません。/最近食堂的饭菜不好吃。

10.「甘い」(形)
   ① 甜
   ○ 甘い菓子/甜点心
   ② 口味淡
   ○ 甘い味噌汁/口味淡的酱汤
   ③ 不严厉,好说话
   ○ あの先生は点が甘いです。/那个老师分数给得宽。
   ④ 天真,愚蠢
   ○ あの男はちょっと甘いです。/那个男的有点头脑简单。

11.「伝える」(他一)
   ① 传达,转告
   ○ 先生の話を田中さんに伝えます。/把老师的话转告给田中。
   ② 传来,传播
   ○ 漢字が日本に伝えられた。/汉字传到了日本。

12.「入学」(名、自サ)升学
   ○ 大学への入学が決まりました。/大学入学的事已经定下来了。
   ○ 日本の大学に入学して、日本語を勉強しています。/进入日本大学,学习日语。

13.「分かる」与「知る」。「分かる」是自动词,其内容用「が」表示为对象语,而「知る」是他动词,其内容用「を」表示为宾语。
   ○ あの先生は日本の歴史が良く分かります。/那个老师精通日本历史。
   ○ テレビでニュースを知ることができます。/可以通过电视来了解新闻。
   另外,「分かる」往往用来表示懂得一门知识、道理或者事物的内部规律等,而「知る」则往往表示纯粹的知识性的了解。
   ○ 張さんは日本語がよく分かります。/小张日语很好(擅长)。
   ○ 王さんは日本語を少し知っています。/小王知道一些日语(方面的知识)。

14.「受ける」(他一)
   ① 参加
   ○ 授業を受けます/上课
   ○ 試験を受けます/参加考试
   ② 获得、收到
   ○ 学位を受けます/获得学位
   ○ 電話を受けました/接到一个电话

15.「引き受ける」(他一) 承担某项任务、工作、责任或者接受某项使命。
   ○ この通訳の仕事を引き受けることができますか。/你可以承担口译这项任务吗？

语法句型详解

一、…は…が…

这是一个"大主题小主语句"，用一个主谓关系的句子来叙述主题事物的某种具体特征。「は」前为主题，「が」是主语格助词，当谓语是表示情感、能力、愿望的用言时(如：好きだ、嫌いだ、上手だ、下手だ、分かる、欲しい、できる、～たい)"が"又称为对象格助词。

① 表示情感、感觉
   ○ 李さんは純子さんが好きです。/小李喜欢纯子姑娘。

② 表示能力
   ○ 田中さんは英語が得意です。/田中的英语很好。
   ○ 彼女はパソコンができます。/她会电脑。
   ○ 私は日本語が分かります。/我懂日语。

③ 表示整体与局部的关系
   ○ 南京は塩水ダックが有名です。/南京的盐水鸭很有名。
   ○ 昨日はお客さんが来ました。/昨天有客人来过。
   ○ 田中さんは背が高いです。/田中先生个子高。

二、BよりAのほうが…です

这个句型的意思是"比起B来说，A更如何如何"。「…です」往往以形容词或者形容动词等表示性质或状态的词做谓语。「ほう」用在比较句中，表示相比较的两个事物中的一方。

   ○ スポーツより、音楽の方が好きです。/比起运动，我更喜欢音乐。
   ○ 赤より、紫のほうが似合います。/比起红色，你更适合紫色。

三、形式名词(体言)「の」和「こと」

在日语句子中，主语、对象语、宾语、名词判断句中的谓语等情况须由名词充当，如是动词句时，则要用动词句的简体加"形式名词"使其名词化(体言化)。「の」和「こと」是典型的形式名词，所谓的形式名词就是指在句中只起语法作用、本身没有实质意义的词。形式名词接在用言连体形后，构成具有体言功能的"词组"。这一"词组"和名词一样可以作句子各种成分。

比较而言「の」可以用于"比较具体的场合"。动词句加形式名词"の"可以使动词句具有名词的性质，构成句子成分。

   ○ 日本へ帰るのは田中さんです。/要回日本的人是田中。
   ○ 彼女が結婚したのは二年前です。/她结婚(的时间)是两年前了。
   ○ 私が旅行するのは日本です。/我要去旅行的地方是日本。
   ○ 雷が鳴ったのを聞きました。/刚才听到打雷了。
   ○ 日本語を勉強するのは難しいです。/学习日语是一件比较难的(事情)。
   ○ 月日が経つのは速いです。/光阴似箭。

相应地「こと」则用在较为抽象的"场合"。
- 自転車に乗ることは難しいです。/骑自行车很难。
- 旅行することは知りません。/不知道有旅行这回事情。
- わたしが言ったこと、覚えていますか。/你还记得我说过的话吗？

也就是说,两者区别在于「の」表示说话人直接体验或感受到的具体动作、状态或事物,而「こと」表示间接或抽象概念,描述的是一般或恒常的事物。
- 演奏会で李さんが歌ったのを聞きました。/听小李在演奏会上唱歌了。
- 演奏会で李さんが歌ったことを聞きました。/听说小李在演奏会上唱歌了。

四、「形容词连用形、形容动词连用形 + なる」表示状态的自然转变。

这是一个表示状态变化的句型,要注意的是形容词的连用形是将词尾「い」改成「く」,形容动词的连用形是将词尾「だ」改成「に」。
- この犬は大きくなりません。/这种狗个子长不大。
- 熱で、彼女の顔も赤くなりました。/由于发烧,她的脸变得很红。

五、…も…も…

「も」是提示助词,连用时既可以提示两个主语,也可以提示两个对象语,表示"两方面都……"的意思。
- りんごもバナナも大好きです。/我苹果、香蕉都喜欢。
- 田中さんも木村さんもパーティーに参加しません。/田中和木村都不参加聚会。

「も」还可以用来提示助动词和形容词的否定形,有以下两组句型。「…でも…でもありません」接名词或形容动词词干、「…くも…くもありません」接形容词连用形。
- このスープは塩辛くも甘くもありません。味がちょうどいいです。/这个汤既不咸也不淡,味道刚刚好。

六、疑问词 +「でも」和「も」

「疑问词 + でも」的形式,后续肯定意义时表示全面肯定,相当于"无论……都……"。
- 私は何でも食べます。/我什么都吃。
- 困難に遭った時、いつでも相談に来てください。/遇到困难时,无论什么时候都请来和我商量。

而「疑问词 + も」的形式,后续肯定意义时表示全面肯定,后续否定意义时表示全面否定。
- この学校の学生は勉強が好きです。夜の時は、どの教室も人が多いです。/这个学校的学生很好学。晚上的时候,每个教室都有好多人。
- 肉類はどれも嫌いです。/肉类的话我都讨厌。

七、「…できる」表示可能

所谓"可能",即表示具有某种能力或某种可能性,以「…は/ができます」以及「…は/ができません」的形式来表示是否具有这种能力或可能性。

「体言 +ができます」
- 私は野球ができます。/我会打棒球。

○ 日本語はよくできますが、英語はあまりできません。/我虽然日语说得很好,但英语不怎么样。

「动词现在时＋こと＋ができます」该句型表示外部条件允许或者本身有能力做该动词表明的动作。「こと」是形式体言,起着概括内容和使动词体言化的作用。

○ 半年勉強して、私は今、日本語で日記を書くことができました。/通过半年的学习,我现在可以用日语写日记了。

○ 今は旅行で海外へ行くことができます。/现在可以去境外旅行了。

八、AとBと(では)、どちらが…ですか

这是一个表示两者比较的句型,「では」表示比较范围,可以省略,常译为"A 和 B 相比较,哪个更……呢?"作答时要用「…より…ほうが…です」句型。

○ 英語と日本語と、どちらが上手ですか。/英语和日语,哪个比较擅长?
英語より、日本語のほうが上手です。/比起英语,我更擅长日语。

○ 白と黒と、どちらが好きですか。/白色和黑色你更喜欢哪一个?
白より、黒のほうが好きです。/比起白色,我更喜欢黑色。

九、AはBより…です

「より」表示比较的对象时,谓语必须是肯定的。此句型同于「…より…ほうが…です」。意思为"A 比 B 更……"。

○ コンビニはスーパーより高いです。/便利店比超市贵。

○ 今年の夏は、去年の夏より暑いです。/今年的夏天比去年的还热。

十、动词作定语(连体修饰)

动词作定语修饰体言,须用其连体形。除了我们学过的动词持续体作定语外,还有两种形式:一是动词的现在时,二是动词的过去时。动词现在时作定语(动词的现在时即动词基本形)可以直接修饰体言。

○ それは私が使うお箸です。/那是我用的筷子。

○ 彼女が乗るバスは故障しました。/她乘坐的公共汽车出了故障。

动词过去时作定语,应用其简体,即一段动词、カ变动词、サ变动词的过去时是「连用形＋た」;而五段动词的过去时则与其变为动词持续体时一样要发生音变。动词词尾是「く、ぐ」时发生「イ」音变;是「つ、る、う」时发生促音变;是「ぬ、む、ぶ」时发生拨音变;是「す」时不发生音变。发生拨音变及词尾是「ぐ」时「た」要浊化成「だ」。

○ これは私が描いた絵です。/这是我画的画。

○ 李さんが買ったのは花瓶です。/小李买的是花瓶。

课文难点注释

1. 第 116 页前文第 1 行「彼の好きなスポーツはテニスとバドミントンです。」/他喜欢的运动是网球和羽毛球。这里面的「彼の好きな」可以看成是「スポーツ」的连体修饰成分,在定语从句中如果只有主谓语时,主格助词「が」则可以用主格助词「の」来替代,这样修辞更好。

○ 私の卒業した学校はとても有名です。/我所毕业的那所学校很有名气。

2. 第116页第2、3行「野球は見ることは好きですが、自分でやることはあまり好きではありません。」这里两个「は」加中间的接续助词「が」表示「見ること」和「自分でやること」两个事项的对比,是日语典型的对比句。

○ 四川料理は好きですが、上海料理は好きではありません。/喜欢四川菜,不喜欢上海菜。

3. 第116页倒数第1行「北京料理ではダック、上海料理では酢豚が好きです。」/喜欢北京菜里的烤鸭和上海菜里的"糖醋里脊"。这里的提示助词「は」接在格助词「で」后面,表示范围的比较。

4. 第117页第1行「李さんは音楽を聞くのが好きです。」/小李喜欢听音乐。这里的「の」是形式名词,指代听音乐这样一件事情。

○ 私は切手を集めるのが好きです。/我喜欢收集邮票。

5. 第117页会话倒数第7行「ところで」这个接续词是用来转换话题的。表示进入另一个与之前谈话完全没有关系的话题。

○ 今日はいいお天気ですね。ところで、お仕事はどうですか。/今天天气不错,对了,你最近工作如何?

6. 第117页倒数第5行「あまり好きじゃありません。」这里的「じゃ」相当于「では」,是日语口语里的"约音"。

7. 第118页第1行「ピンポンは李さんのクラスでだれがいちばん上手ですか。」「陳さんがいちばん上手です。」如前面所述疑问词做主语,其主格助词只能用「が」,并且答句的主语也只能用「が」表示。

○ 日本料理では何がいちばん好きですか。/日本菜里你最喜欢吃什么?
　刺身がいちばん好きです。/最喜欢吃生鱼片。

另外,后面的「どんな音楽が好きですか。」「クラシック音楽が好きです。」也是这种用法。

8. 第118页倒数第4行「焼いた魚と煮た魚は好きですが、生の魚は嫌いです。」动词过去式简体「た」形作定语时,有两种含义,一种表示过去,例如:

○ これは昨日デパートで買ったカメラです。/这是昨天在商场买的照相机。

还有一种表示状态的持续,相当于动词的「ている」形。课文里这句话的「た」形含义就是表示一种状态,即"烤好的鱼"与"煮好的鱼",都是相对于后面的"生鱼"而言的。

9. 第124页第1行「去年大学院に入学した時から中国語を勉強しています。」这句话里的「た」形表示过去的含义,也就是"从去年研究生院入学那个时候开始……"。这里的用法与第183页倒数第1列的「た」形用法(表示状态的持续)是不同的。

10. 第124页第3行「かれの専門は中国史ですが、歌も好きです。」这句话里的「専門」,在日语中是表示"专业"的意思,而日语的「専業」则表示"专职"的意思。

11. 第124页第6行「また、パソコンはよくできますが、…」表示会某种器械,也可以用动词「できる」来表示,用「が」或「は」引出对象语。

12. 第124页倒数第4行「池田さんはよく大学の野球チームから招待を受けます。」的「から」表示来自于……棒球队的邀请。另外,「招待」在日语中除了表示"招待"的意思外,还有汉语"邀请"的含义。

随堂自测练习

一、假名写汉字。

にんげん　　さいしょ　　しょうぎ　　きょうみ　　しゅみ
ないよう　　ばんぐみ　　おんがく　　すぶた　　うめぼし

二、汉字注假名。

旅行社　部屋　休日　家族　暇　誕生日　試験　返事　切手
魚　看護婦　世界　趣味　今朝　寺　新幹線　値段

三、用适当形式连接下面两个句子。

1. どの答えが正しいですか。わかりますか。
2. お正月は何日休みますか。まだわかりません。
3. 冬休みはいつから始まりますか。先生はまだ言っていません。
4. 期末試験はいつですか。知っていますか。

四、填空。

1. 李さんはいろいろな趣味(　　)もっています。彼は中国史(　　)興味(　　)あります。
2. 四川料理(　　)北京料理(　　)どちら(　　)すきですか。
3. 野球は日本(　　)とても人気(　　)あります。
4. 私は料理を食べること(　　)好きです(　　)、作ること(　　)好きではありません。
5. これは昨日よん(　　)雑誌です。
6. 私はジャズ(　　)(　　)古典音楽のほう(　　)好きです。
7. 天気はだんだん寒(　　)なります。
8. 彼は何(　　)(　　)知っています。
9. この部屋には何(　　)ありません。
10. 母(　　)父(　　)会社で働いています。

五、四选一。

1. 兄_____弟のほうが背が高い。
   ① から　　② まで　　③ より　　④ ほど
2. 今朝_____喫茶店はとてもきれいでした。
   ① 入る　　② 入れる　　③ 入った　　④ 入れた
3. 映画を_____後で、お茶でも飲みましょう。
   ① 見る　　② 見て　　③ 見た　　④ 見よう

4. 兄はサッカー_____好きです。
   ① と　　　　　　② の　　　　　　③ が　　　　　　④ に
5. 私は朝山田さんが一人で_____を見ました。
   ① 走る　　　　　② 走ること　　　③ 走っているの　　④ 走っていること

六、汉译日。
1. 与英语相比，我更喜欢日语。
2. 南京的天气六月开始就变得炎热。
3. 房间里没有一个人。
4. 现在，学习日语的人变得多了。
5. 不管是学生，还是老师，都参加了音乐会。

七、日译汉。
1. 宿題は今日出さなくてはいけません。
2. 健康のために毎朝ジョギングをします。
3. 弟は自転車を買うために貯金しています。
4. 今日は月曜日なので、美術館は開いていません。
5. まわりがうるさいので、よく聞こえません。

第十課　試　験

本课学前重点提示

① 表示限定的副助词"だけ"和表示顺态因果接续的接续助词"から"的用法。
② 禁止句「…てはいけません」与「…なくてはいけません」的意义和用法。
③ 许可句「…てもいいです」与「…なくてもいいです」的意义和用法。
④ 形容词、形容动词作状语(形容词、形容动词连用形作副词用)的用法。
⑤ 请求对方做某事或不要做某事的「…てください」与「…ないでください」。
⑥「ない」的词性及作为否定助动词和补助形容词的用法。

课文翻译

前　文

今天是考试。考试题有"听力"、"文字・词汇"、"阅读・语法"三个部分。各个部分有五个大题。每个大题又有几个小题。每个小题有四个选项。正确的答案只有一个,所以不可以选择两个。写错的地方可以重写,但重写的时候,必须用橡皮将原来的答案擦干净。开考铃响之前,老师做了如上的说明。真是一次又难又严格的考试,但是大家都会拼命地努力。

会　话

老师:同学们,预备铃响了,请就座。
学生:是。
老师:现在开始分发考卷和答题纸。
学生:题目真多啊。现在就可以开始写吗?
老师:不,还不可以写。在正式开考前,请不要打开考卷。现在开始说注意事项,请听好了。
　　　一、请首先写上姓名。
　　　二、请务必使用铅笔。
　　　三、考试期间,不能交头接耳。
　　　四、不可以查看辞典及教科书。

五、不可以作弊，作弊将被取消考试资格。
　　有想提问的吗？……好，请讲。

学生：答题的方法不太明白，能否请给我们说明一下？

老师：好的，现在说明答题的方法，请听好。考试题目有"听力"、"文字·词汇"、"阅读·语法"三个部分。各个部分有五道大题。各大题包含几道小题。答案请全部写在答题纸上。

学生：每小题有四个选择项，可以同时选两个吗？

老师：不可以选两个。虽然选项有四个，但正确的答案只有一个，所以请只选一个，并画上圈。还要填入答题栏。

学生：试卷可以不交吗？

老师：不，试卷不可以不交，禁止带走。请和答题纸一起交。不交试卷的人不予评分。

学生：可以用圆珠笔或钢笔答题吗？

老师：不，请不要用圆珠笔或钢笔答题，请务必使用铅笔。

学生：考试期间，可以提问吗？

老师：印刷不清楚的地方可以提问。这时候，请举手小声提问。

学生：听力考试的时候，可以做笔记吗？

老师：是的，可以做笔记。但是因为规定的时间较短，所以请一边好好思考，一边听。

学生：写错的地方可以重写吗？

老师：是的，可以重写。但是，重写的时候，请用橡皮将原来的答案擦干净。

学生：答题纸搞脏了怎么办？

老师：考试的成绩是用电脑评定的，所以答题纸搞脏了就无法评分。因此，请务必注意。

学生：能延长时间吗？

老师：不能延长时间。请务必遵守时间。没有问题要提了吗？那么正好开考铃响了，请开始写吧。

拜访的礼节

拜访别人的时候，应该预先打电话约定时间。而且，不可以比约定的时间早去。请务必在约定的时间去。

进入别人家前，请按响电铃或音乐门铃。不可以随便就开门。携带的礼物请在进屋后交给主人，这时候要这么说："区区薄礼，请收下。"

不过，鲜花或生鲜食品等请在进屋前交给主人。在拜访的人家用餐时，不爱吃的东西可以不必勉强吃，告辞的时候应该表示感谢，说声"今天非常感谢。"下次再见面时也应该说声"非常感谢上次的款待。"

重点词例解析

1.「試験」(名、他サ)

① 考试。"作为老师对学生进行测验"时用「試験をする」,"作为学生参加考试"则是「試験を受ける」。

② 试验。这个词意为"试验"时,通常是指物理、化学等试验。

2.「問題」(名)

① 考试题目

○ この前の試験問題はとても難しかったです。/上次的考试题目非常难。

② 问题,与汉语意思接近

○ 皆さん、何か問題がありますか。/大家还有什么问题吗?

3.「それぞれ」(副、名)分别,各自

○ みんなはそれぞれテキストを持っています。/大家拿着各自的教科书。

○ 夕方、みんなはそれぞれの家に帰りました。/傍晚,大家都回自己的家了。

4.「小さな」(连体)与「小さい」(形)。「小さい」一般修饰具体名词,较为客观;「小さな」一般修饰抽象名词,带有一定主观色彩。

○ 両親が離婚して、わたしに小さな希望でも残ってくれませんでした。/父母离婚,连一点小小的希望都没有留给我。

○ そのリンゴは本当に小さいですね。/那个苹果真的好小呀!

5.「選ぶ」(他五)选择

○ 候補者の中から選んで任命します/从候选人中选派

6.「消す」(他一)

① 关掉、熄灭

○ テレビを消してください。/请把电视关掉。

「消す」作为"关"的含义,是指关掉或切断电器的电源。要注意与关门等开合动作相关的「閉める」的区别。

○ ドアを閉めてください。/请把门关上。

② 擦掉、去掉

○ 太郎が熱だから、ラジオの音を消して。/太郎发烧了,把收音机声音关掉。

○ 黒板を消します/擦黑板

7.「鳴る」(自五)响,鸣

○ 鐘が鳴ります。/钟声响了。

○ おなかが鳴っています。/肚子叫了。

8.「このよう」(形)这样,如此。「このよう」有连体形和连用形,其用法分别如下:

○ このようなものは誰も食べませんよ。/这样的东西谁都不会吃。

○ このベルトはこのように締めます。/这个腰带是这样系的。

9. 「配る」(他五) 分发、分配。「配る」的对象用「を」引出，分发给谁用「に」引出。
   ○ 解答用紙を学生に配ってください。/请将答卷纸发给学生。
   ○ バナナを一つずつ子供に配りました。/给小孩子每个人发了一个香蕉。

10. すぐ(副)
    ① 马上，立刻
    ○ いますぐ行きます。/马上就去。
    ② 容易、轻易
    ○ あの人はすぐ怒ります。/那个人动不动就生气。
    ③ 距离很近
    ○ 学校はすぐそこにあります。/学校就在那里。

11. 「必ず」(副)与「ぜひ」(副)。都可以用来表示"一定"。「必ず」一般表示客观逻辑上的"一定"，带有不容对方思考或申辩的语气，对人对己均可使用。
    ① 表示说话人自己的愿望
    ○ パーティーには必ず行きます。/一定要去参加聚会。(决心与愿望极强时用)
    ○ パーティーにはぜひ行きます。/一定去参加聚会。(比上句语气弱一些)
    ② 表示说话人对对方的愿望和要求
    ○ 必ず来てください。/一定要来(带有不来不行的意思)。
    ○ ぜひ来てください。/请一定要来(语气相对比较客气)。

12. 「使う」(他五)
    ① 用，使用
    ○ マイクを使って、話します。/用话筒讲话。
    ② 使用，雇佣
    ○ お手伝いさんを使います。/请保姆。
    ③ 花费，消费
    ○ 紙を無駄に使わないでください。/请不要浪费纸张。

13. 「…中」(ちゅう)(接尾词)
    ① 正在……，正在……中
    ○ 会議中/正在开会
    ○ その事件は今調査中です。/那个事件正在调查中。
    ② 里，……之中，……之内
    ○ 宿題は今週中に終わってください。/请在这周内完成作业。
    ○ わが社の今月中の目標は達成できませんでした。/本社没能达成本月的目标。

14. 「答える」(自一)注意回答的内容要用「に」来表示，不能用「を」。
    ○ 私の質問に答えてください。/请回答我的提问。

15. 「…方」(接尾词)表示做某件事情的方法。
    ○ 刺身の食べ方を教えてください。/请告诉我生鱼片的吃法。
    ○ 漢字の書き方はアルファベットのより、難しいです。/汉字的写法比字母的写法难。

另外,常用的还有「言い方」(说法)、「作り方」(制作方法)等。

16. 「教える」(他一)
    ① 教授、传授(动作对象用「に」表示,内容用「を」表示)
    ○ 弟に泳ぎを教えます。/教弟弟学游泳。
    ② 告诉
    ○ 場所を教えてください。/请告诉我地点。
    ③ 教导,教训
    ○ おごる者久しからずとは歴史の教えるところです。/骄者必败是历史的教训。

17. 「つける」(他一)
    ① 写上、记上
    ○ その勘定は私につけてください。/那笔账记我账上。
    ② 涂上、搽上
    ○ パンにバターをつけます。/在面包上涂黄油。
    ③ 打开(电源)
    ○ テレビをつけてください。/请打开电视。
    作"开"解时,与前面学习过的「消す」("关")构成反义词。
    ④ 定价、出价
    ○ 値段をいくらにつけましたか。/你出了多少价钱?

18. 「出す」(他五)
    ① 拿出,取出
    ○ 懐中から財布を出します。/从怀里掏出钱包。
    ② 上交
    ○ 宿題を先生に出します。/把作业交给老师。
    ③ 发出、发表、刊载
    ○ 手紙を出します/寄信
    ○ 雑誌に論文を出します。/在杂志上发表论文。

19. 「あげる」(他一)
    ① 举起
    ○ 顔を上げます/抬头,仰起脸来
    ② 提高
    ○ スピードを上げます/加快速度

20. 「気をつける」(惯) 注意、在意,在意的对象用「に」引出。
    ○ これからは真夏に入りますので、ぜひお体に気をつけてくださいね。/下面要进入盛夏了,请您多注意身体。
    ○ わたしは、気をつけないと、すぐ病気になる体質でした。/我以前一不小心就会生病。

21. 「延ばす」(他五)
    ① 延长
    ○ 期限を延ばす/延长期限
    ② 延期、推迟
    ○ 運動会を来週に延ばします。/将运动会推迟到下周。

22. 「守る」(他五)
    ① 保护、守卫
    ○ 自然を守ります/保护大自然
    ○ 国を守ります/保卫国家
    ② 遵守、维护
    ○ 時間を守ってください。/请遵守时间。
    ○ 食事のマナーを守りなさい。/要注意饮食礼仪。

23. 「入る」(自五)
    ① 进入
    ○ どうぞ入ってください。/请进。
    ○ 7月で夏に入ります。/7月份进入夏天。
    ② 加入、参加
    ○ 会社に入ります/进入公司(工作)
    ③ 收入、到手
    ○ 新しいビデオフィルムが手に入った。/新的录像带弄到手了。

24. 「勝手」(形动)任意、随便、为所欲为
    ○ 話が勝手すぎます。/话说得太随便了。

25. 「開ける」(他一)开、打开、推开,表示打开门窗、箱子等有扉页或盖子的物品。
    ○ 勝手に人の手紙を開けてはいけませんよ。/不许随便拆别人的信。
    ○ 引き出しを開けます/打开抽屉

26. 「渡す」(他五)交、付、给,通常用「…(物)を…(人)に渡す」的句型来表示。
    ○ 学長先生は卒業証書を私たちに渡しました。/校长给我们颁发了毕业证书。

27. 「無理」(名、形动)勉强、难以办到
    ○ 無理をしないでください。/请不要勉强。
    ○ その仕事は私には無理でしょう。/那个工作对我来说恐怕有些勉强。

28. 「礼」(名)
    ① 谢意、谢辞,表示谢意的礼物
    ○ お礼の手紙を書きます。/写信表示感谢。
    ○ お礼を送ります。/送礼以示感谢。
    ② 礼貌、礼节
    ○ 礼を尽くします/尽到礼节;礼节周到

29.「次に」(副) 其次、接着、下面
　　○ 次に試験の時は、気をつけてください。/下次考试时要注意。
　　○ 次に藤井さんからご意見をいただきましょう。/下面请藤井先生发表意见吧。

语法句型详解

一、副助词「だけ」表示限定

　　副助词「だけ」接在体言、副词、助词以及活用词(用言和助动词)连体形后面表示限定。「だけ」在对宾语和主题(或主语)进行限定时,提示宾语的「を」和提示主题(或主语)的「は」(或「が」)可以省略。
　　○ 四つの中は、一つだけ正しいです。/四个里面只有一个是正确的。
　　○ 畳部屋は一階だけにあります。/榻榻米房间只在一楼有。
　　○ 体育の授業は水曜日だけです。/体育课只在星期三有。

二、接续助词「から」表示理由

　　接续助词「から」接在用言、助动词终止形后面表示说话人主观认为的理由,可后续命令、请求、推量、劝诱等。
　　○ 雨がやんだから、外で友達と遊びました。/雨停了,所以和朋友去外面玩了。
　　○ 今日は日曜日ですから、学校は休みですよ。/今天是周日,学校是休息的。
　　○ その絵は美しいから、とても高く売りました。/那幅画很美,所以卖出去得很贵。

三、…てはいけません

　　「…てはいけません」是表示不许可、禁止的句型,提醒对方注意,口气较为严厉。意为"不要……不许……不可以……"。接续助词「ては」接在动词连用形、体言、形容动词词干和形容词连用形后。接五段动词要发生如前面讲过的相应的音变。「は」是用来引出否定以加强语气的。
　　○ 勝手に人の手紙を見てはいけません。/不许随便看别人的信。
　　○ 図書館ではたばこを吸ってはいけません。/禁止在图书馆内抽烟。
　　○ 部屋は汚れてはいけません。/不要把房间弄脏。

四、…なくてはいけません

　　「なくてはいけません」则是指"不要不……不许不……",即是用双重否定表示肯定、必须。具有提醒对方注意的含义。「なくてはいけません」可接在动词未然形、体言、形容词连用形、形容动词词干后面。其中接体言和形容动词词干时要浊化成「でなくてはいけません」。
　　○ 朝ごはんを食べなくてはいけません。/必须吃早饭。
　　○ 行き方はバスでなくてはいけませんか。/一定要坐公交车去吗?
　　○ 学生ですから、勉強しなくてはいけません。/你是学生,所以必须学习。

五、…ても(でも)いい(よい)

　　接在动词、形容词的连用形或者形容动词词干和体言后面(接形容动词词干和体言时,用「でも」)表示许可。意为"可以……;……也行"。接在五段动词后面时要发生相应的

音变。
- お母さん、明日公園へ行ってもいいですか。/妈妈,明天去公园可以吗?
- 先生へのお礼ですから、値段がちょっと高くてもよいです。/这是给老师的谢礼,所以贵一点也没关系。
- 試験のときは、鉛筆で書いてもいいですよ。/考试的时候用铅笔写也可以。

六、…なくてもいい

这个句型是「…なしてはいけません」的对义句型。表示没有必要做某事,意为"不……也行;不……也可以"。接在动词未然形、体言、形容词连用形、形容动词词干后面。其中接体言和形容动词词干时要浊化成「でなくてもいい」。
- 明日は日曜日ですから、勉強しなくてもいいですよ。/明天是星期天,你可以不学习哦。
- そのお菓子、買わなくてもいいです。/那个点心,不买也行。
- 給料は銀行振り込みでなくてもいいですか。/工资可以不用银行转账吗?

七、形容词、形容动词作状语的副词用法

这种用法实际上在前面已经出现过。例如:
- 七月に入って、天気が暑くなりました。/进入七月,天气变热了。
- 四月ですので、桜がきれいに咲いていますよ。/因为是四月,所以樱花开得很漂亮。

从以上两个例句可以看出形容词将词尾的「い」改为「く」,而形容动词将词尾的「だ」改为「に」可以作副词用。
- あら、この子、大きくなりましたね。/啊,这孩子,长这么大了啊。
- 木島先生はいつも熱心に私たちの質問に答えます。/木島老师总是很耐心地回答我们的问题。

八、…てください(くださいませんか)

「てください」和「てくださいませんか」表示请求对方做某事,后者的语气更加客气、谦恭与尊敬。这两个句型接在动词连用形的后面。
- 頑張ってください。/请加油。
- 日本語で歌を歌ってください。/请用日语唱首歌。
- 先生、明日は私たちの卒業式に参加してくださいませんか。/老师,明天能请您来参加我们的毕业典礼吗?

九、…ないでください

这是一个表示委婉地请求别人不要做某事的句型,比前面的"禁止句"要委婉得多。
- 車内では、たばこを吸わないでください。/请不要在车内抽烟。
- 図書館では、大声で話さないでください。/请不要在图书馆内大声喧哗。
- 解答は、問題用紙に書かないでください。解答用紙に書いてください。/请不要把答案写到试卷上,请把答案写在答题纸上。

十、「ない」的用法

「ない」是具有否定意义的形容词。同时又是形容词性的否定助动词,可以按照形容词的规则进行词形变化。下面来看一下「ない」的接续。

① 作为否定助动词接形容词连用形。将形容词词尾的「い」改为「く」,再接「ない」即可。

○ 天気は暑くないです。/天不热。

但是要注意的是,「いい」接「ない」时变成「よくない」。

② 接形容动词。将形容动词词尾的「だ」改成「で」,再接「ない」即可。

○ 部屋はあまりきれいでないです。/房间不怎么干净。

○ 旅行が好きでない人はいません。/没有人不喜欢旅行。

③ 接动词

五段动词:词尾有う段变到相应的あ段接「ない」,如:

行く→行かない、渡す→渡さない、読む→読まない、遊ぶ→遊ばない等。

○ あの人は、いつも家に帰らないです。/那个人总是不回家。

○ 結婚式には行かないです。/我不去参加婚礼。

○ 読まない新聞は捨ててください。/请把不读的报纸扔掉吧。

要注意的是,五段动词「ある」的否定形即为「ない」,而不是「あらない」。

○ 机の上に、りんごがないです。/桌子上没有苹果。

一段动词:将词尾「る」去掉,直接接续「ない」。如:

いる→いない、入れる→入れない、食べる→食べない等。

○ 朝、六時には起きなかったです。/早上六点没起床。

○ 夜あまり寝ない人は元気がないです。/晚上不怎么睡的人精神不好。

サ变动词:する→しない。

○ うちの子は、いつも勉強しないですよ。/我家那孩子总是不学习。

○ 運動しないのはいいことではありません。/不运动不是件好事。

カ变动词:来(く)る→来(こ)ない。

○ 明日、また来ますか。/明天还来吗?

いいえ、明日は来ないです。/不,明天不来了。

课文难点注释

1. 第129页前文第1行「試験問題には聴解、文字・語彙、読解・文法の三つのセクションがあります。」这句话是一个存在句型。存在句型除了可以表示具体的物品存在于某个地点之外,也可以表示抽象事物的存在。例如:

○ 家にはそれぞれの習慣や規則があります。/每个家庭都有着各不相同的习惯与规矩。

2. 第129页第3行「大きな問題には、いくつかの小さな問題があります。」这里的「か」表示不确定,与「いくつ」连在一起,表示"数个"。

3. 第129页最后到130页第一行的「…、二つ選んではいけません。」日语中表示数量或程度的数量词可以当作副词直接修饰动词，这称为数词的副词性用法。因此这句话一定不要说成「二つを選んではいけません。」。在这里，「選ぶ」的宾语应该是「正しい答え」（被省略），所以这句话如果补充完整的话，应该是：「…、正しい答えを二つ選んではいけません。」。

4. 第130页第1行「書き間違ったところは書き直してもいいですが、…」动词过去式简体，即「た」形除了表示过去之外，还可以表示状态。这里的「書き間違った」表示的是一种状态。全文意思是：写错的地方可以重写，但是重写之前，必须要把前面的答案用橡皮擦干净。

5. 第130页会话倒数第3行「四、辞書や教科書などを見てはいけません」日语中表示阅读的是「読む」，而「見る」则表示看。考试的时候看书不是阅读，而是翻看，所以这里用「見る」更准确。

　　○ 今朝は時間がなかったから、ちょっとだけ新聞を見ました。／今天早上时间紧，只稍微地浏览了一下报纸。

6. 第130页倒数第2行「カンニングをした場合、受験の資格を取り消します」这里的「た」形也是表示状态，可以翻译为"如果作弊的话，将取消考试资格"。

7. 第131页第5行「答えはすべて解答用紙に書いてください」的「は」是提示助词，提示的「答え」在句子当中充当「書いてください」的宾语。「に」表示动作的着落点，即"将答案全部写在答题纸上"。

8. 第131页正中间「問題用紙を出さない人は採点しません」这是一句高度省略的句子。「は」所提示的成分在句子当中仅仅充当主题，而不是主语。「採点しません」的主语只可能是「先生」，即老师。宾语应该是「解答用紙」，即答题纸。所以这句话补充完整应该是：「問題用紙を出さない人は、<u>先生はその解答用紙を</u>採点しません」句中划线部分都是被省略的内容，这句话应该翻译成"对于不交试卷的人，老师将不对其答题纸进行评分"。

9. 第131页倒数第10行「印刷がはっきりしていないところは質問してもいいです」的「はっきり」是一个副词，还可以后续「する」构成"サ变动词"，表示"清楚地呈现出……"。这句话可以翻译为"印刷不清楚的地方可以提问"。另如：

　　○ 彼は頭がはっきりしている人です。／他是个头脑清楚的人。

10. 第137页阅读文第1行「そして、約束した時間より早く行ってはいけません」动词过去式简体，即「た」形在这里表示状态，表示"约好的"，这里的「た」形可以替换为动词的「ている」形，意思一样。

　　○ 日本を紹介した本をたくさん読みました。＝日本を紹介している本をたくさん読みました。／读了许多介绍日本的书。

11. 第137页倒数第3行「今日は本当にありがとうございました」这里我们要注意「ありがとうございます」和「ありがとうございました」两句的区别。在别人将要对你进行帮助，或者这种帮助正在进行的时候（恩惠的授受尚未结束时），要说「ありがとうございます」。

○ 荷物を持ちましょう。/我来帮你拿行李吧。
ありがとうございます。/那真是太感谢了。

如果别人对你的帮助已经结束或完成(恩惠的授受即将结束或已经结束),这个时候要说「ありがとうございました」。

○ わざわざ案内してくださいまして、ありがとうございました。/感谢你特地为我做了向导。

12. 第137页倒数第2行「次に会った時も必ずお礼を言ってください」这里的「会った」表示"下次见了面之后",这里的「た」是连体修饰,表达的也是「会っている時」的意思。

随堂自测练习

一、汉字注假名。
　　訪問　日時　約束　勝手　無理　先日　試験問題　語彙　読解　文法

二、假名写汉字。
　　かいし　　いっしょうけんめい　　せんたくし　　よれい　　かいとうようし
　　えんぴつ　　ほうもんさき　　　きょうかしょ　　しつもん　　かいとうらん

三、写出下列单词的未然形。
　　消す　　　　使う　　　　言う　　　　始める　　　配る　　　書く　　　出す　　　出る
　　話す　　　　考える　　　守る　　　　つける　　　上げる　　教える　　行く　　　作る
　　できる　　　乗る　　　　来る　　　　する　　　　持つ　　　入れる　　入る

四、填空。
1. 試験中、カンニングをし(　)(　)(　)(　)(　)(　)(　)。
2. 自分の名前をきれいに書か(　)(　)(　)(　)(　)(　)(　)(　)(　)。
3. ここでタバコをす(　)(　)(　)(　)(　)(　)(　)。
4. 教室には王さん(　)(　)います。
5. すぐ終わります(　)(　)、ちょっと待ってください。
6. 声を大きくし(　)(　)(　)(　)(　)。
7. 問題用紙をださ(　)(　)(　)(　)(　)(　)(　)。
8. 教室をきれい(　)してください。
9. この紙を小さ(　)してください。

五、四选一。
1. ギターを_____ください。
　　① ひきて　　　　② ひいて　　　　③ ひいで　　　　④ ひきって
2. まだ読んでいなければ、その本は今日_____いいです。
　　① かえさないなら　　　　　　② かえさないでは
　　③ かえさなくても　　　　　　④ かえさなくては

3. このテストは、辞書を＿＿＿＿＿＿＿ください。
   ① つかうないで　　　　　　　　　② つかわないで
   ③ つかいないで　　　　　　　　　④ つかないで
4. 図書館は＿＿＿＿＿＿＿から、いつも図書館で勉強します。
   ① しずか　　　② しずかに　　　③ しずかだ　　　④ しずかな
5. 一人＿＿＿＿＿＿＿早く帰りました。
   ① しか　　　　② だけ　　　　　③ から　　　　　④ まで

六、汉译日。

1. 快点吃。
2. 请摘下帽子打招呼。
3. 请洗澡后睡觉。
4. 请慢点走。
5. 快点起床。
6. 要好好学习。
7. 请回答问题。
8. 请重新考虑。
9. 请向客人道歉。

七、日译汉。

1. いいとか、悪いとか、みんな違ったことを言っています。
2. あまり勉強ばかりしないで、時々散歩するとかスポーツをするとかしないと、病気になります。
3. 卒業して学校を出るのはうれしいとともに寂しいです。
4. もう時間があまり多くありませんから、しっかり勉強しなければいけません。
5. 3月3日にする女の子の行事をひな祭りと言います。
6. 私は先週蘇州で「獅子林」というきれいな庭園を見ました。
7. 教室でものを食べてはいけません。
8. 黒板をきれいにしてください。
9. 明日が日曜日ですから、会社へ行かなくてもいいです。
10. レストランでタバコを吸わないでください。
11. この問題がわからない人は手をあげてください。

第十一课　留　学

本课学前重点提示

① 表示欲望的形容词「ほしい」与动词「ほしがる」作谓语构成的希望、愿望的表达。
② 希望助动词「たい」与「たがる」表示希望做某事时的接续与意义以及对人称限制的理解。
③ 意志助动词「う」与「よう」的接续与句型组成的意义,及与表示打算的添意形式名词「つもり」的相异同。
④ 动词、形容词、形容动词和名词简体句加「の」加「です」的强调形式。
⑤ 疑问短句在句中表示不确定或选择的用法。
⑥ 「ために」表示目的的用法,顺态因果接续助词「ので」表示客观原因的用法。
⑦ 用「てから」表示两个动作一前一后的句型。

课文翻译

前　文

　　牧野是日本留学生,他现在想要一本《汉语辞典》。另外想买台盒式收录机,买了盒式收录机后想听汉语广播讲座。他想将来从事文化交流活动,这是他的远大理想。
　　小李是日语专业的学生,现在他想要一本《日语谚语辞典》。另外他想买个 MP3。买 MP3 想听日语录音。而且,他想将来去日本研究经济。但是,他不想回国后在公司工作。他想成为经济学家。这是小李的远大理想。

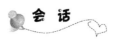

会　话

李：　牧野,你有什么想要的东西吗?
牧野：嗯,有的。
李：　你想要什么?
牧野：我想要一本辞典。
李：　是英语辞典吗?
牧野：不,朋友想要《英语辞典》,但是我不想要。我想要一本《汉语辞典》。
李：　你有什么想买的东西吗?

牧野：嗯,有的。
李： 你想买什么呢?
牧野：我想买盒式收录机。
李： 音响不想买吗?
牧野：嗯,音响不想要。
李： 买了收录机之后想听什么?
牧野：想听汉语广播讲座。想掌握汉语。
李： 你将来打算做什么?
牧野：我想从事文化交流活动。
李： 是么。牧野怀有远大理想啊。祝你成功。
牧野：十分感谢,我要为加深日中友好而努力奋斗。请问,小李现在想要的东西是什么?
李： 我想要的东西是《日语谚语辞典》。
牧野：你想买的东西是什么?
李： 我想买的东西是MP3。
牧野：那么,你拿的MP3是谁的呢?
李： 我这个MP3是朋友的。
牧野：收录机不想买吗?
李： 收录机不方便,所以不想买。
牧野：买了MP3之后想听什么?
李： 想听日语录音。
牧野：小李你有想去的地方吗?
李： 嗯,有的。
牧野：想去哪儿?
李： 将来想去日本。
牧野：去日本打算做什么?
李： 我打算研究日本经济。
牧野：打算读研吗?
李： 是的,我很想读研。
牧野：打算上哪所大学?
李： 上哪所大学还没有定。
牧野：打算回国之后去公司上班吗?
李： 不,不打算到公司上班。
牧野：那么,打算将来成为什么?
李： 打算做一名经济学家。
牧野：小李也怀有远大理想啊,好好努力吧。
李： 嗯,我要为祖国的现代化而努力奋斗。

"神舟号"宇宙飞船

我将来想设计宇宙飞船。这是我的理想。

我非常喜欢制作东西。从少年时代起就制作了许多的飞机以及船舶模型。我爷爷是飞机工程师。父亲是造船工程师,所以我曾想继承父亲的事业。但是,自从听到"神舟号"宇宙飞船发射成功的消息之后,我就变得想制造宇宙飞船了。

不久前,吃晚饭的时候,父亲一边笑着,一边说:"你祖父造飞机,我造船,你造宇宙飞船,咱们家都喜爱制造东西啊。"

重点词例解析

1. **人(名、接尾)**
   ① 人、人们
      ○ 外人/外国人
      ○ 詩人/诗人
   ② 人种、民族
      ○ 日本人/日本人
      ○ アメリカ人/美国人
   ③ 某地的人、某地出生的人
      ○ 東京人/东京人
      ○ 火星人/火星人

2. 「ほしがる」与「ほしい」。日语表示想要什么具体的东西或物品的时候,可以用这两个词表示。「ほしい」是形容词性活用,一般用来表示说话人,即第一人称的欲望,想要的东西用「が」表示为对象语。「ほしがる」是动词性活用,一般用来表示第三人称的欲望,想要的物品用「を」表示为宾语。
   ○ お正月は何がほしいですか。/过年你想要什么?
      デジタルカメラがほしいです。/我想要数码相机。
   ○ 友達は日本のパソコンをほしがっています。/朋友想要日本的计算机。
   ○ 田中さんは一戸建てをほしがっています。/田中想要独门独户的房子。

3. 「思う」与「考える」
   ① 两者都是他动词,都表示人的精神活动,可译成"想,认为"。以「思う」和「考える」结句时一般情况下只用于第一人称,其疑问形式用于第二人称。想的内容用「と」来提示。
      ○ 私は彼が来ると思います/と考えます。/我认为他会来的。
      ○ 私はこれが正しくないと思います/と考えます。/我觉得这是不对的。
   当主语是第三人称时,可用「思っている」和「考えている」结句。
      ○ 彼女は彼が来ると思っています/と考えています。/她觉得他会来的。
   其同样可以用于第一人称,疑问可用于第二人称。

○ あなたもそう思っていますか/考えていますか。/你也那样认为吗？
　　② 「思う」表示主观的感受，以及直接感觉到的情感；「考える」则用于较客观的,有思维过程的场合。
　　○（私は）寂しいと思う。/我觉得寂寞。
　　○（私は）暑いと思う。/我感到热。
　　○（私は）痛いと思う。/我觉得痛。
　　以上这些例句都表示主观情感,因此不能使用「考える」。
　　○ 一生けんめい考える/拼命思考
　　○ 理科の問題を考える/思考理科问题
　　这两个例句都不能用「思う」替代「考える」。
　　③ 「思う」表示瞬间的感受、判断以及心中浮现、联想到的场景；「考える」则表示理智而客观的分析,以及由此得出的结论。例如：
　　○ 明日は晴れだと思います。/我想明天是晴天。
　　○ 明日は晴れだと考えます。/我(思考后)认为明天将会是晴天。
　　○ 国のことを思います/思念家乡
　　○ 国のことを考えます/思考家乡的事情

4. 「夢」(名) 梦；梦想
　　○ 昨日は故郷の夢を見ました。/昨天我梦到家乡了。
　　日语的"做梦"是"夢を見る",「夢」除了"做梦"之外,还可以表示梦想、理想。
　　○ 私は通訳者になる夢を持っています。/我梦想成为口译者。

5. 「身につける」学会掌握某种技能
　　○ 日本語科の皆さん、四年間の勉強で、日本語をしっかりと身につけましたか。/日语系的各位同学,通过四年的学习,大家都把日语掌握好了吗？

6. 「祈る」(他五)
　　① 祈祷,祷告
　　○ 祈るような気持ちで結果を待っています。/用祈祷的心情等待着结果。
　　② 祝愿,希望
　　○ 今後の発展を祈ります。/祝你今后获得更大的发展。

7. 「ぜひ」(副) 一定,用来表达说话人主观的强烈愿望,既可以用于自己,也可以用于对别人的恳求。
　　○ ぜひ日本料理を一度食べます。/(我)一定要尝一次日本菜。
　　○ ぜひ来てください。/请(你)一定要来。

8. 「決める」(他一) 决定、选定、指定,表示决定什么事情用「を」来提示宾语。
　　○ 旅行の日を決めました。/决定了旅行的具体日期。
　　○ 朝は早く起きることを決めました。/我决定早上早点起床。
　　表示某件事情的决定结果时可以用「に」表示为补语。
　　○ 責任者を青山さんに決めました。/将青山确定为责任人。

9. 「継ぐ」(他五) 继承,继续
　　○ 言葉を継ぎます/接话茬

○ 家を継ぎます／継承家业
10.「にこにこ」(副、自サ)笑眯眯,微微笑
　　○ にこにこ笑います／笑嘻嘻
　　○ 彼はいつもにこにこしています。／他总是笑容满面。
11.「おまえ」(名、代)
　　① (在神、佛、贵人的)面前,日语也说"御前"。
　　② 第二人称代词"你",「きみ」的亲昵或粗鲁的讲法。

语法句型详解

一、表示愿望的「ほしい」、「ほしがる」

两者都是表示想要、希望得到,区别在于「ほしがる」用于第三人称,而「ほしい」的一般时态只能用于第一人称(疑问句可用于第二人称)。另外,「ほしがる」是五段他动词,而「ほしい」是形容词。「ほしがる」常用「…をほしがっている」的形式,而「ほしい」则通常用「…がほしい」或「…がほしいと思う」的形式来表达。

○ 彼はいつも人のものをほしがっています。／他总是想把别人的东西据为己有。
○ 小さい時、私はミッキーマウスがほしかったです。／我小时候很想要米老鼠。

需要注意的是,这两个词都不能表示想做某事。想做某事的语句需要用下面表示希望的「たい」与「たがる」来表示。

二、表示希望的助动词「たい」、「たがる」

表示某人想做某事时,如果是第一人称(第二人称疑问句)用「たい」表示;如果是第三人称,则用「たがる」表示。「たい」是形容词型助动词,接在动词连用形之后,表示愿望。后续「です」结句时有人称限制。「…たい」可以用「が」来提示对象语,他动词加「たい」时也可以用「を」来提示宾语。「たがる」是动词型助动词,用于第三人称,表达愿望时用「を」来提示宾语。

○ 李さんは卒業後、何になりたいですか。／小李你毕业以后想要成为什么呀?
○ わたしはお寿司を食べたいです。／我想吃寿司。
○ 彼は小さい頃から、日本語を勉強したがっていました。／他从小就一直想要学日语。

「たい」后续体言做定语时,则是没有人称限制的。

○ これは田中さんの食べたいものです。／这是田中想吃的东西。
○ 張さんの行きたいところは北京です。／小张想去的地方是北京。

当「たい」以「たいと言っています」、「たいと思っています」表示说话人一直以来的想法时,或者以「たいのです」、「たかったです」、「たいでしょう」、「たいようです」、「たいそうです」等形式出现时,也无人称限制。

○ 藤井さんは小さい頃、先生になりたいと言っていました。／藤井小时候就说想要当老师。
○ 今は日本語の電子辞書を買いたいと思っている人が多くなりました。／现在想买日语的电子词典的人变多了。

第十一课　留　学

○ 私が日本で留学していた時、中華料理がとても食べたいと思っていました。/我在日本留学的时候，非常想吃中国菜。

三、「…う(よう)と思います」表示意志

「う(よう)」是意志助动词，表示自己要做某件事的意志。句型「…(う)ようと思います」用于第一人称，疑问句可用于第二人称；句型「…(う)ようと思っています」可用于第一、第三人称，疑问句可用于第二人称。句中的「思う」可相应的换成「考える」，但是一般不说「う(よう)と考えます」，而说「う(よう)と考えています」。

我们通常称动词接「う(よう)」的形态为动词意志形。其接续规则如下：

五段动词：将词尾「う」段假名改为「お」段假名，再接「う」即可构成五段动词意志形。

* 聞く→聞こう　　　　＊持つ→持とう　　　　＊帰る→帰ろう
* 読む→読もう　　　　＊言う→言おう　　　　＊並ぶ→並ぼう

一段动词：将词尾「る」去掉，再接上「よう」即可构成一段动词的意志形。

* 食べる→食べよう　　　　＊つける→つけよう
* 見る→見よう　　　　　　＊起きる→起きよう
* 終える→終えよう　　　　＊受ける→受けよう

サ变动词：将词尾「する」改为「しよう」

カ变动词：来る→来(こ)よう

○ 日本語を勉強して、将来、日本へ行こうと思っています。/我想要学日语，将来去日本。

○ 日本語科の学生ではありませんが、日本語を身につけようと考えています。/我虽然不是日语系的学生，但我想要掌握日语。

四、用言连体形＋のです

这个句型表示就某件事情进行解释、说明或者强调必然的结果。「のです」在口语中常约音读作「んです」。名词接续这个句型时要用「名詞＋なのです」的形式。

○ 昨日はパーティーに行ったのですよ。/我昨天去了聚会了呀。

○ 小野さんが食べているのは刺身なのですか。/小野吃的那个是生鱼片吗？

○ 日本に来たのはこれが初めてなんです。/我这是第一次来日本。

五、…つもりです

「つもり」是"添意形式名词"，接在动词连体形后面，表示打算、意图。常用的句型是「…つもりです」，没有人称限制。其否定形式是「…つもりはありません」和「…ないつもりです」。

○ 王さんは来年、日本へ行くつもりです。/小王打算明年去日本。

○ 将来、何になるつもりですか。/你将来打算做什么？

○ 私はこの本を少し読むだけで、買うつもりはありません。/我只是翻翻看这书，没有买的打算。

○ 厳しい経済動向では、留学しないつもりです。/在这么经济不景气的时候，我不打算出国留学。

六、「定语＋ために」表示目的

「ために」的「ため」是名词,「に」是个助词。「ために」前面的定语可以是名词加"の",也可是动词的连体形。

○ 健康のために、朝ごはんは食べなくてはいけません。/为了健康,必须吃早饭。
○ あの男の人は車のために、貯金をしています。/那个男的为了买车在存钱。
○ 日本語を身につけるために、電子辞書を買いました。/为了掌握日语买了电子词典。

七、准体助词「の」

体言和体言之间的修饰连接常用「の」。如果在句子中已经出现过相关的名词,则「の」后面的相关名词会被省略,这时的「の」称为"准体助词"。准体助词「の」起代替原后项具名词的作用。

○ この辞書は私のです。/这本词典是我的。
○ このかばんはあなたのですか。/这个包是你的吗?

八、「ので」表示客观原因

接续助词「ので」接在用言、助动词连体形后面表示客观原因。名词谓语句接续「ので」时要把助动词「だ」改为「な」再加「ので」,构成「なので」的形式。

注意,「ので」表示原因时后面一般不接意志、推量、命令等表示主观意愿的语句。

○ ここでは富士山がよく見えるので、観光客がいっぱい来るのです。/这里能够很好地看到富士山,所以来这里的游客很多。
○ 日本語科の学生なので、日本語をよく勉強してください。/因为你是日语系的学生,所以请好好地学习日语。
○ 交通事故があったので、道が込んでいます。/因为发生了交通事故,所以路上很挤。

九、疑问短句的用法

疑问短句表示了解、决定、听说等行为动作的具体内容时,一般不用加上提示宾语的「を」或提示内容的「と」。

○ 田中さんはどこへ行ったか、わかりますか。/你知道田中去哪里了吗?
○ いつ運動会をするか、まだ決めていません。/还没决定什么时候开运动会。
○ 母がだれにプレゼントを買ったか、聞いていませんでした。/没听说母亲给谁买了礼物。

疑问短句要用简体,这里把学过的敬体与简体句列表进行一个简单的归纳。

动词敬体句与简体句

时态	肯定(敬体)	肯定(简体)	否定(敬体)	否定(简体)
现在/将来	飲みます	飲む	飲みません	飲まない
过去	飲みました	飲んだ	飲みませんでした	飲まなかった
持续体(现在)	飲んでいます	飲んでいる	飲んでいません	飲んでいない
持续体(过去)	飲んでいました	飲んでいた	飲んでいませんでした	飲んでいなかった

第十一課　留　学

形容词敬体句与简体句

时态	肯定(敬体)	肯定(简体)	否定(敬体)	否定(简体)
现在	楽しいです	楽しい	楽しくないです　或 楽しくありません	楽しくない
过去	楽しかったです	楽しかった	楽しくなかったです　或 楽しくありませんでした	楽しくなかった

形容动词敬体句与简体句

时态	肯定(敬体)	肯定(简体)	否定(敬体)	否定(简体)
现在	不便です	不便だ	不便ではありません　或 不便ではないです	不便ではない
过去	不便でした	不便だった	不便ではありませんでした 或　不便ではなかったです	不便ではなかった

名词敬体句与简体句

时态	肯定(敬体)	肯定(简体)	否定(敬体)	否定(简体)
现在	正月です	正月だ	正月ではありません　或 正月ではないです	正月ではない
过去	正月でした	正月だった	正月ではありませんでした 或　正月ではなかったです	正月ではなかった

十、动词连用形 +てから

接续助词「て」和助词「から」加在一起可以鲜明地表示两个动作的先后发生。相当于"……之后……"。

○ ごはんを食べてから、会社に行きました。／吃了饭去公司了。

○ 仕事が終わってから、食事に行きます。／我把工作做完再去吃饭。

课文难点注释

1. 第141页前文第2行「ラジカセを買って中国語のラジオ講座を聞きたいと思っています」。「たい」一般时态结句有人称限制,但此时后接「思っています」可以解除人称限制。

2. 第142页第1行「会社に勤めようとは思っていません」的「は」是提示助词,在这里和后面的否定形相呼应使用,加强否定语气。

○ 彼がこんなに日本語が上手だとは思いませんでした。／没想到他的日语这么好。

3. 第142页前文第1、2行「経済の研究者になりたいと思っています。これが李さんの大きな夢です。」这里的「が」除了表示主语外,还带有强调的功能。"小李想成为经济学家,这正是他的远大理想"。

4. 第142页会话第1行「牧野さん、あなたは何か欲しい物がありますか」「はい、あります」。这里的「何か」和「欲しい物」是同位语关系,「何か」表示不确定,即"你有什么想要的东西吗?"回答这样的句子只需要说"有"还是"没有"即可。

5. 第142页会话第10行「牧野さんは何か買いたい物がありますか」这里的「たい」作定语,修饰「物」。作定语时,「たい」没有人称限制。

○ どこか行きたいところがありますか。／你有什么想去的地方吗?

6. 第142页倒数第5行「李さんの欲しい物は何ですか」的「李さんの欲しい」作「物」的定语,「の」在这里提示主格,替代了原来的主格助词「が」。

○ あなたの作ったケーキはとてもおいしいですね。/你做的蛋糕很好吃。

这里的「あなたの作った」是「ケーキ」的定语,「あなた」是定语句中的主格,用「の」替代了「が」。

7. 第148页阅读文第2行「ぼくは物を作るのが大好きです」。这里的「の」是形式名词,把做东西、制造物品这样一件事情体言化。

8. 第149页第3行「宇宙船を造りたくなりました」的「つくる」在表示制造东西时,汉字也可以写成「造る、作る」。这是一个表示变化的句型,由「造りたい」的连用形「造りたく」加上「なる」构成。如:

○ 日本の映画を見てから、日本へ行きたくなりました。/看了日本电影之后,变得想去日本了。

9. 第149页阅读文倒数第2、1行「おじいさんが飛行機、私が造船、おまえが宇宙船。この家では物を作るのが大好きですね。」这句话前半句中有省略,根据前后文,可以明白是省略了动词「つくる」。后半句话中的「家」不是指具体的"房子",而是指"这一家人"。全句的意思是:"你爷爷造飞机,我造船,你造宇宙飞船。我们这一家人可真是喜欢造东西呀。"

随堂自测练习

一、汉字注假名。

宇宙　　設計　　少年時代　　祖父　　活動　　経済　　帰国　　研究者　　夢

二、假名写汉字。

そこく　　げんだいか　　かつどう　　にっちゅう　　せいこう

ぜひ　　こうざ　　ろくおん　　ゆうこう

三、填空。

1. 来年、私は両親の(　)(　)(　)新しいマンションを買(　)(　)(　)思います。
2. どこへ行く(　)まだ分かりません。
3. アメリカで経済を勉強し(　)(　)(　)思います。
4. 大学を卒業して、造船技師になる(　)(　)(　)です。
5. 李さんは新製品のMP3(　)ほしがっています。
6. 宿題をし(　)(　)(　)、友人と一緒に映画を見ました。
7. 昨日、雨が降った(　)(　)(　)。
8. 日本語を勉強する(　)(　)(　)、ラジカセを買いました。
9. 私は日本の映画を見(　)(　)です。
10. 日曜日な(　)(　)、会社へ行きません。

四、四选一。

1. 卒業してから、何をする_____ですか。
　① こと　　② たい　　③ ほしい　　④ つもり
2. 毎日お風呂に_____から寝ます。
　① 入り　　② 入る　　③ 入った　　④ 入って

3. ＿＿＿＿＿＿ので、その機械に触ってはいけません。
   ① 危険　　　　② 危険に　　　　③ 危険な　　　　④ 危険だ
4. 運動の後で、学生たちが冷たい水を＿＿＿＿＿＿いる。
   ① ほしくて　　② ほしがって　　③ ほしいって　　④ ほしくって
5. 来月富士山に＿＿＿＿＿＿と思っています。
   ① のぼり　　　② のぼろう　　　③ のぼった　　　④ のぼります

五、把下列句子改成"ましょう"的形式。
1. 部屋の掃除は私がやる。
2. 私がご飯を作る。
3. 「社長、お荷物をお持ちする。」
4. いっしょに帰る。
5. みんなで歌を歌う。
6. 王さん、今晩映画を見る。
   答え：はい、見る。
   いいえ、見ない。

六、汉译日。
1. 我去过桂林。
2. 我在工厂工作过。
3. 我一次也没有去过泰山。
4. 从未见过、听过。
5. 在大海里游过泳。
6. 去商店买东西。
7. 去老师那里商量。
8. 来上海做什么？
9. 回家吃中午饭。
10. 我去拿票。
11. 我去图书馆学习。

七、日译汉。
1. わたしはこれをあげます。
2. 私は妻にセーターをやりました。
3. さっき父から電話をもらいました。
4. 来年、友人と一緒に海外旅行へ行くつもりです。
5. 李さんは英語を勉強するために、辞書とラジカセを買いたがっています。
6. 中国で日本語を勉強してから、日本へ行って大学院で経済を勉強しようと思います。
7. 昨日が雨だったので、日帰り旅行へ行きませんでした。
8. 将来、何をするかまだ決めていません。

第十二课　あいさつの言葉

本课学前重点提示

① 与「…という」相关的几个常见句型。
② 口语中多用于表示边想边说的并列助词"とか"（既可以列举名词,也可以列举动作、状态）。
③ 表示必须的「…なければなりません」。
④ 动词连用形加补助动词「なさい」表示命令的接续和用法。

课文翻译

前　文

今天的课十分有趣。老师首先问我："你的名字叫什么?"我回答说："我叫王友民"。然后,老师通过会话练习,说明了寒暄语与日本文化的关系。

日语中有许多寒暄语。日本人在早上遇见人时说:「おはようございます」。白天遇见人时说:「こんにちは」。尤其日本人在寒暄时经常使用有关天气以及季节的言语。比如经常说:「いいお天気ですね」、「暑いですね」等等。寒暄语的确反映了日本文化的一个方面。我们在学习日语的同时,必须好好学习日本的文化与知识。

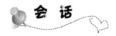

会　话

老师：你的名字叫什么?
学生：我的名字叫「おうゆうみん」。
老师：汉字怎么写?
学生：汉字写作"王友民"。老师,这个汉字"鱼"读作什么?
老师：用训读的话,读作「さかな」,或者「うお」。
学生：用音读的话,读作什么?
老师：用音读的话,读作「ぎょ」。比如「金魚」以及「熱帯魚」等场合,读作「ぎょ」。同学们知道日语中的寒暄语吗?
学生：嗯,知道。就是与人相见或分别时说的社交性的言语吧。

第十二課　あいさつの言葉

老师：是的。日语中称之为寒暄语。在日本,早上遇见人打招呼时要说什么?
学生：说「おはようございます」。
老师：晚上睡觉时要说什么?
学生：说「おやすみなさい」。
老师：「おはよう」用汉语怎么说?
学生：用汉语说就是"早上好"。
老师：用英语怎么说?
学生：用英语说「グッドモーニング」。
老师：用法语怎么说知道吗?
学生：不,用法语怎么说不知道。
老师：用法语说「ボンジコール」。那么,什么时候日本人说「こんばんは」呢?
学生：晚上遇见人时说「こんばんは」。
老师：什么时候说「こんにちは」呢?
学生：白天遇见人时说「こんにちは」。
老师：与人分别时要说什么?
学生：说「さようなら」或者「では、また」。
老师：「バイバイ」也说吗?
学生：嗯,孩子和学生也说「バイバイ」。但是大人不太说「バイバイ」。
老师：对人表示感谢时要说什么?
学生：说「どうも、ありがとうございます」。
老师：向别人道歉时说什么?
学生：说「どうも、すみません」。
老师：日本人在寒暄时经常使用什么样的言语?
学生：日本人在寒暄时经常使用有关天气以及季节的言语。
老师：比如说有什么样的言语呢?
学生：比如经常说「いいお天気ですね」、「暑いですね」、「よく降りますね」等等。不过,请问老师,日本人为什么在寒暄时经常使用有关天气以及季节的言语呢?
老师：日本人对有利于互相生活的事感到高兴,对不利的事感到悲伤。就是说,通过寒暄心连心,亲近起来。
学生：是么。寒暄语真是非常重要啊。
老师：是的,寒暄语反映了日本的一个方面。同学们在学习日语的同时,也必须好好学习日本的文化与知识。
学生：是,明白了。
老师：比如,知道在日本最有名的花叫什么吗?
学生：嗯,知道。
老师：叫什么花?
学生：叫樱花。

老师：在日本最高的山叫什么山？
学生：叫富士山。
老师：在日本最盛行的体育运动是什么？
学生：是棒球。
老师：对，回答得很好。今后也要好好学习。
学生：是。

汉字的写法与读法

日本人每天都在使用汉字。汉字在他们的生活里是不可或缺的。但是，平时经常使用的汉字如何正确书写呢？如何正确读呢？他们有时也会感到迷惑。

比如，「かいとうらんま」是写「怪刀乱魔」还是写「快刀乱麻」？「ごりむちゅう」是写「五里夢中」还是写「五里霧中」？汉字「白」在什么时候读作「はく」，在什么时候读作「しろ」，在什么时候又读作「しら」呢？这都会令人犹豫不决。

有人说"我使用电脑来写文章，所以即使不知道汉字也无妨。"但是，不能忘记具体选用哪个汉字还必须由使用电脑的人来做决定。

重点词例解析

1. 「通す」(他五)
   ① 穿过，通过
   ○ 今度この道にバスを通すそうです。/据说这次这条路将会通公交。
   ② 通过某种手段或媒介
   ○ 李さんを通して、王さんと友達になりました。/通过小李，我和小王成为了好朋友。

2. 「関係」(名)关系。这个词一般用来表示事物内部的某种联系或关联。人与人之间的关系用「仲（なか）」来表示。另外，走后门、拉关系的"关系"，用「コネ」表示。要注意三者的区别。
   ○ そのことは私と何の関係もないですよ。/那件事跟我没有任何关系。
   ○ 田中さんは王さんと大学時代から仲がよいです。/田中和小王从大学时代开始关系就很好。
   ○ 彼はコネでその大手会社に入りました。/他凭关系进的那家大公司。

3. 「確かに」(副)确实、的确
   ○ 確かに私がしました。/的确是我干的。
   ○ あっ、王さんの借金は、先月確かに返しましたよ。/啊、小王借的钱上个月的确还掉了。
   ○ 確かに、木村さんから電話がありました。/确实接到过木村打来的电话。
   ○ 彼は確かにここへ来るのです。/他确实是要到这里来的。

4. 「表す」(他五)
   ① 表示,表达,表明
   ○ 心から感謝の意を表します。/由衷地表示感谢。
   ○ 悲しみの感情を表した音楽です。/这是表现悲痛感情的音乐。
   ② 代表,象征
   ○ この記号は何を表わしていますか。/这个记号代表着什么?

5. 「訓読み」和「音読み」。日语汉字的发音有两种,一种是借用中国古代的读音,这种发音与现代汉语仍比较相似。例如,「山」可以念成「さん」,这是所谓的音读。还有一种是借用汉字的形和义而按汉字传到日本以前日本人对事物固有称呼的发音来读,这种发音与汉语发音差别很大,这是训读,即日本固有的发音。音读一般出现在汉语性词汇里面,训读一般用于和语单词。

6. 「別れる」(自一) 离别、分别、分散
   ○ 手をふるって、分かれます。/挥手而别。
   ○ 彼女と別れてもう5年です。/跟她分别已经五年了。
   ○ クラスメートたちは卒業後、分かれて散り散りになっていました。/同学们毕业之后分散的七零八落。

7. 「やりとり」(名、他サ) (语言或物品的) 交流、交换、争论
   ○ 日本の留学生と手紙のやりとりをします。/和日本的留学生要书信来往。
   ○ 激しい言葉のやりとりをします。/进行激烈的语言交锋。
   ○ 贈り物をやりとりします。/互赠礼品。

8. 「謝る」(自他五) 道歉、认错。道歉的事情用「を」来提示,道歉的对象用「に」来引出。
   ○ 昨日のことですが、君に謝らなければならないのです。/有关于昨天的事情,我必须向你道歉。
   ○ 別に謝ることはないですよ。/用不着道歉。

9. 「喜び合う」(自五) 「喜ぶ」是自动词,表示对某事情感到高兴,有「…を喜ぶ」或「…に喜ぶ」两种形式。「合う」作为补助动词,表示"互相"。接在「喜ぶ」的连用形「喜び」后面,构成「喜び合う」,表示"互相为对方感到高兴、庆贺"。
   ○ お互いの成功を喜び合います。/为彼此的成功感到高兴。

10. 「悲しみ合う」(他五) 这个词是由「悲しむ」的连用形「悲しみ」加上补助动词「合う」构成的,表示互相为对方感到难过和悲伤。
    ○ 卒業パーティーで、別れることを悲しみ合って、みんな泣いていました。/毕业聚会上,大家互相惜别,都哭了。

11. 「結び付ける」(他一)
    ① 系上,拴上
    ○ ポスターを木に結び付けてください。/请把宣传画系到树上。
    ② 互相结合,联结
    ○ 原因と結果を結び付ける。/把原因和结果结合起来。

12. 「大切」(形动)(某件事物)非常重要,值得爱惜或珍惜。
    ○ 語学の勉強は毎日やることが大切です。/学习语言重要的是每天坚持。
    ○ これは彼女にとって大切な宝物です。/这是对她来说非常珍贵的宝物。
    ○ 友達はとても大切です。/朋友是非常重要的。
    ○ 時間を大切にしなければなりません。/必须珍惜时间。

13. 「しっかり」(副、自サ)是一个在日常生活当中使用频率很高的副词,有以下几种含义。
    ① 扎实
    ○ 日本語をしっかり勉強しなければなりません。/必须扎扎实实地学好日语。
    ② 健壮,坚强,坚定
    ○ 体がしっかりしています。/身体强健。
    ○ あの家はしっかりした建築ですよ。/那个房子盖得很坚固。
    ○ しっかりしろ。/坚强些/振作起来!
    ③ 用力地,好好地
    ○ しっかり覚えてください。/请牢记。

14. 「盛ん」(形动)
    ① 旺盛、盛大
    ○ 昨日、雨が盛んに降っていましたので、全然出かけませんでした。/昨天雨下得很大,所以我完全没有出门。
    ② 积极、热烈
    ○ 盛んな拍手に迎えられます。/受到热烈的鼓掌欢迎。

15. 「欠かす」(他五)不足、缺少。日语中常用「…に…を欠かす」来表示"在某方面使……不足"或"在某方面很欠缺……"。
    ○ 運動を欠かすことができません。/我们不可缺乏运动。
    ○ 朗読は外国語の勉強に欠かすことができません。/朗读对于学习外语来说是不可或缺的。

16. 「迷う」(自五)迷惑、犹豫、踌躇不定。可以用「名词＋に迷う」或「疑问简体句＋迷う」这样的句型,表示对某事感到疑惑或吃不准。
    ○ うっかりして、道に迷ってしまいました。/不小心迷了路。
    ○ 候補者のどれを選ぶか迷っています。/正在犹豫要选择哪个候选人。

17. 「それとも」(接续词)还是、或者。这个词接在两个疑问句之间,表示选择。
    ○ 電車で行きますか、それともバスで行きますか。/是坐电车去还是坐公共汽车去呢?
    ○ 日本料理が食べたいですか。それとも、中華料理が食べたいですか。/想吃日本菜,还是想吃中国菜?

18. 「困る」(自五)感觉困难、苦恼、穷困。日语中常用「名词＋に困る」或「疑问简体句＋困る」这样的句型,表示感到某事很为难、不好办。
    ○ よい方法を考え出せなくて、今困っています。/想不出好办法,现在正为难着呢。

○ 困っている友人を助けてやりたい。/我想帮一下陷入困难的朋友。
○ 仕事がないので、生活に困っています。/因为没有工作,所以生活很困难。
○ どの仕事を選ぶか、本当に困っています。/选哪份工作呢,真是很为难。

19. 「やはり」(副)
① 依然,还是
○ 彼は今でもやはり勉強家です。/他到现在也依然还是个用功的人。
② 果然
○ やはり名人のやることは違いますね。/果然名人之手就是不同。
③ 毕竟还是,归根结底
○ 暖かくてもやはり冬です。/虽然暖和,毕竟还是冬天。

20. 「忘れる」(他一) 忘记。表示把东西忘在某处时,用「に」来表示忘记的地点。
○ ノートを教室の中に忘れました。/把笔记本忘在教室里了。

语法句型详解

一、…は…と言います

这个句型的意思为"……可说成……"或"可读做……、可写成……、叫……"。
○ 私は田中と言います。/我叫田中。
○ 四月(しがつ)は「よんがつ」と読みません。/四月不读做「よんがつ」。

补格助词「と」后面还可以接续提示助词「は」或「も」,起到加强否定或类推其他的语气。
○ 東京は江戸とも言いました。/东京也曾称作江户。

二、…は(…に)…と言います

这个句型的意思是对某人说某事。「と」表示说话的内容,引用部分可以是直接引语或间接引语。「に」表示说话的对象。除了「言う」外,「と」后面常用的动词还有「聞く」、「話す」、「答える」、「考える」等。

① 直接引语
○ 李さんは先生に「わかりません」と答えました。/小李对老师说"我不明白"。
○ 友達に「出かけますか」と聞きました。/问朋友道:"你是要出门吗?"
② 间接引语。做间接引语时,「と」引用的内容要用简体表示。
○ 中山さんは日本料理が食べたいと言いました。/中山说想吃日本菜的。

另外还可以用「…と言って」的形式来表示中顿、先后、手段等意思。
○ 田中さんは「じゃね」と言って、帰りました。/田中说了句"再见",就回去了。

三、并列助词「とか」

并列助词「とか」可接体言或接两个句子,表示不完全列举,多用于边想边说。其有如下两种接续方式:
①「体言 +とか」表示并列,最后一个可以省略。
○ おなかがすいたとき、リンゴとか、桃を食べてください。/饿的时候请吃一点苹果

呀桃子什么的。

② 「动词、活用型终止型 +とか」。

○ 夏休みは旅行に行くとか、友達と集まるとか、することがたくさんあります。／暑假里面出去旅游啦，和朋友聚会啦，有很多事情可以做。

四、…とともに…

「とともに」是由并列助词「と」和副词「ともに」构成的，接在体言或用言终止形后面，表示"和……一起"、"与……同时"。

○ 旅行するとともに、いろいろな知識を身につけることができます。／旅游的同时也可以学到各种各样的知识。

○ 太陽とともに起きました。／天一亮就起来了。

五、…なければなりません

「…なければなりません」接在动词未然形、形容词连用形、体言或形容动词词干之后，表示"必须……，非……不可"。与此前学习过的「なくてはいけません」相比，「なければなりません」更侧重于从客观层面或道理上去说明一件事情"应该做"，而「なくてはいけません」则带有较强的命令语气。「…なければなりません」前接体言及形容动词词干时，需用「…でなければなりません」。

○ 朝ごはんを食べなければなりません。／必须要吃早饭（否则对身体不好）。

○ 今日でなければなりませんか。／必须要是今天吗？

六、…を…と言います

这个句型的意思是"把……称为……"。

○ 日本では、速くて、便利な電車を新幹線と言います。／在日本，我们把快速方便的列车称为新干线。

○ 母のお姉さんをおばさんと言います。／我管母亲的姐姐叫阿姨。

七、「…という」+体言

这个句型是从上面的句型引申而来的，就是将「といいます」变成简体「という」来做定语的用法。

○ コンビニという店は24時間営業しています。／那种叫便利店的商店是24小时营业的。

○ 李という人が来たのです。／有个叫小李的人来过了。

八、动词连用形+なさい

「なさい」是由补助动词「なさる」变化而来的，表示轻微的命令，女性多用。一般用于长辈对晚辈，大人对小孩提出要求的场合使用。

○ 明日の出発が朝8時なので、早めに来なさい。／明天是早上八点出发，提早些来。

○ 音楽を聞かないで、早く寝なさい。／不要听音乐了，早点睡觉。

课文难点注释

1. 第153页前文第3、4行「そのあと、先生は会話の練習を通してあいさつの言葉と日

本文化の関係を説明しました。」的「通す」是他动词,表示通过某种手段或媒介来做某事。该句意思是:那之后,老师通过会话练习,说明了寒暄语和日本文化的关系。

2. 第 153 页第 5 行「日本人は朝、人に会った時におはようございますと言います」的「た」在这里表示「…会っている」,即"日本人早上遇到人之后会说早上好来进行寒暄"。如:

○ 明日早く来た人は、掃除をしなさい。/明天早来的人请打扫卫生。

3. 第 153 页倒数第 2 行「とくに日本人はあいさつに天気や季節の言葉をよく使います」这里的「に」表示目的,即"日本人经常把天气和季节方面的语句用于寒暄"。

○ 彼女はお金を服や靴などに使います。/她把钱用于买衣服啦鞋子什么的。

4. 第 153 页倒数第 1 行的中间「いいお天気ですね」这里的「お」属于敬语中的「美化語」,表示有修养。在构词上通常基于习惯,例如:「お菓子」、「お風呂」等。

5. 第 154 页会话的第 9 行「はい、わかります。人と会った時や別れる時などにやりとりする社交的な言葉ですね。」请注意画线部分的表达。前者表示"和人见面后";后者表示"将要和人分别的时候"。即:"是的,明白。那是和人见面时或者和人分别时而相互使用的社交语言。"

6. 第 154 页倒数第 3 行「フランス語で何と言うか知っていますか」这是前面曾出现过的语法。这句话中,疑问短句表示「知っていますか」询问的具体内容,即"你知道用法语怎么说吗?"。

7. 第 155 页第 1 行「夜、人と会った時に、…」的「会う」表示与他人见面时,有「人に会う」和「人と会う」两种说法。

8. 第 155 页倒数第 12 行「日本の人はお互いの生活に利益のあることを喜び合います。」的「利益のある」这个短句做「こと」的定语,而这个定语从句中的小主语原本的「が」用「の」来替代了,因此这里说成了「利益のあること」。

9. 第 155 页倒数第 3 行「…は何という花ですか」这里的「という」是「といいます」的简体,作「花」的定语,即"……叫做什么的花?"

10. 第 156 页第 5 行「はい、よくできました」的「できる」,其现在时一般表示能力或外部条件的允许。其过去时「できました」表示完成。「よくできました」表示"做得不错"、"干得很好"之意。

11. 第 160 页阅读文第 1 行「漢字はかれらの生活に欠かすことはできません」的「に」表示对象,即"汉字对于他们的生活来说是不可缺少的"。

12. 第 160 页阅读文倒数第 3 行「自分はパソコンを使って文章を書くから漢字を知らなくても困らないと言っている人がいます」。这是一个长句子,这句的主干是「…人がいます」,即"有(这样的)人"。「…と言っている」做「人」的定语,即"有这样说的人",翻译成汉语应该是"有人说,……"。

随堂自测练习

一、汉字注假名。

日常　快刀乱麻　五里霧中　首　文章　洗濯　選択　挨拶　練習　知識

二、假名写汉字。

かんじ　　いちめん　　きせつ　　ひるま　　ことば
りえき　　ふり　　　　たいせつ　　ふじさん　　しゃこうてき

三、四选一。

1. これは何＿＿＿＿＿いう食べ物ですか。
   ① を　　　　② が　　　　③ と　　　　④ も
2. 前の人に続いてまっすぐ＿＿＿＿＿なさい。
   ① 歩いた　　② 歩く　　　③ 歩き　　　④ 歩け
3. 「デパートで何か買いましたか。」
   「ええ、シャツ＿＿＿＿＿靴下とか、いろいろ買いました。」
   ① も　　　　② が　　　　③ など　　　④ とか
4. 山下さんは「また電話します。」＿＿＿＿＿言っていました。
   ① で　　　　② に　　　　③ と　　　　④ か
5. 私は、中川＿＿＿＿＿申します。
   ① の　　　　② を　　　　③ と　　　　④ は
6. 一週間＿＿＿＿＿2かいぐらいテニスをします。
   ① が　　　　② も　　　　③ と　　　　④ に
7. りんごとバナナとどちら＿＿＿＿＿すきですか。
   ① で　　　　② が　　　　③ は　　　　④ と
8. テレビの音＿＿＿＿＿聞こえます。
   ① を　　　　② に　　　　③ が　　　　④ で
9. 兄はわたし＿＿＿＿＿えいがにつれて行ってくれました。
   ① と　　　　② に　　　　③ が　　　　④ を
10. この字はだれが書いた＿＿＿＿＿わかりますか。
    ① か　　　　② を　　　　③ が　　　　④ と
11. どんなこと＿＿＿＿＿きいてください。お答えします。
    ① でも　　　② とか　　　③ から　　　④ まで
12. 今年のなつは、去年のなつ＿＿＿＿＿あつくありませんでしたね。
    ① でも　　　② しか　　　③ ほど　　　④ ごろ
13. このごろはじょうぶになったから、何＿＿＿＿＿食べてもおいしいです。
    ① も　　　　② に　　　　③ を　　　　④ が
14. その花はだれ＿＿＿＿＿もらいましたか。
    ① で　　　　② を　　　　③ の　　　　④ に

第十二課　あいさつの言葉

15. もう5時です。今から_____6時の電車にまにあうでしょうか。
    ① でも　　　　② までも　　　　③ とも　　　　④ にも
16. あしたは9時_____この教室に来てください。
    ① まで　　　　② までに　　　　③ までは　　　　④ までで
17. 先生の話は知っていること_____で、おもしろくなかったです。
    ① しか　　　　② ばかり　　　　③ ほど　　　　④ より
18. きのう友だちが来た_____、勉強ができませんでした。
    ① でも　　　　② だから　　　　③ ので　　　　④ ように
19. さとうをたくさん入れた_____、まだあまくありません。
    ① ばかり　　　② とか　　　　　③ から　　　　④ のに
20. 友だちにかさをかりた_____、かえすのをわすれていました。
    ① あいだ　　　② まま　　　　　③ だけ　　　　④ ながら

四、填空。
1. この漢字は日本語(　　)さかな(　　)読みます。
2. これは酢豚(　　)(　　)(　　)中華料理です。
3. 自分の名前を問題用紙(　　)きれい(　　)書き(　　)(　　)(　　)。
4. 学生はよく勉強し(　　)(　　)(　　)(　　)(　　)(　　)(　　)(　　)。
5. 教室には机(　　)(　　)椅子(　　)(　　)があります。
6. 北京(　　)(　　)南京(　　)(　　)は中国の風景明媚なところです。
7. 外国語を勉強する(　　)(　　)(　　)(　　)、国語を勉強しなければなりません。
8. 「はし」は「橋」(　　)書くのか、(　　)(　　)(　　)(　　)、「箸」とかくのか分かりません。
9. 会話の練習(　　)通して、日本語(　　)身につけました。
10. 日本人は人(　　)会った時に、「こんにちは」(　　)言います。

五、在下面的句尾加上「…と思います」完成句子。
1. 田中さんの犬はとてもかわいいです。
2. A：きのう行ったレストランの料理はおいしかったですか。
   B：いいえ、あまりおいしくありませんでした。
3. ローマ字は便利です。
4. A：田中さんもきのうのパーティーに行きましたね。
   B：いいえ、行きませんでした。
5. A：あしたも寒いですね。
   B：ええ、たぶん。
6. 昔、ここはにぎやかでしたね。

六、汉译日。

1. 南京市民喜欢梅花,而日本人喜欢樱花。
2. 明天我必须去公司。
3. 快点做作业。
4. 和人告别的时候,日本人常会说什么?
5. 那是一个叫"岛本雅文"的日本老师。
6. 随着经济发展,人们的生活也变得富裕了。
7. 因为明天有考试,早点睡觉。
8. 和人见面时,必须要打招呼。
9. 人们的想法不相同,有的觉得正确,有的觉得不正确。

七、日译汉。

1. A:うわあ、かわいい犬ですね。
   B:近づかないほうがいいですよ。かみつきますから。
2. もうすぐバーゲンセールがありますから、今買わないほうがいいと思います。
3. 雨が降っても、花火大会は中止しません。
4. 野菜が嫌いでも、食べたほうがいいですよ。
5. 昨日、私は友人とともに、高島屋というデパートへ行って、色々なものを買いました。

单元三复习　アルバイト

本课学前重点提示

本课是单元小结课,除单词和课文外没有新的语法,重点在于通过对课文内容的学习,巩固和厘清本单元所学的各种句型语法。

课文翻译

前　文

小田为寻找勤工俭学的工作来到了学生中心,他因为不大了解申请表的填写方法,所以问了职员各种问题。住址和联系地点可以不填。特长填写"计算机"或"驾驶"等等。擅长的专业他写了"日语"。

小田想做些使用日语的勤工俭学工作。最近,希望搞口译的人多起来了,但是他希望当教师。因为他将来打算做一名日语老师,所以想现在先稍微体验一下。他向职员提出请求说"时间上星期日虽然也行,但最好安排在星期六"。每小时的报酬虽然只有五十元,但另外还有交通费。职员说,与日语进修学校联系之后马上通知小田。

会　话

田：　对不起,我想找勤工俭学的工作,能帮我介绍一下吗?

职员：好的,请坐。

田：　谢谢。

职员：你叫什么名字?

田：　叫田国荣。

职员：小田,先请填写一下这份申请表。

田：　嗳。可以用圆珠笔填写吗?

职员：不,请不要用圆珠笔。请用钢笔认真地填写。

田：　好。有一些我不知道怎么填好,您能告诉我吗?

职员：好的,不管什么请问吧。

田：　住址和联系地点怎么填?

职员：住址和联系地点可以不用填。

田：　"特长"一栏是什么意思？

职员：意思指会"计算机"啦，会"开车"啦等等。

田：　擅长的专业怎么填写？

职员：请填上你会的外语。

田：　英语和日语我都会，填哪个呢？

职员：哪个是你的专业？

田：　专业是日语。

职员：那请填写日语吧。

田：　兴趣怎么填写？

职员：请填写你的爱好。你爱好什么？

田：　爱好音乐，但不大在行，会弹钢琴。

职员：体育怎么样？

田：　体育喜欢看，但不大喜欢自己动。

职员：那就在兴趣一栏填写音乐吧。

田：　"申请的动机"一栏是什么意思？

职员：就是应聘的理由。意思就是比如想要钱啦，想干喜爱的工作啦，想掌握实际能力啦等等。

田：　比起钱来说，我更想掌握实际能力。

职员：那就照实填写。

田：　对不起，请把勤工俭学的招聘广告给我看一下好吗？

职员：好的。请看吧。你想做什么样的工作？

田：　我想做使用日语的工作。

职员：使用日语的工作也有各种各样，如笔译啦，口译啦，日语教师啦。最近想当口译的人很多，你怎么样？

田：　我想做教日语的工作。不想当口译。

职员：为什么？

田：　因为我将来想当日语教师，所以现在想体验一下。

职员：勤工俭学工作的时间一般在星期六和星期日，你哪个时间合适？

田：　比起星期日，还是星期六为好。对不起，请问每小时的报酬是多少？

职员：每小时的报酬是五十元，怎么样？

田：　好的，可以。不过，有交通费吗？

职员：嗯，交通费也有的。那么，与日语进修学校联系之后，马上通知你。

田：　那就拜托您了。

阅读文

日本的职业

在日本,每年春天的三月,把从中学、高中、大学毕业后初次走上社会开始工作的人叫做"一年级社会人",并把在公司就业的"一年级社会人"叫做"新进职员"。

在日本也有如医生、教师、演员等各种各样的职业。问卷调查的结果表明,现在最受日本人青睐的职业是公务员,其次是公司、工厂的工薪阶层员工。因为公务员是一种可以持续一辈子的工作,而且是稳定职业,所以颇受青睐。工薪阶层员工受到青睐也出于大致相同的理由。大多数人都回答说"打算在目前的公司工作到退休",而回答说"希望换个公司"的很少。

此外,美容师、厨师等职业对"希望干自己喜爱的工作,希望学一门手艺"的人来说,也颇具吸引力。

重点词例解析

1. 「アルバイト」(名、自サ)中文意思是"打工",主要指学生的勤工俭学。
    ○ 私は友達と一緒にこのレストランでアルバイトをします。/我和朋友在这家餐馆打工。

2. 「捜す」(他五)寻找、搜寻、追求
    ○ 仕事を捜す/找工作
    ○ 引き出しの中を捜す/在抽屉里翻找
    ○ 私は教室で自分の本を捜しましたが、なかなかみつかりませんでした。/我在教室里找自己的书,但怎么也没找到。

3. 「希望する」(名、他サ)表示某人的某种希望和期待,与后面的「志望する」相比这种希望和期待根据环境和外部条件会发生变化,具有可替代性。
    ○ 大学を卒業して、先生になることを希望しましたが、応募する人が多いから、できませんでした。それで、今の会社に入りました。/我大学毕业时想当老师,但因为应聘的人很多,结果没能如愿。因此进了现在的公司。

4. 「連絡」(名、自他サ)联络、联系
    ① 名词
    ○ 先生との連絡を忘れていました。/把跟老师联络的事给忘了。
    ② 自动词,联系的对象既可以用「に」,也可以用「と」来表示。用「に」往往表示单方面的联系,用「と」表示双方事先约好的联系。
    ○ 困ったことがあれば、いつでも私に連絡してください。/有什么困难就跟我联系。
    ○ あの件は、すでに食品会社と連絡しました。/那件事我已经和食品公司联系过了。
    ③ 他动词,表示联络的具体事宜。
    ○ 留学のことを連絡してください。/请联系一下留学的事情。

5. 「知らせる」(他一) 通知、告知、使得知。通知的对象用「に」来引出。
   ○ そのことはもっと世間に知らせなければいけません。/必须让社会进一步知道那件事。
   ○ 試験の結果をみんなに知らせました。/将考试结果通知了大家。

6. 「丁寧」(形动)
   ① 礼貌的、恭敬的
   ○ 丁寧にお辞儀をします。/恭恭敬敬地行礼。
   ○ 丁寧にあいさつをします。/很有礼貌地打招呼。
   ○ 先生には、丁寧な言葉を使ってください。/对老师请用礼貌的语言。
   ② 周到,细心,认真,亲切地
   ○ 本を丁寧に取り扱いなさい。/要好好爱护书本。
   ○ これはどういうことですか。丁寧に説明してください。/这是怎么一回事？请你详细地解释一下。
   ○ 田中さんは丁寧に手紙を書いています。/田中正在认真地写信。

7. 「専攻」(名、他サ) 专业、以……为专业
   ○ 阿部さんの専攻は何ですか。/阿部的专业是什么？
   ○ 私は日本語を専攻しています。/我正在专攻日语(以日语为专业)。

8. 「志望」与「希望」。「希望」表示某人的希望和期待,这种希望和期待根据外部的环境和条件会发生变化,具有可替代性。而「志望」一般表示某个人一直以来的志向,立志于从事某种活动,具有唯一性,一般不会随便更改。
   ○ 大学を卒業して、銀行員を希望しましたが、応募する人が多かったから、できませんでした。/我大学毕业时想当银行职员的,应聘的人太多了,结果没能如愿。
   ○ 家族の人はみんな教師なので、私も小さいころから教師になろうと志望しています。/由于家人都是老师,所以我也从小就想要当一名教师。

9. 「応募」(名、自サ) 应聘、报考、报名参加。应聘、报考的对象用「に」引出。
   ○ アルバイトとして、家庭教師に応募する学生が一番多いです。/作为兼职,应聘家庭教师的学生最多。
   ○ この仕事に応募する人が多いです。/应聘这份工作的人很多。

10. 「募集」(名、他サ) 招募、招聘
    ○ わたしの憧れの会社は今募集中です。/我向往的公司现在正在招人。
    ○ 日本の大学は毎年の春に学生を募集します。/日本的大学每年春天招生。

11. 「結構」(名、形动、副)
    ① (名词)结构、布局
    ○ 記事の結構をうまくするように、やり直しなさい。/为调整好报道的结构,请重新弄一遍。
    ② (形容动词)非常好,很不错,可以,行了,足够,能行
    ○ 婚約となったらまことに結構なことです。/如果能订婚那真是一件好事。

○ お車を呼びましょうか。/给您叫辆车吧?
いいえ、結構です。/不用了。
○ これだけあれば結構です。/有这些就够了。
○ 結構な家を持つために、一生けんめい頑張ります。/为有一处像样的房子而努力奋斗。
○ もう少し食べてください。/请再吃点。
いいえ、もう結構です。/不,够了。
○ 仕事が終わったから、帰って結構ですよ。/工作结束了,所以可以回去了。

③ (副词)相当、很好地
○ 君は結構金持ちじゃないか。/你不是相当有钱吗?
○ しめてみたら、結構儲けがあった。/算了算,原来赚了相当多。
○ このりんごは結構おいしいです。/这个苹果相当甜。
○ この仕事は結構時間が掛かります。/这份工作相当花时间。

12. 「动词连用形 + 始める」构成复合他动词,表示有计划地开始做某事。
○ 先週から薬を飲み始めていますが、病気は少しもよくなっていません。/上个礼拜开始吃药的,可是病情一点都没有好转。

13. 「呼ぶ」(他五)
① 叫做、称作
○ 東京は昔江戸と呼ばれていました。/东京过去叫江户。
② 叫来、招呼、邀请
○ 友達を家に呼んで、パーティーしましょう。/把朋友喊到家里来开个聚会吧。
○ タクシーを呼びますから、ちょっと待ってください。/我来叫出租车,请稍等。
○ 中国の雑技団(ざつぎだん)を日本に呼びます。/邀请中国杂技团到日本。
③ 招呼、呼唤
○ いくら呼んでも答えない。/怎么喊也不回答。
○ 誰かあなたを呼んでいますよ。/好像有人在叫你的名字。

14. 「就職」(名、自サ)就业、就职。在某地就职用助词「に」表示。
○ 卒業したあと、会社に就職しました。/我毕业以后在公司就职了。
○ 卒業して、会社に就職するか、学校で先生をするか、考えています。/毕业以后去公司就职,还是在学校当老师,我正在考虑。

15. 「大体」与「大抵」,两者都是副词,「大体」表示事物完成的程度,是一种个案。而「大抵」则表示一种惯例,强调的是一种共性,即一般情况下都如此。
○ 今回の企画は大体100万円かかります。/这个企划案要花100万日元左右。
○ 一般的に言うと、企画は一つ大抵100万円ぐらいかかります。/一般来说,企划案一个要100万日元左右。
○ 最近は忙しくて、大抵十時ごろ家へ帰ります。/最近比较忙,一般都是十点左右回家。

○ 普段の宿題は大抵自分でやるのではないので、試験はよくできません。/平时的作业基本上都不是自己做的,所以考试才考不好。

○ 宿題は大体できましたから、ちょっと遊んでもいいですか。/作业基本上做完了,可以稍微玩一会儿吗?

16. 「同じ」(形动、连体)「同じ」是个特殊的形容动词,在修饰名词时,不加「な」。

○ 彼は同じ学校に勤めています。/他在同一所学校工作。

○ 同じ間違いをしないでください。/请不要犯同样的错误。

17. 「ほとんど」(副、名)

① 副词,「ほとんど」作副词时,后面应接否定表达,意为"几乎不……"。

○ その仕事は、私にはほとんど無理ですよ。/那个工作对我来说几乎是不可能的。

○ この前の試験はほとんどできませんでした。/上次的考试几乎都没有做出来。

○ 今日の料理はおいしくないので、ほとんど食べませんでした。/今天的饭菜味道不好,基本上没怎么吃。

② 作名词时,表示"绝大多数",这时候后面应接肯定表达。

○ この工事はほとんど完成しています。/这个工程大部分完成了。

○ ほとんどの人は卒業してから、会社に勤めます。/大部分人毕业之后都在公司就职。

18. 「変わる」(自五)

① 变化、改变

○ 当時とは状況が変わりました。/跟当时情况不一样。

○ 内閣の顔ぶれが変わりました。/政府的成员有了变动。

○ この三年間、中国はずいぶん変わりました。/这三年,中国发生了巨大的变化。

○ 日本語能力試験の問題は毎年変わります。/日语能力考试的题目每年都会产生变化。

② 变换、离开,动作起点用助词「を」来提示。

○ いつも残業なので、会社を変わりたいと思います。/总是要加班,我想换个公司。

语法句型详解

本课是复习课,重在通过对课文的学习,巩固本单元所学语法。大家要认真阅读教材167页到171页的内容。本单元重点注意掌握的句型有:

1. ～は ～が ～(形容動詞)

○ 李さんは英語が上手です。/小李英语好。

2. ～と ～とどちらが ～

○ ピンポンとバドミントンとどちらが上手ですか。/乒乓球和羽毛球,哪个更擅长呢?

3. 形容詞、形容動詞 + なる(変化)

○ 中国人の生活は豊かになりました。/中国人的生活变得富裕起来。

4. ～も ～も ～
 ○ 王さんも李さんも日帰り旅行へ行きます。/小王和小李都去一日游。

5. 疑問詞 ＋も(全面否定)
 ○ この部屋に何もありません。/这个房间里空无一物。

6. 疑問詞 ＋でも(全面肯定)
 ○ この問題はだれでもできます。/这个问题,谁都会做。

7. ～てはいけない
 ○ いたずらをしてはいけません。/不能调皮。

8. ～なくてはいけない
 ○ 今日、この仕事をしなくてはいけません。/今天,必须要做这项工作。

9. ～てもいい。
 ○ 辞書を引いてもいいです。/可以查字典。

10. ～なくてもいい
 ○ 掃除しなくてもいいです。/可以不打扫。

11. ～てください。
 ○ お名前をここに書いてください。/请把名字写在这里。

12. ～ないでください
 ○ ここでタバコを吸わないでください。/请在这里不要吸烟。

13. ～てから ～
 ○ 宿題をしてから、テレビを見ます。/做完作业后,看电视。

14. ～のです
 ○ 日本語が難しいのです。/日语就是难。

15. ～とともに ～
 ○ 日本語を勉強するとともに、中国語を勉強してください。/学习日语的同时,请学习中文。

16. ～なければならない
 ○ 若い時、いろいろな知識を勉強しなければなりません。/年轻时,要学习许多知识。

17. ～という
 ○「夢」という本を読みましたか。/看过一本叫《理想》的书吗?

18. ～なさい
 ○ しっかり勉強しなさい。/你要好好学习。

课文难点注释

1. 第164页前文第1、2行「申込書の書き方がよくわからないので、職員にいろいろと聞きました」。「分かる」是自动词,其对象语用「が」表示。另外,日语里某些副词可以后续「と」,起到加强语气的作用。这里的「いろいろと」就属于这种情况。

○ はっきりと答えてください。／请直接明了地予以回答。

2. 第165页第2、3行「時間は金曜日より土曜日の方がいいと言って職員にお願いしました。」「お願いしました」的对象用「に」表示。例如：
　　○ 子供のことを先生にお願いします。／将小孩子拜托给老师。

3. 第165页前文的倒数第2行「ほかに交通費も出ます。」的「出る」是自动词，意思很多（常用的就有20多个意思）这里表示被给予、得到的意思，即"可以得到交通费"。
　　○ 許可(きょか)が出ます／得到许可
　　○ 予算(よさん)が出ます／获得预算

4. 第165页会话倒数第2行「どちらが専攻ですか」、「日本語が専攻です」。主语含有疑问词时，助词要用「が」，答句的主语也用「が」。

5. 第166页第1行「じゃ、日本語と書いてください」这里的「と」表示结果，这句话如果补充完整应该是：「じゃ、専攻を日本語と書いてください」。即"那就请你将专业写为日语"。

6. 第166页倒数第5行「時給は五十元ですが、いかがですか。」的「いかが」是个副词，写作"如何"。没有出现在单词表中，意思和「どう」差不多，只是语气更加婉转。

7. 第166页倒数第3行「はい、交通費も出します」的「出(だ)します」是他动词，即"支付、支出"的意思。

8. 第171页阅读文第1行「…卒業して新しく社会に出て働き始めた人たちを社会人一年生と呼びます。」「社会に出る」表示来到这个社会，即"进入社会"的意思。「た」是连体修饰表示状态，即，"我们把刚……毕业来到社会上工作的人叫做'踏上社会的一年级新生'"。

9. 第172页第2行「アンケート調査の結果では、今日本人に人気がある職業は公務員です。」的「では」表示进行判断或说明的依据；而「に」表示比较、评价的对象，即"对于……来说，……"。
　　○ 今日の天気模様(もよう)では、明日も雨が降ります。／根据今天这个天气情况来看，明天也要下雨。
　　○ この漫画は子供にとても人気があります。／这本漫画对于孩子们来说，特别受欢迎。

10. 第172页阅读文倒数第2、1行「…技術を身につけたい」的「を身につける」是他动词性的惯用语，意思是"掌握……"。

11. 第172页倒数第1行「…という考え方の人に人気があります」的「に」和上面的例句一样，也是表示比较、评价的对象。

单元自测练习

一、汉字注假名。

職業	調査	高校	就職	俳優	美容師	新入社員	社会
安定	技術	公務員	工場	専攻	一生	毎年	造船
時代	模型	漢字	大学				

单元三復習　アルバイト

二、假名写汉字。

もうしこみしょ　　れんらくさき　　かいとうらんま　　ごりむちゅう
きぼう　　　　　　しょくいん　　　とくぎ　　　　　　こうつうひ
ていねん　　　　　ていねい　　　　どうき　　　　　　せんこう
じきゅう　　　　　うちゅうせん　　ぼしゅう　　　　　ほんやく
けっこう　　　　　けんしゅう　　　こうこく

三、四选一。

1. とりがたくさんそらを_____います。
　　① とんで　　② はしって　　③ のぼって　　④ さんぽして
2. このへやはストーブがついていて、_____です。
　　① すずしい　　② つめたい　　③ あたたかい　　④ あたらしい
3. はやしさんはからだが_____、よくはたらきます。
　　① せまくて　　② よわくて　　③ たいへんで　　④ じょうぶで
4. えきではひとがでんしゃにのったり_____しています。
　　① おきたり　　② おりたり　　③ ついたり　　④ とまったり
5. _____でほんをかります。
　　① ほんや　　② こんばん　　③ としょかん　　④ えいがかん
6. きょうは_____です。あしたはみっかです。
　　① ふつか　　② はつか　　③ よっか　　④ ついたち
7. しけんはおわりました。きょうしつを_____ください。
　　① すわって　　② でて　　③ かえって　　④ べんきょうして
8. _____なまえをかいてください。つぎに、しつもんにこたえてください。
　　① ときどき　　② もちろん　　③ はじめに　　④ いちばん
9. A「なにか_____はありませんか」
　　B「おちゃでいいですか」
　　A「はい、けっこうです」
　　① くだもの　　② たべもの　　③ のりもの　　④ のみもの
10. ごはんをたべたあとは「_____。」といいます。
　　① ごちそうさま　　② いただきます
　　③ しつれいします　　④ おねがいします
11. A「どうぞ、はいってください。」
　　B「では、_____。」
　　① しつれいです　　② しつれいでした
　　③ しつれいします　　④ しつれいしました
12. A「しゅくだいはもう出しましたか。」
　　B「いいえ。きのうしゅくだいがありましたか。わたしは_____。」
　　① おぼえません　　② しりませんでした
　　③ おばえませんでした　　④ しっていませんでした

13. A 「コーヒーは、いかがですか。」
    B 「はい、_____。」
    ① どういたしまして　　　　② いただきます
    ③ いらっしゃいませ　　　　④ こちらこそ
14. A 「あしたいっしょにテニスをしませんか。」
    B 「ええ、_____。」
    ① しません　　② そうです　　③ しましょう　　④ そうしません

四、填空。

1. この漢字は日本語(　)何(　)読みますか。
2. あした、学校を休んでは(　)(　)(　)(　)(　)。
3. 自分の名前を問題用紙(　)きれい(　)書き(　)(　)(　)。
4. 李さんはこの仕事を引き受け(　)(　)(　)(　)(　)(　)(　)。
5. 教室には机(　)(　)椅子(　)(　)があります。
6. 弟は新しい自転車を買おうと(　)(　)(　)(　)、いろいろ見ました。
7. 外国語を勉強する(　)(　)(　)(　)、国語を勉強しなければなりません。
8. この本を書き直す(　)(　)(　)です。
9. 会話の練習(　)通して、英語(　)身につけました。
10. 日中友好を深める(　)(　)(　)、一生懸命頑張ります。
11. 宿題がたくさんある(　)(　)、どこにも行きません。
12. いつ行く(　)まで決めていません。
13. 食事をし(　)(　)(　)、宿題をします。
14. 父はにこにこし(　)(　)(　)、自分の作った模型を出しました。
15. これは中日友好交流史(　)(　)(　)本です。

五、汉译日。

1. 做如下介绍。
2. 按照计划执行。
3. 昨天如天气预报所言，下雨了。
4. 冰变成水了。
5. 信号变成了红灯。
6. 定的谁是会长？
7. 决定早上早起。
8. 他的德语不怎么好。
9. 这酒不怎么好喝啊。
10. 不是什么大不了的病。
11. 要是煮的时间长了就会变硬。
12. 不早去的话就赶不上。

13. 一到春天就暖和起来。
14. 一读呢,还挺好懂。
15. 请看看是不是有错误。
16. 不知道是不是有趣。
17. 那个节目是否受欢迎,咱们作个问卷调查吧。

六、日译汉。

1. 万里の長城の雄大さとその建設の困難さはよく知られています。
2. 代表団は予定どおりに東京に到着しました。
3. これは注文どおりの品物です。
4. お酒を飲むと、顔が赤くなります。
5. 彼はお金があると、パチンコへ行きます。
6. できるかどうか、あとで電話でお知らせしましょう。
7. あの人の名前は長いので、覚えにくいです。
8. 大学に入ってから、歴史を勉強するか、それとも、日本文学を勉強するか、迷いました。
9. 学生はこの部屋に入ってはいけません。
10. 文化交流とともに、経済交流と技術交流も盛んになりました。
11. 私たちは勉強したことをしっかり身につけなければなりません。
12. おじいさんは六十歳ですが、毎日山を登るので、元気です。

第十三课　クリスマス

本课学前重点提示

① 各种表示授受关系的动词和表达用法。
②「でしょう」的不同含义和用法。
③ 表示来或去某地做某事的句型「…へ…を…に行く/来る」。
④ 表示有过某种经历的句型「…たことがある」。
⑤ 表示说话人主动承担做某事的「(私が)…ましょう」。
⑥ 表示劝诱的「ましょうか」和「ませんか」的异同。

课文翻译

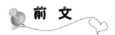

前　文

　　圣诞节快要到了。吉田想给朋友赠送礼物。日本在圣诞节很盛行好友或家人之间互送礼物。

　　吉田在去年的圣诞节赠送给朋友中国的钢笔，送给了弟弟玩具。收到朋友送的CD，收到了高中老师送的英语辞典。

　　在中国，学生在圣诞节经常互赠礼物，但是，一般人还是在婚礼及生日时赠送礼物。小李在今年生日的时候得到了父亲送的笔记本电脑、母亲送的毛衣。在父母生日的时候，小李送给父亲一台数码相机，送给母亲一条围巾。在妹妹生日的时候送给她一个可爱的木偶娃娃。

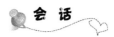

会　话

吉田：在日本，自古以来就有赠送礼物的习惯。在中国怎么样呢？
李：　跟日本一样。在中国自古以来也有赠送礼物的习惯。
吉田：是么。
李：　快到圣诞节啦。在日本，圣诞节互相赠送礼物吧？
吉田：是的。在日本，圣诞节时，亲近的人之间或者家人之间互送礼物的很多。尤其受到百货公司的宣传及新闻媒体的影响，圣诞节送礼物一年比一年盛行了起来。
李：　去百货公司买礼物的人很多吗？
吉田：是的。所以，所有的百货公司都为了提高营业额而设置特别的销售柜台，大力推

销圣诞礼物。
李：　圣诞礼物大多是些什么东西呢?
吉田：大多是适合圣诞节赠送的东西,如佩戴在身上的装饰品以及文具等。
李：　你在去年圣诞节送朋友什么东西了?
吉田：送了朋友中国的钢笔。
李：　也收到朋友的礼物了吗?
吉田：是的,也收到朋友送的礼物了。
李：　收到了什么?
吉田：收到 CD。
李：　今年圣诞节,打算送朋友什么东西呢?
吉田：今年打算送朋友中国的茶或者酒。
李：　去年的圣诞节送给弟弟什么东西了?
吉田：给弟弟送了玩具。
李：　去年的圣诞节向高中时的老师赠送了东西吗?
吉田：向高中时的老师赠送了领带。
李：　收到老师给的什么东西了吗?
吉田：嗯,收到了老师送的英语辞典。对了,在中国,圣诞节也互相赠送礼物吗?
李：　中国跟日本稍微有点不同。学生们在圣诞节经常互赠礼物,但一般人还是在婚礼或生日时赠送礼物。
吉田：去年你生日时,父母送你什么东西了吗?
李：　父亲送了我笔记本电脑,母亲送了我亲手编织的毛衣。
吉田：你父母生日时,你送了他们什么东西吗?
李：　给父亲送了数码相机,送给了母亲围巾。
吉田：你妹妹生日时,你送她什么了?
李：　我送给她一个可爱的木偶娃娃。
吉田：你姐姐送你各种各样的东西吗?
李：　是的,不久前,她送给我一本影集。
吉田：小李也送过姐姐什么东西吗?
李：　不,只有姐姐给我,我一次也没有给过姐姐礼物。
吉田：那么,收到过妹妹送的东西吗?
李：　不,没有收到过。妹妹什么也不曾给我。
吉田：你生日时,朋友送给你什么东西吗?
李：　嗳。送给我纪念邮票。这就是朋友给我的纪念邮票。相当不错吧。
吉田：啊,这邮票真漂亮啊。
李：　吉田,你不是喜爱收藏中国邮票吗?送你一枚吧。
吉田：真的可以收下吗?
李：　嗳,请收下吧。

吉田：十分感谢。

李： 我说,后天晚上,一起去附近的文化馆看电影好吗?

吉田：后天正好是平安夜啊。

李： 是的,方便吗?

吉田：方便,是什么电影?

李： 是叫《圣诞老人的礼物》的电影。

吉田：是么。来中国之后,还没有看过电影呢,很想看啊。我们一起去看吧。

中元节和年终

在日本自古以来就有每年两次赠送礼物的习惯。七月赠送的礼物叫做中元礼品,十二月送的叫做年终礼品。

在这两个时节里,所有的百货公司都为了提高营业额而设置专柜,大力推销中元礼品和年终礼品。这两个时节中,百货公司十分拥挤。以往中元礼品和年终礼品都是自己直接从店里买了带走的,但如今可以委托百货公司送到指定地点。

日本人在中元和年终最希望收到的东西是购物券,而实际收到的大多数是保质期长的食品(比如罐头、酱油、食用油)或者饮料(比如酒、啤酒、果汁),或者毛巾、肥皂等的套装。此外,最近还有许多如就餐券呀,别出心裁的低碳环保商品等。

重点词例解析

1. 「プレゼント」(名、他サ)礼物。「プレゼント」属较正式的礼物。表示向某人赠送礼物时,用「…に…をプレゼントします」的句型。
   ○ 誕生日の日に、友達にノートをプレゼントしました。/生日那天,我送了朋友一个笔记本。

2. 「同士」(接尾词) 表示立场和身份相同的一群人,「同士」可直接接在名词后面。
   ○ 休みの日は、同僚同士と旅行をします。/休息日会和同事们一起旅行。
   ○ 休みの日は、友達同士が集まってバドミントンをします。/休息日朋友们会聚在一起打羽毛球。

3. 「或いは」(接续)或者,或是
   ① 连接两个简体疑问短句,表示选择疑问,与「それとも」同义,语感稍微正式一些。
   ○ 就職するか、あるいは留学するか、よく考えて、決めてください。/是工作还是留学,请好好考虑之后决定下来。
   ○ 仕事をするか、或いは大学院を受験するか、よく考えてください。/是工作还是考研究生,请好好考虑考虑。
   ○ 日本料理を食べたいか、或いは中華料理を食べたいか、教えてください。/请告诉我你要吃日本菜还是中国菜。
   ② 连接两个词语,表示后者可代替前者,这个用法是「それとも」所没有的。

第十三課　クリスマス

　　○ 答えは鉛筆か、あるいはペンで書いてください。/答案请用铅笔或者钢笔写。
　　○ 田中さんは毎日バス或いはタクシーで会社へ行きます。/田中每天乘公交车或者出租车去公司上班。

4. 「あげる」(他一)给、送给。表示主体将某物赠予他人,对象一般是第二或第三人称,用「に」引出。
　　○ 誕生日の日、妹さんにおもちゃをあげましょう。/生日的时候,送你妹妹玩具吧。
　　○ 劉さんに日本の伝統的な芸術品をあげました。/送了小刘日本传统的艺术品。
　　○ あなたに中国のお茶をあげましょう。/送你一些中国的茶叶吧。

5. 「もらう」(他五)得到、获得。以物品的获得者作为主语,一般用以表示从平辈或晚辈那里得到某物。物品的授予者用「に」或「から」引出。
　　○ 日本のクラスメートからスカーフをもらいました。/从日本的同学那里得到丝巾。
　　○ 誕生日の時、友達にプレゼントをもらいました。/生日的时候,从朋友那里得到了礼物。

6. 「いただく」(他五)得到、获得。「いただく」是「もらう」的自谦形式,表示从比身份、辈分高的人那里得到某物。
　　○ 教授から専門書をいただきました。/从教授那里得到了专业书。
　　○ 先生から日本の地図をいただきました。/从老师那里得到日本地图。

7. 「普通」(名、形动、副)
　　① 一般、通常
　　○ 普通は三時間かかります。/一般要花三个小时。
　　○ 普通は十一時に寝ます。/平时十一点睡觉。
　　② 普通的、平常的
　　○ 私は普通の人間です。/我只是一个普通人。

8. 「差し上げる」(他一)给、送给。「差し上げる」是「あげる」的尊他形式,表示送某物给比自己身份、辈分高的人。
　　○ 恩師に記念品を差し上げたいと思います。/我想赠送纪念品给老师。
　　○ お茶でも差し上げましょうか。/给您来杯茶什么的吧?

9. 「古く」(名、副) 表示很久或许久以前
　　○ 贈り物をするのは、古くからある習慣です。/送礼是自古以来就有的一种习惯。

10. 「影響」(名、自サ) 影响,影响的对象用「に」来提示。
　　○ 今回の台風は今年の収穫にひどい影響をもたらしました。/这次的台风给今年的收成带来了很严重的影响。
　　○ その二つの大きなグループはお互いに影響し合っています。/那两个大的集团互相影响着。

11. 「伸ばす」(他五)
　　① 拉伸
　　○ 彼女は、髪の毛を長くのばしています。/她把头发留得很长。
　　○ 体を伸ばしてから、運動してください。/舒展身体之后再进行体育运动。
　　② 扩大、增加
　　○ 売り上げを伸ばします/增加销售额

③ 伸展
- 腕をのばして深く息を吸う。/伸开胳膊做深呼吸。

12. 「くださる」(他五)是「くれる」的尊他敬语表达形式，表示身份、辈分比自己高的人赠送给自己(或自己一方的人)某物。
    - これはおじさんがくださった辞書です。/这是叔叔送我的字典。
    - 駅で電車の時刻表(じこくひょう)をくださいました。/在车站送给了我一份列车时刻表。

13. 「くれる」(他一)表示与自己平辈或晚辈的人给自己物品。
    - 兄は自分で作った折り紙をくれました。/哥哥送给我一个他自己做的折纸。

14. 「ただ」(副)仅仅，只
    - その戦争の後、彼はただ一人生き残りました。/那场战争之后，只有他一个人保住了性命。
    - わたしはお金がないので、ただ見ているだけです。/我没钱，只是看看而已。
    - 彼はただ一人で、この仕事をしました。/他一个人就完成了这项工作。
    - 私はただ見るだけで、買うつもりはありません。/我只是看看，不打算买。

15. 「なかなか」(副)
    ① 相当、颇(后续肯定)
    - 私の家は南京からなかなか遠いです。/我家离南京很远。
    - 日本語はなかなか難しいです。/日语相当难。
    ② 难以(后续否定)
    - 三十分待ちましたが、バスはなかなか来ません。/等了30分钟，公交车还是不来。
    - いろいろやりましたが、なかなかできません。/做了许多，但就是不行。

16. 「集める」(他一)收集、召集
    - 融資のことで、みんなを集めて、相談しているのです。/我们是关于融资的事情把大家都集中起来商量一下的。
    - 張さんは切手を集めることが趣味です。/小张喜欢集邮。

17. 「都合」(名)方便、时机适合。询问对方是否方便时，可以在前面加上「ご」，以示尊敬。
    - ご都合はよろしいですか。/您方便吗？
    - ちょっと都合が悪かったので、行くことができませんでした。/我不太方便，所以没能去。
    - 都合がいい/方便
    - 都合が悪い/不方便

18. 「楽しみ」(名)乐趣、期待，常用「…を楽しみにします」这样的句型表示很期待做某事。
    - うちのお父さんにとっては、釣りは楽しみです。/对我爸爸来说，钓鱼是很大的乐趣。
    - 明日の演劇大会を楽しみにしています。/很期待明天的演剧大赛。
    - 日本へ行くことは日本語を勉強している私にとって、楽しみですね。/对于学日语的我来说，去日本是一件很让人期盼的事情。
    - 明日友達に会うのを楽しみにしています。/很期待明天和朋友的会面。

第十三課　クリスマス

19.「シーズン」(名)季节,表示合适做某件事情的时节,与春夏秋冬这样的自然季节不是一个意义。
　○夏休みは学生にとって旅行のシーズンです。/暑假对于学生们来说是旅行的时节。
　○秋は蟹のシーズンです。/秋天是吃螃蟹的季节。
　○今は運動会のシーズンです。/如今是举办运动会的时节。

20.「頼む」(他五)
　①请求、恳求、委托、托付
　○そのことは秘密にしておいてくれと頼みました。/我请求他保守秘密。
　○先生に子供の教育を頼みます。/把小孩子的教育委托给老师。
　○彼に留守を頼みます。/拜托他在家看门。
　②(花钱)雇、请
　○昨夜、体の具合が悪くなったから、医者を頼んでもらいました。/昨晚身体不舒服,请他帮忙叫了医生。
　○明日ドライブに行きたいですが、自動車を頼んでください。/明天想去兜风,请帮我雇一辆车吧。
　○体の具合が悪いですから、医者を頼んでください。/身体不舒服,请帮忙叫医生。
　○夜はバスがないので、タクシーを頼みました。/晚上没有公交车,就叫了辆出租车。

21.「長持ち」(名、自サ)可以长时间保存,不易变质。
　○この花は長持ちしますよ。/这种花开的时间长。
　○缶詰は長持ちする食品です。/罐头是一种可以长期保存的食品。

语法句型详解

一、授受动词

这是日语当中一项非常重要的语法现象,汉语中只要一个"给"即可表达的意思,在日语中则涉及七个动词。

①「…は…にやる/あげる/差し上げる」可以概括为"我行他利",表示主体给某人物品,接受者为第二或第三人称。其中,「やる」用于接受者身份低于授予者或关系较亲密者之间,另外也适用于给的对象是动植物(给动物喂食、给花草浇水等)的场合。
　○私は弟の誕生日の時、彼に時計をやりました。/弟弟过生日的时候,我送给他一块手表。
　○毎日花に水をやります。/每天都给花浇水。
　○鳥にえさをやらなければなりません。/必须给鸟儿喂食。

「あげる」主要用于身份地位相同的人之间,也可用于晚辈;在外人面前,提及向自家父母兄长等授予物品时,也用「あげる」。
　○友達に記念写真をあげました。/送给朋友纪念相片。
　○父にマフラーをあげました。/送给父亲一条围巾。

「差し上げる」用于给地位、身份明显高于授予者,或有意抬高对方身份时。注意在外人

面前,提及向自家父母兄长等授予物品时不用。
　　○ 吉田先生にお土産を差し上げました。／送了礼物给吉田老师。
　②「…は…に/から…もらう/いただく」可以概括为"我行我利",表示主体从别人那里得到物品,同样也要注意彼此的尊卑关系。「もらう」用于从平辈或身份比自己低的人那里获赠物品;「いただく」表示从长辈或身份比自己高的人那里获赠物品。
　　○ 友達から手紙をもらいました。／从朋友那儿收到一封信。
　　○ 先生に日本語の電子辞典をいただきました。／从老师那里得到一台日语电子字典。
　③「…は(私に)くれる/くださる」可以概括为"他行我利",表示别人给第一人称的"我"某件物品时用这个句型来表述。授予者比"我"身份低或同等身份时用「くれる」,授予者比"我"身份高时用「くださる」,而「私」这个接受者有时会省略。
　　○ 李さんはりんごを一つくれました。／小李给了(我)一个苹果。
　　○ 先生が日本語の電子辞書をくださいました。／老师给了(我)一台日语电子字典。

二、补格助词「と」表示比较的对象

　「と」接在体言之后,表示比较的对象,常和「同じ」「違う」等有比较含义的动词或一些形容词一起使用。
　　○ 私の靴は李さんのと違います。／我的鞋子和小李的不一样。
　　○ 私の腕時計は王さんのと同じです。／我的手表和小王的是一样的。

三、「…でしょう」的用法

　「でしょう」是敬体判断助动词「です」的推量形,有如下几个含义。
　①「でしょう」读降调时,表示说话人主观委婉的判断或推测。
　　○ これは李さんの服でしょう。／这大概是小李的衣服吧。
　　○ 明日も雪が降るでしょう。／明天大概也会下雪吧。
　②「でしょう」读升调时,表示确认。
　　○ この辞書は悪くないでしょう。／这本字典不错吧。
　　○ 中華料理はおいしいでしょう。／中国菜好吃吧。
　③「でしょうか」与「ですか」意思相同,语气委婉而客气。
　　○ これはあなたの荷物でしょうか。／这是你的行李吧?
　　○ 明日もここに来るでしょうか。／明天还来吗?

四、格助词「で」表示原因

　「で」接在体言后面,一般表示的是客观的、直接的原因,后句一般不可接表示命令、劝诱等表示主观意志的表达。
　　○ 私は先月仕事でアメリカへ行きました。／上个月我因工作关系到美国去了一趟。
　　○ 大雨で試合を来週に延ばしました。／由于下雨,比赛延迟到下个礼拜。

五、…へ…を…に行きます(来ます)

　这是表达来(去)某地做某事的句型。「へ」表示来(去)的目的地,「に」表示目的,前面接续动词的连用形(汉语性サ变动词直接接续词干),动词如果带宾语则用「を」表示。表示来去的动词除了「行く」和「来る」之外,还有「出かける」「帰る」「戻る」等。
　　○ 夏やすみに親戚の家へ遊びに行きました。／暑假到亲戚家去玩了。

第十三課　クリスマス

○ デパートへ買い物に出かけました。／外出到百货商店购物去了。

六、副助词「か」表示选择

教材中称为并列助词略有不妥,其实句中的「か」是副助词,接在体言和活用词终止形后面,有以下用法:

① 表示不确定的事物(接在疑问词之后)

○ 何かほしいものがありますか。／你有什么想要的东西吗?

○ 教室に誰かがいますか。／教室有人在吗?

② 表示不确切的推断

○ 腐ったものを食べたのか、お腹が痛くなりました。／不知道是不是吃了坏掉的东西,肚子疼起来了。

③ 表示选择

○ 土曜か日曜に野球をします。／周六或者周日去打棒球。

○ 明日もまた雨か雪です。／明天也还是下雨或下雪。

七、…(た)ことがあります

「动词连用形+たことがあります」是表示有过某种经历的句型,其否定形式为「…たことがありません」。

○ 私は日本へ行ったことがあります。／我去过日本。

○ 誕生日にプレゼントをもらったことはありません。／生日的时候,我从没有收到过礼物。

八、数量词+も

「も」接在数词(数量词)后面来加强语气,表示程度之高或低。

① 强调数量、程度之高

○ この服は五百元もかかりました。／这件衣服花了500块(之多)。

○ 一人でりんごを四つも食べました。／一个人(居然)吃了四个苹果。

② 「疑问数量词+も」表示不确定的数量多

○ アメリカは何回も行きました。／我已经去过美国许多次了。

○ この服は何千元もかかったのです。／这件衣服花了好几千块钱。

③ 「一+量词+も」后续否定表达,表示完全否定

○ 部屋には一人もいません。／房间里一个人都没有。

○ テーブルには茶碗が一つもありません。／餐桌上完全没有碗筷。

九、动词连用形+ましょう

① 用"私が+动词连用形ましょう",可以表示说话人主动承担做某事

○ 私がご馳走しましょう。／让我来请客吧。

○ 私がここで待ちましょう。／我在这里等吧。

② 劝诱

○ 午後は授業がないので、一緒に野球をしましょう。／下午没课,我们一起打棒球吧。

十、…ませんか

与「ましょうか」都可以用来表示劝诱别人一道做某事,「ませんか」给对方回答留有较大的余地,比肯定句劝诱更加委婉一些。

○ 一緒に映画を見に行きませんか。／一起去看电影吗？
○ 中華料理を食べませんか。／我们一起吃顿中国菜如何？

课文难点注释

1. 第177页前文第2行「…あるいは家族の間でプレゼントの交換が盛んです。」这里的「で」表示范围,例如:

○ 三人の間で、彼は日本語が一番上手です。／三个人中间,他的日语最好。

2. 第177页倒数第3行开始的「吉田さんは去年のクリスマスに友達に中国の万年筆をあげました。弟におもちゃをあげました。友達からはCDをもらいました。高校時代の先生からは英語の辞書をいただきました。」请注意这句里"授受动词"的用法。两个提示助词「は」在这里起到一个对比的语气,表示分别从朋友和老师那里得到某件物品。

3. 第178页会话第1行「日本では、古くから贈り物をする習慣がありますが、中国ではどうですか」的「古く」这里是作名词用,表示"很久以前"之意,「から」表示时间的起点。

4. 第178页会话第8行「とくにデパートの宣伝やマスコミの影響で、クリスマスプレゼントは年々盛んになっています」这里的「で」表示客观原因,后句是在这个客观条件下产生的必然结果。

5. 第179页第8行「今年は友達に中国のお茶かお酒をあげるつもりです」的「か」是副助词表示选择,意思为"或者"。

6. 第179页倒数第13行「去年、李さんの誕生日に、ご両親は何かくださいましたか」我们前面提到过,「くださる」表示地位高的人给第一人称某物,但这里的说话人是吉田,接受者却是小李,这样的表达似乎不符合语法。实际上这种表达方式是吉田站在小李的立场上说的。意为"去年小李生日的时候,父母给了咱们什么东西啊?"。

另外,同页倒数第7行的「お姉さんは李さんにいろいろなものをくださいますか」、180页第1行的「李さんの誕生日に、友達は李さんに何かくれましたか」等都是这样的用法。

7. 第180页第5行「吉田さんは中国の切手を集めるのがすきでしたね」。这里的「でした」不表示过去,而表示说话人的回忆以及对事物的确认,可以翻译"吉田好像喜欢收集中国邮票的吧"。

另如:

○ 運動会は確か来月の20日でしたね。／运动会的确是下个月的20号吧。

8. 第187页阅读文第4行「シーズン中のデパートはたいへん込んでいます」的「中」作为结尾词,有两种念法。念法不同,意义也不一样。

① 念做「じゅう」的场合,接在地点、时间名词后面,表示充满"整个……"期间。

○ 日本中の人々は桜が大好きです。／全日本的人都非常喜欢樱花。
○ 一日中、家で勉強をしていました。／整个一天都在家里学习的。

② 念做「ちゅう」的场合,表示"在……之中"的某一点或某一段时间。

○ 授業がないので、午前中そこへ行くことができます。／因为没课,所以上午(期间)可以到那边去。
○ 授業中は寝てはいけません。／上课期间不许睡觉。

阅读文中这句话里的「中」应该念做「ちゅう」,表示在这个季节期间。

9. 第187頁倒数第2行「…のアイディア商品もたくさんあります」的「アイディア商品」在这里可以翻译为"特色商品"或"有创意的商品"等。

随堂自测练习

一、汉字注假名。
　　結婚式　都合　人形　宣伝　文化館　国語　力　売り場　影響　特別

二、假名写汉字。
　　うんどうじょう　　ろうどく　　　　じてんしゃ　　　ざんぎょう
　　ざっし　さんぽ　　えいが　　　　　ともだち　　　　きしゃ
　　りょうしん　　　　ゆうがた　　　　てがみ　　　　　おんがく
　　もじ　　　　　　　どっかい　　　　きょうかしょ　　しつもん
　　しかく　　　　　　なまえ　　　　　けっか　　　　　むり
　　かって　　　　　　ほんやく　　　　おうぼ　　　　　こうこく
　　ていねい　　　　　しょうかい　　　れんらく　　　　きせつ
　　ちしき

三、写出下面单词的日语外来词。
　　法国　　　　文字处理机　　　勤工俭学　　　中心　　　　立体声
　　录像机　　　礼节　　　　　　门铃　　　　　计算机　　　同班同学

四、四选一。
1. 私が弟のシャツを洗って＿＿＿＿＿。
   ① やった　　②くれた　　③ くださった　　④ いただけた
2. 私は先生に作文を＿＿＿＿＿。
   ① お直しになりました　　　　② お直ししました
   ③ 直していただきました　　　④ 直していらっしゃいました
3. すみません、砂糖をとって＿＿＿＿＿。
   ① くださいですか　　　　　② くださいでしょうか
   ③ くださいませんか　　　　④ くださいましょうか
4. 月曜日＿＿＿＿＿火曜日にテストがあります。
   ① で　　②に　　③ を　　④ か
5. 駅まで一緒に＿＿＿＿＿ましょう。
   ① かえ　　② かえり　　③ かえる　　④ かえって
6. わたしは夜＿＿＿＿＿酒をいっぱい飲むことにしています。
   ① 寝た前に　　② 寝る前に　　③ 寝たあとで　　④ 寝るあとで
7. 日本経済に＿＿＿＿＿研究しようと思っています。
   ① ついて　　② つき　　③ ついで　　④ についての
8. 映画を＿＿＿＿＿トルコ料理を食べに行きましょう。
   ① 見た前に　　② 見ます前に　　③ 見たあとで　　④ 見ましたあとで
9. 日本人の仕事＿＿＿＿＿考え方は、ずいぶん変わりました。
   ① にとっての　　② について　　③ についての　　④ にとって

10. あの学校は有名＿＿＿＿＿＿＿学校です。
    ① に　　　　　② を　　　　　③ な　　　　　④ が
11. 上海＿＿＿＿＿＿＿この建物が一番高いです。
    ① にも　　　　② では　　　　③ へ　　　　　④ が
12. 昨日李さん＿＿＿＿＿＿＿会いましたが、とても元気でした。
    ① に　　　　　② を　　　　　③ へ　　　　　④ が
13. 花＿＿＿＿＿＿＿きれいですね。
    ① に　　　　　② を　　　　　③ へ　　　　　④ が
14. 田中さんは歌を＿＿＿＿＿＿＿ながら歩いています。
    ① 歌う　　　　② 歌った　　　③ 歌っ　　　　④ 歌い
15. もう春＿＿＿＿＿＿＿なりました。
    ① に　　　　　② を　　　　　③ へ　　　　　④ が
16. 李さんという人は知っていますか。いいえ、＿＿＿＿＿＿＿。
    ① 知っています　　　　　　② 知っていません
    ③ 知りません　　　　　　　④ 知っていませんでした
17. わたしは日本料理＿＿＿＿＿＿＿好きです。
    ① に　　　　　② を　　　　　③ へ　　　　　④ が
18. 上海は冬＿＿＿＿＿＿＿寒いです。
    ① に　　　　　② を　　　　　③ へ　　　　　④ が
19. 昨日＿＿＿＿＿＿＿今日のほうが暖かいです。
    ① から　　　　② より　　　　③ へは　　　　④ まで
20. わたしが＿＿＿＿＿＿＿バスは上海駅から来ます。
    ① 乗って　　　② 乗んだ　　　③ 乗んた　　　④ 乗る
21. これは昨日＿＿＿＿＿＿＿雑誌です。
    ① 読って　　　② 読んだ　　　③ 読んた　　　④ 読む
22. わたしは聞く＿＿＿＿＿＿＿です。
    ① だけ　　　　② から　　　　③ まで　　　　④ より
23. 星が出ている＿＿＿＿＿＿＿、あしたもいい天気でしょう。
    ① だけ　　　　② から　　　　③ まで　　　　④ より
24. 今日お酒を＿＿＿＿＿＿＿いけません。
    ① 飲んては　　② 飲むでは　　③ 飲っては　　④ 飲んでは
25. 勉強は嫌い＿＿＿＿＿＿＿いけません。
    ① では　　　　② ては　　　　③ まで　　　　④ より
26. 値段が＿＿＿＿＿＿＿てもいいです。
    ① 高い　　　　② 高く　　　　③ 高かった　　④ 高
27. あしたは＿＿＿＿＿＿＿来てください。
    ① 早い　　　　② 早かった　　③ 早く　　　　④ 早くない
28. 消しゴムで＿＿＿＿＿＿＿消してください。
    ① きれい　　　② きれく　　　③ きれいさ　　④ きれいに

29. もう＿＿＿＿＿ください。
　　① 言わないで　　② 言わないて　　③ 言あないで　　④ 言わなくて
30. 将来教師に＿＿＿＿＿と思っています。
　　① なる　　② なった　　③ なろう　　④ なよう
31. 日本へ＿＿＿＿＿つもりはありません。
　　① 行った　　② 行く　　③ 行かない　　④ 行っている
32. なんの＿＿＿＿＿日本語を勉強していますか。
　　① ために　　② ためか　　③ までか　　④ ためで
33. 静か＿＿＿＿＿よく勉強ができます。
　　① だので　　② まで　　③ ので　　④ なので
34. 今日早く＿＿＿＿＿なければなりません。
　　① 帰ら　　② 帰る　　③ 帰って　　④ 帰った
35. 日本で一番高い山は何＿＿＿＿＿山ですか。
　　① といって　　② という　　③ といった　　④ といい

五、阅读选择填空。

　わたしは毎日会社に行きます。家から会社まではちょっと遠いです。駅までは歩いていきます。次に＿＿＿＿＿駅から電車に乗って、第七つの駅で降ります(下車)。そして、そこから10分＿＿＿＿＿バスに乗って、デパートの前で降ります。＿＿＿＿＿はその近くの新しい建物です。

　電車やバスはいつも込んでいて、会社へ行くのは＿＿＿＿＿ですが、会社の仕事はとてもおもしろいと思います。子供が大きくなるまで＿＿＿＿＿つもりです。

1. ① その　　② あれ　　③ それ　　④ そんな
2. ① ごろ　　② ぐらい　　③ まで　　④ から
3. ① 会社　　② 駅　　③ 家　　④ デパート
4. ① とても　　② ずいぶん　　③ たいへん　　④ しっかり
5. ① ほかの会社へ行く　② すこし休む　　③ 家にいる　　④ ここに勤める

六、汉译日。

1. 去年生日的时候，爸妈送给我钢笔，哥哥送给我自行车。
2. 我没有去过美国，但我去过日本。
3. 周日，我打算和妈妈一起去商场买新衣服。
4. 为了学习日语，我们买了字典或者盒式录音机。
5. "打网球吗？""好，一起打吧。"

七、日译汉。

1. 宣伝やマスコミの影響で、クリスマスプレゼントは年々盛んになっています。
2. 北京へ行ったことがありません。それで、夏休み、友達と一緒に行くつもりです。
3. 去年の元旦、私は弟にセーターをあげましたが、姉から日本の万年筆をもらいました。
4. 今日か明日、私は本屋へ本を買いに行こうと思います。
5. 北京へもう何回も行きました。それで、冬休み、私は海外旅行へ行くか、アルバイトをするつもりです。

第十四课　元　旦

本课学前重点提示

① 动词和形容词活用的假定形和其构成的句子。
② 假定形构成的相关句型「…ばいいです」、「…ば…ほど…」。
③ 动词尝试体「…てみます」。
④ 表示建议对方"还是做……好"的句型「…ほうがいい」。
⑤ 动词活用的命令形及命令句。
⑥ 表示逆态接续条件的接续助词「ても」的意义和用法。

课文翻译

前　文

　　后天是元旦。那天有庆祝新年的特别公演。小李打算去看公演。小鲁想,如果小李去的话,自己也去。留学生竹内说过,如果没有事情的话也去。所以,小李想再次试着打电话邀请竹内。
　　到文化剧场,先乘十八路公共汽车,然后换乘地铁就可以了。但是,由于元旦出行的人很多,公共汽车会非常的拥挤,所以,小李他们考虑骑自行车去。小鲁担心留学生的安全,不过小李说,只要遵守交通规则就没问题。然而,又担心当天的天气情况,于是小李想听听看后天的天气预报。

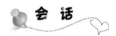

会　话

李:小鲁,后天在文化剧场有特别公演,你知道吗?
鲁:嗯,是庆祝元旦的特别公演吧。今天早上从小王那儿听说了。节目有趣吗?
李:我想会有趣的吧。
鲁:会有些什么样的节目呢?
李:唱歌有合唱和独唱。
鲁:舞蹈有什么?
李:有芭蕾舞和民族舞蹈。
鲁:戏曲呢?

李:有京剧和地方戏等。另外,还有杂技、相声、小品等等呢。

鲁:是么,真是什么都有啊。相声我非常喜欢。小李你去看吗?

李:嗳,打算去的。你呢?

鲁:如果你去的话,那我也去。如果你不去的话,那我也不去。

李:那一起去吧。小王说如果没有其他事情的话也要去。

鲁:是么。留学生石川怎么样?

李:我想邀请他的话,他会去的吧。

鲁:竹内呢?

李:竹内也说过,如果没有其他事情的话就会去。

鲁:是么。要是竹内也能一起去就好了。

李:那么,再打他手机邀请他一下看看吧。你说,到文化剧场,怎么去好呢?

鲁:先乘十八路公共汽车,然后换乘地铁就行了。不过,元旦出行的人很多,公共汽车一定很拥挤吧。

李:那么还是骑自行车去为好。

鲁:但是,石川和竹内骑车不要紧吧?

李:不要紧吧。交通信号灯中国和日本都一样,红灯是"停止",黄灯是"注意",绿灯是"前行",所以只要遵守交通规则就行吧。

鲁:是啊。那么后天几点钟出发好呢?

李:因为是元旦,所以越早越好。

鲁:如果在八点出发的话,来得及吗?

李:如果在八点出发的话,我想来得及。

鲁:后天,在哪儿会合呢?

李:大学的广场怎么样?

鲁:行啊。但是,如果当天下雨的话怎么办?

李:如果雨下得厉害的话,去了也没意思所以就取消吧。

鲁:天气不太好也去吗?

李:天气不太好也打算去。

鲁:后天如是好天气就好了。

李:是啊。今晚先试着听一下后天的天气预报吧。

日本的新年

　　日本的新年,学校、公司、商店等要休息三天至一周左右。许多人利用这休息天去旅行或者回家乡。年末与人作最后告别时,说:"祝你迎来一个好年。"

　　在大年三十,有吃迎新荞麦面的习惯。这是祈求长寿的意思。从晚上十二点起,除夕钟响。大家一边倾听除夕钟声,一边回想过去的一年。此外,在大年三十,也有许多人观赏电

视的特别节目(红白歌会等)。

一觉醒来,已经是元旦的早晨。邮递员会来送贺年卡。遇见熟人就要互相庆贺新年,说:"新年好,今年也请多多关照。"元旦的早上吃年糕汤和年节菜,然后去首次参拜。人们去附近的神社或寺庙,祈求今后一年家人的健康和幸福。

重点词例解析

1. 「祝う」(他五)庆祝
   - 誕生日を祝います。/庆祝生日。
   - 家族全員でお雑煮を食べて、新年を祝います。/全家人一起吃煮年糕庆祝新年。
   - 新年を祝います。/祝贺新年。

2. 「用事」(名)事、事情
   - 何かご用事がありますか。/请问您有什么事情?
   - 急な用事が出来たので帰らねばならなくなりました。/因为出了急事,所以我非回家不可。

3. 「誘う」(他五)
   ① 邀请,劝诱
   - 彼を誘って、一緒に行きなさい。/你约上他一起去吧。

   ② 引起,引诱
   - 悪友に誘われてとんでもないことをしました。/受坏朋友的诱惑做了一件很糟糕的事。
   - 友達を映画に誘います。/请朋友去看电影(这里的「に」表示「誘います」的目的)。

4. 「乗り換える」(自一)换乘(交通工具)换乘的对象用「に」表示。
   - 地下鉄から電車に乗り換えます。/由地铁换乘电车。

5. 「心配」(名、形、他サ)
   ① (名)担心、挂念
   - 何の心配もない。/一点也不担心。

   ② (形动)担心
   - 明日の天気は心配です。/明天的天气令人担心。

   ③ (他サ)操心、张罗
   - 彼は王さんの健康を心配しています。/他担心小王的健康。

6. 「大丈夫」(形动、名)没关系、不要紧
   - そんなに無理して、大丈夫ですか。/这样勉强干,不要紧吗?

7. 「そこで」与第五课学过的「それで」相比较,两者都是接续词,都可以译成"所以、于是"。「それで」表示由前项所述的情况而导致的某种结果或状态,属于因果接续,前因后果,是比较客观的描述,不带主观色彩。「そこで」不是因果接续,表示在前项所述的情况下,主体主动采取的措施、决定,是前场景后在那种情况下采取的动作。
   - 毎日勉強しています。それで、遊ぶ時間もありません。/每天都在学习,因此没有

玩的时间了。
　　○午後から雨が降ります。そこで、私は早く出発しました。/下午要下雨,因此我（决定）早早出发了。
8.「きっと」(副)一定、必定,表示主观较有把握的推测和意志,常和表示委婉断定与推量的「でしょう」搭配使用。
　　○6時にはきっと帰ってくるでしょう。/六点钟的时候一定会回来的吧。
　　○二人が会えばきっと喧嘩すると思いますよ。/我想那两人见面了一定会吵架。
　　○明日もきっと雨でしょう。/明天一定也会下雨吧。
9.「止まる」(自五)
　　①（交通工具等）停下、停靠
　　○この列車は次の駅で止まらないです。/本次列车在下一站不停。
　　○バスが校門のところに止まっています。/公交车停在校门口。
　　②（机械等）停止运转
　　○エンジンが止まっています。/引擎停了。
　　○時計が止まりました。/手表停了。
10.「注意」(名、自サ)
　　①当心、小心
　　○お忘れ物のないようにご注意願います。/请当心不要遗失东西。
　　○帰る時、車に注意してください。/回去的时候注意（当心）车辆。
　　②提醒、警告
　　○もし忘れていたら、一声注意してください。/我要是忘了,请提醒一下。
　　○彼に「約束を忘れないでください」と注意しました。/我提醒他不要忘记约会。
11.「進む」(自五)
　　①前进
　　○教育は時代とともに進みます。/教育要与时俱进。
　　○前に進んでください。/请往前走。
　　②先进,进步
　　○技術が進んでいます。/技术先进。
　　③（钟表等）快
　　○この時計が五分ぐらい進んでいます。/这表快了5分钟左右。
12.「間に合う」(自五)赶得上、来得及,其针对的对象用「に」来引出。
　　○いまさら後悔しても、間に合いませんよ。/现在后悔也来不及了。
　　○早く起きなければ、授業に間に合いません。/不早起的话就来不及去上课。
13.「ひどい」(形)
　　①厉害的、程度高的
　　○蚊がひどくて、やりきれないです。/蚊子太厉害,受不了了。
　　○今朝からひどい雨が降っています。/今早开始就下起了大雨。

② 过分的、无情的(言行或人)

○ 彼はひどいことをするやつです。/他真是个过分的家伙。

○ そんなことを言うなんてあんまりひどいよ。/说那种话,太过分了。

14. 「やめる」(他一)

① 停止做某事

○ 喧嘩は止めてください。/请不要再吵了。

○ 雨で学校へ行くのを止めました。/因为下雨就没有去学校。

○ 体に悪いですから、お酒を止めました。/喝酒对身体不好,所以我戒掉了。

② 辞职、停止做某事

○ 彼は数年前に学校の教師をやめました。/他几年前就辞掉了学校老师的职务。

15. 「多く」(名、副)许多、多数、大都

○ そのことは多くの議論を呼びました。/那件事引起了很多的议论。

○ この製品の多くは農村向けです。/这种产品大部分面向农村。

○ 日本から多くの友達が来ています。/从日本来了许多朋友。

○ 多くの学生が図書館を利用しています。/许多学生都在使用图书馆。

16. 「大晦日」(名)日本将一年的最后一天称作「大晦日」,即"大年三十"的意思。因为在日本,元旦即新年,是一年中最重要的节日。「大晦日」这一天也显得非常热闹,人们可以看「紅白歌合戦」(红白歌会)、听「除夜の鐘」(除夕钟声)、吃「年越しそば」(过年荞麦面)来迎接新年。

17. 「過ぎる」(自一)

① 经过、过

○ 寝ているうちに、降りる駅を過ぎてしまいました。/睡着的时候,火车驶过了要下的站。

○ 汽車はもう南京を過ぎました。/火车已经过了南京。

② 时间消逝

○ 寒い冬が過ぎて暖かい春がやってきた。/严冬已过,温暖的春天来临了。

○ 約束の時間が過ぎても、なかなか来ません。/过了约定的时间,还是没有来。

○ 時間が過ぎるのは早いですね。/时间流逝的真快。

18. 「紅白」即"红白歌会",是日本NHK电视台一年一度的男女歌手对抗赛,于每年「大晦日」之夜举行。所谓的红白二色,也就是女性和男性分组的代表色,红色代表女性,白色代表男性。男女歌手通过演唱来比赛,最后根据各自的收视率和各自所得到的评分的综合评测,分出红组胜利还是白组夺魁,可以说是日本的"春晚"。

19. 「年賀状」也就是"贺年卡"。每年近新年的时节,日本邮政局就会提醒人们在12月下旬之前把贺年卡投寄出去,以便能在1月1日当天清晨送达。与此同时,邮政局也特地设置了特别的邮箱专收贺年卡,1月1日当天清晨,邮差们会把分好的贺年卡投递到各家各户。每年的这段时间,邮政局还会聘请许多学生为临时的邮差,以便能尽快把所有的贺年卡送到。据相关的报道说,平均一个成年日本人一般会寄出并收到大约200张左

右的贺年卡,全日本一亿三千万人的贺年卡数量就可想而知了。
20.「向こう」(名)
　① 前面、正面
　○ 向こうに見える海が東京湾です。/对面看到的就是东京湾。
　② 另一边
　○ 川の向こうに村があります。/河的那边有一个村庄。
　③ 从现在起、今后
　○ 向こう一か月休みをください。/从现在起请让我休息一个月。

语法句型详解

一、动词、形容词的假定形

接续助词「ば」一般接在动词、形容词、助动词的假定形后面,表示假定条件,即表示假设某种情况发生之后会产生的直接结果,相当于汉语的"如果……";"要是……的话……"。

① 不同种类动词的假定形:
五段动词:把词尾改成该行「エ段」的假名。如:飲む→のめ→のめば
○ 今行けば、きっと間に合わないでしょう。/现在去的话,肯定来不及了吧。
一段动词:把动词的最后一个假名「る」改为「れ」。如:
受ける→うけれ→うければ
○ 七時に起きれば、バスに間に合います。/如果七点起床的话,可以赶得上公交车。
サ变动词:する→すれ→すれば
○ 普段よく勉強すれば、試験の前は遅くまで復習しなくてもいいです。/平时好好
　学的话,考试前就不用复习到很晚了。
カ变动词:来る→くれ→くれば
○ その時ここに来れば、あなたたち二人がけんかしなかったと思います。/那个时候
　如果我来的话,你们两个人就不用吵架了。
② 形容词:把词尾的「い」改成「けれ」,再加「ば」。如:
多い→おおけれ→おおければ
○ おいしければ、食べてみますが。/好吃的话我就尝尝。
③ 希望助动词「たい」、否定助动词「ない」的假定形。这两个助动词都是形容词性质的,因此进行假定形变化时按照形容词的规则进行。
○ 牛肉を食べたければ、買えばいいです。/如果你想吃牛肉的话,买下来好了。
○ 行かなければ、教えてください。/如果你不去的话,请告诉我们。

二、…てみます

「みる」在这里是作补助动词,该句型可以命名为"尝试体",表示试着做某事。
○ これは私が作った料理なので、ぜひ食べてみてください。/这是我做的菜,请一定
　尝尝看。
○ やってみなければ、分からないでしょう。/不尝试去做的话是不会知道如何的。

○ この本を読んでみましたが、あまりおもしろくありませんでした。/读了读这本书，觉得没有什么意思。

三、…ばいい(よい)

这是动词假定形构成的一个句型，表示"只要……就行"，语气比较消极，其疑问形式常用来向对方征求意见。

○ この薬は一日に何回飲めばいいですか。/这种药一天吃几次好啊？
○ わからないことは先生に聞けばいいです。/不懂的问题问老师就行了。

四、…と思います

「简体句 +と思います」或「用言未然形+ないと思います(…と思いません)」用于表示说话人(第一人称)的意见、感想、推测、判断等。现在时只能用于第一人称，其他时态可用于第三人称，另外「と」之前要求接续简体。

○ 彼はきっと来ると思います。/我想他一定会来的。

第一人称的「わたし」经常是被省略的，译成汉语时应该译出「わたし」。

○ 昨日見た映画は面白いと思いません。/我觉得昨天看的电影没什么意思。
○ 趙さんは授業があると思ったので、今日も学校に来ました。/小赵以为有课，所以今天也跑到学校来了。

五、(动词连体形)＋ほうがいい

该句型是劝对方采取某种行为的表达方式，相当于"最好……"，"还是……为好"等。「ほう」前面既可以接续动词现在时简体，也可以接续过去式简体。

○ この薬を飲んだほうがいいと思います。/最好吃了这个药。
○ 朝ごはんを食べたほうがいいです。/早饭最好还是要吃的。

六、动词命令形

动词的命令形没有后续，直接结句，可以加上终助词「よ」以缓和语气，或以引用的形式出现在会话里。表示命令，语气傲慢，一般不用，通常只限于男子使用。

① 动词的命令形

五段动词：把词尾改成该行「エ段」的假名。如：飲む→飲め
一段动词：把动词的最后一个假名「る」改为「ろ」或「よ」。
如：見る→みろ・みよ
　　サ变动词：する→しろ・せよ
　　カ变动词：来る→こい

② 动词命令形的用法

表示命令：

○ 授業に遅れるので、速く食べろ。/上课要迟到了，快点吃饭！
○ 昨日はどうして来なかったのか。はっきり言えよ。/昨天为什么没来，你得好好说清楚。

表示间接引用对方所说的话。日语中除了动词命令形之外，「なさい」「てください」等也表示向对方提出要求或命令，只不过语气很客气。在引用别人说的话的时候，可以用动词

命令形来替代「なさい」「てください」等形式,这样的句子给人感觉更加简练。
　　○ 先生は明日宿題を出せと言ったので、私は夜十二時まで宿題をしました。/老师说明天就要交作业,所以晚上我做作业一直到十二点钟。

七、…ば…ほど…
　　「ほど」是程度副助词。该句型的意思相当于"越……越……"。「ほど」前面接续「ば」之前的同一用言的原形。
　　○ お金が多ければ多いほどいいと思います。/我觉得钱越多越好。
　　○ 日本語は勉強すればするほど難しくなりませんか。/日语难道不是越学越难吗?

八、接续助词「ても」表示逆接条件
　　「用言连用形 +ても(でも)」表示转折,意为"即使……"。
　　○ 私は一人で行ってもおもしろくないでしょう。/即使我一个人去了也没有多大意思吧。
　　○ 三十分経っても、李さんはまだ来ません。/已经过了三十分钟,小李还是没有来。

九、少しぐらい
　　意为"稍微、一点点"
　　○ 少しぐらい我慢してくださいよ。/您就稍微委屈点吧。
　　○ 少しぐらい食べたら。/您吃一点点吧。

课文难点注释

1. 第191页前文第3行「留学生の竹内さんは、用事がなければ行くと言っていました。」。「言う」是瞬间动词,因此「言う」的持续体表示动作完成之后其结果或状态依然存在。所以这句话表示过去一段时间里竹内一直是这么想的,即"如果没有事的话就去"。

2. 第191页第4行「竹内さんを誘ってみようと思いました。」这里的「てみよう」是尝试体「てみる」的意志形。

3. 第191页倒数第1行「元旦は大変な人出で、…」这里的「で」表示原因。

4. 第192页第1行「魯さんは留学生の安全を心配していますが、李さんは交通規則を守れば大丈夫だと言いました。ただ、当日の天気が心配です。」这段话出现了两个「心配」,要注意一是动词用法,一是形容动词用法。

5. 第192页会话第1行「文化劇場で特別公演があるのを知っていますか。」这里的「ある」表示有,即"发生"的意思,和以前学习过的表示存在的用法不同。所以,这里的助词用「で」,而不能用「に」表示。

6. 第192页会话第4行「おもしろいだろうと思います。」的「だろう」是「でしょう」的简体形式,表示委婉的推测。

7. 第192页中间的「漫才はわたし大好きです。」这里的「わたし」后面省略了表示主语的主格助词「が」。

8. 第193页倒数第7行「大学の広場でどうですか」这是一个省略句,句中的「で」表示两人会合的地点,因此这句话补充完整应该是「大学の広場で待ち合わせるのはどうです

か」,即"在大学的广场集合如何?"。

9. 第198页阅读文第1行「…学校や会社、店などが休みになります。」句中「休みになります」可以作为一个词组加以记忆,在这里用「…になる」表示一种变化的结果,即"(到了新年)学校、公司和商店什么的都会休息"。

○ 明日は郵便局は休みになりますから、手紙を出すことができません。/明天邮局休息,所以无法寄信。

10. 第198页阅读文第5行和第8行的「みんなは鐘の音に耳を傾けながら、過ぎていく年を思います」、「郵便屋さんが年賀状を配達して来ます」两句的「行く」和「来る」都是补助动词,接在动词连用形+「て」后面,构成「…てくる」和「…ていく」两个句型,分别有以下几种用法。

① 表示移动的趋势。「…てくる」表示在说话人看来,物体进行由远及近的移动,可译为"……来";而「…ていく」则表示物体进行由近及远的移动,可译为"……去"、"……走"等。

○ お客さんが店に入ってきました。/客人到店里来了。
○ 李さんは歩いてきました。/小李走过来了。

以上两个例句,都表示事物由远及近的移动,再看下面两个例句。

○ 鳥が飛んでいきました。/小鸟飞走了。
○ バスが出ていきました。/公交车开走了。

② 表示事态的发展(出现或消失)以及时间的推移。「てくる」表示事物从过去到现在,或事态的程度由低向高的发展状况,而「ていく」则表示事物由现在到将来,或事态的程度由高到更高的发展状况。

○ 寒くなってきました。/天气冷起来了。
○ 大学院を受験する学生は多くなってきました。/报考研究生的学生多起来了。
○ これからはもっと寒くなっていきます。/现在开始天气还将更加寒冷。
○ 日本語は勉強すればするほど難しくなっていきます。/日语是越学越难。

随堂自测练习

一、汉字注假名。

用事　携帯電話　安全　規則　大丈夫　当日　今朝　独唱　芝居　漫才

二、假名写汉字。

ふるさと　　　ねんまつ　　　　さいご　　　　　じょや
かね　　　　　こうはくうたがっせん　　　　　　ゆうびんや
ねんがじょう　　りょうり　　　けんこう

三、四选一。

1. これはあした母に＿＿＿＿しゃしんです。
　① のま　　　② のみ　　　③ のむ　　　④ のめ
2. 日本では＿＿＿＿とき、「おかえり」と言います。
　① かえる　　② かえって　③ かえった　④ かえっていた

3. おばあさんのにもつを＿＿＿＿あげたら、おばあさんはとてもよろこびました。
   ① もった　　　② もって　　　③ もとう　　　④ もつと
4. あの人はほんとうに＿＿＿＿のですか。
   ① 学生　　　② 学生だ　　　③ 学生な　　　④ 学生と
5. 子どもたちにものをたいせつにする＿＿＿＿いつも言っています。
   ① ことが　　　② ことに　　　③ ような　　　④ ように
6. 子供はまだ3さいです。山の上まで＿＿＿＿のはむりでしょう。
   ① 歩ける　　　② 歩かれる　　　③ 歩かせる　　　④ 歩いた
7. ＿＿＿＿そうなレストランだったので、入りませんでした。
   ① たかい　　　② たか　　　③ たかく　　　④ たかくて
8. わたしは子どものとき、けがをして入院＿＿＿＿ことがあります。
   ① する　　　② しない　　　③ して　　　④ した
9. けさ、6時ごろから雨が＿＿＿＿始めました。
   ① ふる　　　② ふり　　　③ ふって　　　④ ふったり
10. もし、ことばの意味が＿＿＿＿、先生にしつもんしてください。
    ① わからなかったら　　　　　② わからなくて
    ③ わからないと　　　　　　　④ わからないで
11. 外国語を勉強しても、＿＿＿＿ば忘れてしまいます。
    ① 話さなく　　　② 話さない　　　③ 話さないで　　　④ 話さなけれ
12. 客：「すみません、この帽子、かぶって＿＿＿＿いいですか。」
    店員：「はい、どうぞ。」
    ① しても　　　② みても　　　③ くれても　　　④ あっても
13. A「今日は寒かったですね。明日も寒いでしょうか。」
    B「＿＿＿＿。」
    ① へえ、寒いですね　　　　　② ええ、きっと寒いと思います
    ③ ああ、明日も寒くないでしょう　④ なるほど、とても寒かったですよ
14. 熱が高い時は、無理を＿＿＿＿ほうがいい。
    ① しない　　　② しなくて　　　③ しないで　　　④ せず
15. 電車に遅れる。＿＿＿＿。
    ① 急がず　　　② 急ぐな　　　③ 急ぎ　　　④ 急げ

四、填空。
1. ご用事があれ（　　）、電話（　　）知らせてください。
2. 雨が降っ（　　）（　　）、やはり行きますか。
3. 若い時いろいろなことをべんきょうしなければならない（　　）思います。
4. すこし（　　）（　　）（　　）値段が高くても、買う人がいます。
5. 読めば読む（　　）（　　）、その意味が分からなくなりました。
6. 出発は早（　　）（　　）（　　）早いほどいいです。

7. 問題があれば、先生に聞け(　　)いいです。

8. 食べて(　　)なければ、そのおいしさが分からないのです。

9. タクシーが大学の正門(　　)止まりました。

10. 昨日、私はインド料理を食べて(　　)ました。

五、汉译日。

1. 怎样去南京师范大学？

2. 我觉得他明天有事，所以不会去的。

3. 人越多越好。

4. 因为是奥运会，所以即便下雨，我也要去看。

5. 最好早睡早起。

六、日译汉。

1. 南の方へ行けば行くほど、暑いです。

2. あなたが行かなくても、私はやはり行きます。

3. 早くタバコをやめたほうがいいです。

4. 学校の規則を守ればいいです。

5. 李さんの作った料理を食べてみたが、おいしかったのです。

第十五課　料　理

本课学前重点提示

① 样态助动词「そうだ」的接续和用法。
② 接尾词「やすい」「にくい」接动词连用形构成复合形容词的用法和意义。
③ 「には」表示目的的用法。
④ 接尾词「さ」接在形容词、形容动词词干后构成名词的用法和意义。
⑤ 顺态假定接续助词「と」的用法。
⑥ 「かどうか」的用法。
⑦ 动词句敬体与简体的对应与区别。

课文翻译

前　文

　　下星期有大学文化节。小李的班级考虑搞一个牛肉盖浇饭的临时小吃店。为了学习牛肉盖浇饭的做法，小李拜访了安部。牛肉盖浇饭很受日本人的欢迎。安部一边做牛肉盖浇饭，一边详细地说明了它的做法。做好的牛肉盖浇饭看上去味道十分鲜美。
　　小李一边听安部的说明，一边做了详细的记录，安部看了小李的记录鼓励他说，临时小吃店一定会成功的。

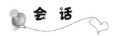

会　话

李　：有人吗？
安部：来了，是谁呀？
李　：我是小李。
安部：呵，小李，欢迎。
李　：你好！
安部：你好。请进。
李　：那么，打搅了。我说，有一件事想请你帮忙，行吗？
安部：行，请讲。
李　：嗳。下星期有大学文化节的活动吧。

安部：是的。好像是下星期六吧。
李：　我们班想搞一个日本菜的临时小吃店。
安部：这真令人期待啊。同学们打算做什么呢?
李：　日本菜也有难做的和容易做的吧?
安部：那倒是的。大学文化节的活动还是做容易的为好啊。
李：　正如你说的那样。所以,商量的结果,大家想做牛肉盖浇饭。
安部：这是一个好主意啊。牛肉盖浇饭很受日本人欢迎啊。
李：　是么。能不能教我一下它的做法呢?
安部：好啊。现在马上就做。请看好。(十分愉快地开始做了起来。)
李：　好。
安部：要做牛肉盖浇饭,首先切洋葱。先纵向切成两半,然后切成薄片。
李：　好。
安部：接下来切牛肉。
李：　大小呢?
安部：切得大小适中就行了。
李：　嗳。这牛肉看上去很新鲜啊。
安部：是的。可能的话,尽量用牛腿肉。
李：　嗳。
安部：接下去把锅加热一下,再稍放一些油。然后放入牛肉和洋葱炒。
李：　青豌豆也要放吗?
安部：不,青豌豆不炒。
李：　盐呢?
安部：不用盐。放入高汤汁和调味品。
李：　放什么样的调味品?
安部：放酒、砂糖、酱油、料酒等。
李：　嗳。
安部：将它煮五分钟左右之后,关火。
李：　看上去快要做好了吧?
安部：是的。将它放在热饭上面,然后再放上青豌豆。好,做好了。
李：　看上去味道不错啊。这是几个人的份儿?
安部：四个人的份儿。怎么样? 小李,牛肉盖浇饭的做法不太难吧?
李：　是的,好像不难。不过,做牛肉盖浇饭的要点是什么呢?
安部：牛肉不可煮的太久。煮久了会变硬。嗯……另外,除了洋葱之外,再放一些其他蔬菜的话味道会更好。
李：　是么。我一边看刚才的做法,一边做了记录。这记录有没有错,帮我看看好吗?
安部：好的。(看记录)记得很好啊。同学们的临时小吃店一定会成功的。请把这牛肉盖浇饭拿去吧。

李: 可以拿走的吗?
安部: 可以。不知合不合大家的胃口,请尝一尝吧。
李: 安部,今天真是太感谢你了。

牛肉盖浇饭的做法

(1) 切洋葱和牛肉。
(2) 加热锅,然后放入油。
(3) 炒牛肉和洋葱(青豌豆不炒,盐不用。)
(4) 放入高汤汁和调味品。
(5) 煮五分钟左右之后关火。
(6) 放在热饭上,再放上青豌豆。

(1) 牛肉不可久煮,煮久了会变硬。
(2) 另外再放上些蔬菜的话,味道更好。

派　对

　　你偶尔跟朋友聚在一起,举行热闹的派对吗?派对的菜肴什么都行。比如,你自己做的纸杯蛋糕或者三明治等。大家聚集在一起的时候,有点饮料或者吃的东西的话,无论是过去熟悉的人,还是第一次见面的人,都一定会产生温馨的气氛,也容易变得亲近起来。
　　今后,举行邀请外国人也参加的派对的机会也会多起来吧。这时候,菜肴会成为一种媒介,使得互相能够了解对方的国家。近来,留学生们也经常举行派对,如生日会、圣诞会、毕业时的告别会等等,你也参加过吧。

重点词例解析

1. 「牛どん」(专名)「牛どん」的「どん」在日语里是「丼物(どんぶりもの)」,即"大碗"的简称。「牛どん」就是大碗牛肉盖浇饭,在日本因价格便宜、量多实惠而深受欢迎。
2. 「詳しい」(形)详细,对某事物非常熟悉。
　　○ そのことについて、詳しく説明してください。/关于这个,请再详细地加以说明。
　　○ 私はこの町の生まれですから、ここに詳しいのです。/我是这个城市出生的,所以对它很熟悉。

○ 彼は日本語に詳しいです。/他精通日语。

3. 「実は」(副) 说真的,老实说,其实(毫不隐瞒地说出真像时用)。
   ○ 実は、今朝ついたばかりです。/说实话,今早刚到。

4. 「うち」(名词) 我们,我们这一方。日语里经常用「うち」来代表我(们)或我(们)这一方,整个句子的用语基调较为谦卑。还有用「うちの」来修饰体言的形式。
   ○ この計画はうちで立てましょう。/这个计划我们来定吧。
   ○ うちの学校は今度スピーチコンテストで優勝しましたよ。/我们学校在这次演讲比赛中获胜了哦。

5. 「作り始める」(他一) 是动词「作る」的连用形加上「始める」构成的复合词。在日语中,具有同样构词法的词语还有很多。比如:「作り終える」、「読み始める」、「読み終える」等等。

6. 「切る」(他五)
   ① 切,割,截断
   ○ 包丁で野菜を切る/用菜刀切菜
   ○ 切符を切る/检票
   ② 断绝(关系)
   ○ 親子の縁を切る/断绝亲子关系
   ③ 关上(电源),挂(电话)
   ○ スイッチを切る/关掉开关
   ○ 電話を切る/挂电话

7. 「適当」(形动)
   ① 适当、恰当
   ○ 車を適当なところに泊ってください。/请在合适的地方停下车。
   ○ たまねぎを適当な大きさに切ってください。/请将洋葱切成合适的大小。
   ② 随便应付
   ○ 適当に顔を出した方がいいですよ。/你好歹还是露个面的比较好。
   ○ 適当にあいさつをしておいてください。/你最好随便打个招呼敷衍一下。

8. 「止める」(他一)
   ① 关闭
   ○ 五分煮てから、火を止めます。/煮五分钟之后把火关了。
   ○ いくら止めようと思っても、涙が止まらなかった。/眼泪怎么也抑制不住地流下来。
   ○ 出かける時は、ガスを止めてください。/外出时请把煤气关了。
   ② 让……停下
   ○ 手をあげて、タクシーを止めました。/抬起手,拦下了一辆出租车。
   ○ 校門の前に車を止めてください。/请把车停在校门口。

9. 「載せる」(他一)
   ① 放、搁、托
   ○ 食器をテーブルに載せます。/把餐具放在餐桌上。
   ○ 魚を丸いお皿に載せます。/把鱼盛在圆盘子里。
   ② 登载
   ○ 小説を新聞に載せるとき、実名は載せないです。/小说登报的时候,真名是不刊载的。

10. 「野菜」(名)指日常生活中吃的蔬菜,汉语中的"野菜"日语称为「山菜」,读做「さんさい」。

11. 「それほど」(副)后接否定表达,表示不完全否定,译为"不太……"。
    ○ この小説を読んでみましたが、それほどおもしろくないです。/读了一下这本小说,觉得没什么太大的意思。

12. 「口に合う」和「口に合わない」这两个词,翻译成中文,分别是"合口味"、"不合口味"。
    ○ いかがでしょうか。この料理はお口に合いますか。/怎么样?这个菜对您的口味吗?
    ○ このスープはあまり口に合っていません。/这个汤不怎么合口味。

13. 「開く」(自他五)
    ① (他动词)打开、敞开、召开、举办
    ○ 本を85ページに開いてください。/请把书翻到85页。
    ○ 友人に心を開きます/对朋友推心置腹
    ○ 送別会を開きました/开了个送别会
    ② (自动词)打开着、开,敞开、开放
    ○ つぼみが開きました。/花蕾绽放了。
    ○ このショップは朝10時に開きます。/这家商店早上10点开门。
    ○ ドアが開いています。/门打开着。

14. 「今度」(名)
    ① 这回、这次、最近一次
    ○ 今度の先生は年配の方なんです。/这次来的老师是位老年人。
    ○ 今度日本に留学することになりました。/最近决定要到日本去留学。
    ② 下回、下次
    ○ 今度の日曜日は何日ですか。/下个星期天是几号啊?

15. 「出会う」(自五)碰见、邂逅
    ○ 彼と出会って、もう3年になります。/和他相识,已经有3年了。
    ○ いいチャンスに出会いました。/我遇到了一个很好的机会。

16. 「気分」与「気持ち」(名词)的区别:
    ①「気分」表示心情愉快
    ○ ドライブに行くと、気持ちがよくなります。/去兜个风会感到浑身舒服。

○ 今日はあまり気分がよくないですが。/今天心情不太好。

② 「気分」词义较为抽象，表示笼统的心情的概念。「気持ち」的含义则比较具体，用来表示具体的思考、想法、心情等。

○ 心配することがあって、映画を見る気分にはなりません。/担心某事，根本没有心情看电影。

○ 君の気持ちは十分わかっています。/我完全理解你的心情。

③ 「気持ち」表示由于外部因素引发的一种感情、情绪，「気分」表示由内心深处产生的一种感受。

○ 煙りたくて、気持ちが悪いです。/烟雾缭绕，实在是很不舒服。

○ 母の手術を心配していますから、仕事をする気分になりません。/想着母亲的手术，所以没有心情工作。

④ 「気分」表示抽象概念时还可以指外部气氛、氛围。

○ そろそろ新年になりますので、町中はお正月の気分です。/因为马上就要过年了，整个镇上都洋溢着春节的气氛。

○ 北京と上海とでは、気分が違いますね。/北京和上海的城市氛围不一样。

17. 「きっかけ」(名) 契机、机会

○ 漫画が好きになったことをきっかけにして、日本語を勉強したいと思ったのです。/我喜欢漫画，并以此为契机，想要学日语的。

语法句型详解

一、样态助动词「そうだ」

「そうだ」是指讲话者的视觉印象。接续在动词连用形和形容词、形容动词词干后面。意为"看上去要……；眼看要……"。特例：よい→よさそうだ； ない→なさそうだ

形容词接样态助动词的肯定形式是：「词干 + そうです」

○ 彼女は綺麗な服をもらって、嬉しそうです。/她得到一件漂亮衣服，看上去很开心。

○ この靴はきれいですが、高そうです。/这双鞋子是好看，可是看上去很贵。

○ このりんごは大きくておいしそうです。/这个苹果大大的，看起来味道好像不错。

形容词接样态助动词的否定形式是：「词干 + くなさそうです」

○ この本はおもしろくなさそうです。/这本书好像没什么意思。

形容动词接样态助动词的肯定形式是：「词干 + そうです」

○ この部屋は静かそうで、勉強ができます。/这个房间好像很安静，可以在这里学习。

○ 彼は毎日家にいるので、暇そうです。/他每天都在家，好像很清闲的样子。

形容动词接样态助动词的否定形式是：「词干 + ではなさそうです」

○ ここは静かではなさそうです。/这里好像不是很安静。

动词接样态助动词的肯定形式是：「连用形 + そうです」

○ 李さんは英語に興味がありそうです。/小李好像对英语很有兴趣。

○ もう十時ですから、彼女は遅くなりそうです。/已经十点了,她看来是要迟到了。

动词接样态助动词的否定形式是:「连用形＋そうもありません」或「连用形＋そうではありません」。前者推断语气强,即主观性比较强,而后者则侧重于客观描述。

○ 試合がすぐ終わりそうもありません。/比赛看来好像一下子完不了。

做状语与定语。「そうだ」是形容动词形助动词,因此除了用来结句之外,还可以用「そうな」修饰体言,用「そうに」修饰用言。

○ 彼は嬉しそうに、お土産を受け取りました。/他很愉快地接受了礼物。

○ 山下先生は、厳しそうな顔をしています。/山下老师总是板着一副看起来很严厉的面孔。

二、接尾词「やすい」、「にくい」

接在动词连用形后面,构成复合形容词,「…やすい」意为"容易……";「…にくい」是"难以……"。

○ 東京は物価が高くて、住みにくいです。/东京物价比较高,难以生活。

○ この本は読みやすいです。/这本书很好懂。

复合形容词也可以像其他形容词一样在句中作状语或定语。

○ 先生はわかりやすく説明しました。/老师浅显易懂地进行了说明。

○ 彼は相談しやすい人です。/他是个很好说话的人。

三、形式体言「とおり」

可接在动词连体形以及「体言＋の」后面,意为"如同……"、"和……一样"、"按照……"。

○ それは彼の言ったとおりです。/那件事完全如他所说的那样。

○ 青木さんは約束したとおり、お土産をくれました。/青木按事先的约定,送给我了礼物。

四、「には」表示目的

「には」接在动词连体形后面,表示目的,常用于规范性、习惯性事项,即表示无论是谁,要做这件事,都起码应该满足这个条件或规范,因此后项常接续「なければならない」、「たほうがいい」等表述,意为"要想……就得"、"最好……"、"如果要……就应该……"等。

○ 野球が上手になるには、毎日練習しなければなりません。/要想打好棒球,就得每天练习。

○ アメリカへ行くには、何で行けばいいでしょうか。/要去美国的话,得坐什么去才好呢?

○ 生活を楽しむには、健康な体を持たなければなりません。/要想享受生活,必须锻炼出一个健康的好身体。

○ 川を渡るには、何が必要とされますか。/要想过河的话,需要什么工具呢?

五、格助词「に」接在体言后面表示动作、作用的结果

○ 六時になりました。/已经六点钟了。

○ 子供を教師にしたいです。/我想把孩子培养成教师。

「动词连体形+ことに決める/する」表示决定要做某事。
- いろいろ考えた結果、アメリカへ行くことに決めました。/再三考虑的结果是决定去美国。
- 北京で仕事をすることにしました。/决定在北京工作。

六、接尾词「さ」

「さ」接在形容词和形容动词词干后面,使形容词和形容动词体言化,表示具体的性质和状态程度。如:暑さ、寒さ、うれしさ、よさ、すばらしさ、高さ、静かさ、親切さ、大変さ等。
- 富士山の高さは3776メートルです。/富士山的高度是3776米。
- 中国料理のおいしさは、今でも覚えています。/中国菜的美味现在仍然记忆犹新。

七、それほど…(接否定)

副词「それほど」的含义是"那么、那样的",后续否定表达,表示不完全否定,意为"不太……"。
- 外はそれほど寒くないですよ。/外面也没有那么冷啦。
- これはそれほど難しくないでしょう。/这也没那么难吧。

八、用言、助动词终止形+「と」

「と」接在用言、助动词终止形后面,表示一旦满足一个条件,就会产生某种结果,意为"一……就……"。一般不用「〜でもいいです」「〜たいです」「〜しましょう」「でしょう」「〜ほうがいいです」「〜てください」等结句。
- 塩を入れると、塩辛くなります。/放些盐的话就会咸。
- 読んでみると、その本のおもしろさが分かります。/读读看就会明白这本书的有趣之处。

九、…「かどうか」

接在体言、形容动词词干及动词、形容词、助动词的终止形后面,表示"是否"的含义。需要的时候可以后续助词。
- 本当かどうか、彼に聞けばわかるでしょう。/是真是假,问问他便知。
- 綺麗かどうか、着てみるとわかります。/穿穿就知道好不好看了。

十、日文的文体

这里我们通过下表来复习一下动词谓语句的敬体和简体形式。

动词敬体句与简体句

时态	肯定(敬体)	肯定(简体)	否定(敬体)	否定(简体)
现在/将来	読みます	読む	読みません	読まない
过去	読みました	読んだ	読みませんでした	読まなかった
持续体(现在)	読んでいます	読んでいる	読んでいません	読んでいない
持续体(过去)	読んでいました	読んでいた	読んでいませんでした	読んでいなかった

第十五課　料　理

课文难点注释

1. 第202页前文第2行末的「牛どんは日本の人にとても人気があります。」这句话中的「に」表示评价的基准，即"对于日本人来说，牛肉盖浇饭是很受欢迎的"。

2. 第202页第4行「できた牛どんはとてもおいしそうでした。」动词过去式简体「た」在这里表示完成的状态，和「ている」表示相同的含义，即"已经做好了的……"。

3. 第203页会话第7行「実は安部さんに一つお願いがあります。」这里的「に」表示动作所及的对象，即"说实话，有一件事情要拜托你"。

4. 第203页第11行「ええ、たしか来週の土曜日ですね。」的「たしか」是个副词，表示"大概"、"好像"等意，而第14课学习过的「たしかに」则是"肯定"、"确实"的意思，要注意区分使用。

5. 第203页第16行「ですから、相談した結果、みんなは牛丼を作ろうと考えました。」要注意日语「～た結果」的用法，表示"……的结果"；……后。这句的意思是："因此，商量的结果，大家考虑做牛肉盖浇饭。"另外，如：
　　○ いろいろ考えた結果…。／考虑再三的结果……
　　○ 何回も実験した結果…。／多次实验后（终于获得了成功）……。

6. 第203页倒数第5行「縦半分に切ってください」的「に」表示「切る」的结果，即竖着切成两半。

7. 第204页第3行「牛肉はできればもも肉を使ってください」的「できれば」可以作为一个副词词组来记忆，表示"可能的话"、"尽量"等含义。

8. 第211页读解文第1行「お友達どうし集まって、にぎやかなパーティーを開きませんか。」的「どうし」后面省略了表示主语的「が」。

9. 第211页倒数第3、2行「みんなが集まったとき、何か飲み物や食べ物があれば、以前から親しい人も、今度はじめて出会った人も、きっとあたたかい気分になり、仲良くなりやすくなります。」这句话里面，动词「た」形表示的是将来完成时，所以两处分别应该翻译成"将来大家聚在一起的时候"、"第一次见了面的人"。
　　○ 明日、早く来た人は掃除をしなさい。／明天早到的人请打扫卫生。

10. 第212页第2、3行「そんな時、食べ物がきっかけになって、お互いの国を理解しあうことができるでしょう。」这句话的意思是"那时、食物就能成为各国人们互相理解的契机了吧"。

随堂自测练习

一、汉字注假名。

停留所	乗車券	降りる	支度	本物	青春	披露	成績
怒る	弁当	衝突	予測	日付	数日	唯一	譲る
冗談	怠ける	断る	習得	比喩	無駄	大幅	出勤
遅刻	身近	宿泊	一流	感謝	検討		

二、假名写汉字。

うんてん	はっしゃ	じゅうたい	べっか	ざんねん
よくじつ	なまいき	たいど	なみだ	むかしばなし
せおう	しょくぶつ	ていあん	けいかく	あいどくしょ
かしだし	きょうよう	さよう	じんせい	じつぶつ
かんどう	じょうたつ	わだい	じょうひん	えいぎょうぶ
めんせつ	かくにん	じっしゅう	よてい	でんごん

三、译下面词语为日语外来词。

压力　　顺利　　护照　　电梯　　亚洲　　速度　　服务台　　期刊
交流　　媒体　　签字　　彩色胶卷　　凉鞋　　驾车　　放松　　控制
西班牙　　小提琴　　上下班高峰时间　　广播

四、四选一。

1. 山田先生はいつも＿＿＿＿そうな本を読んでいます。
   ① 難しい　　② 難しいの　　③ 難し　　④ 難しく
2. 夜は暗くて歩いている人が＿＿＿＿にくいので、注意して運転します。
   ① 見える　　② 見えた　　③ 見えて　　④ 見え
3. 大学の友達は、英語の先生＿＿＿＿なりました。
   ① で　　② を　　③ に　　④ から
4. あの花は5月に＿＿＿＿と、咲きません。
   ① ならず　　② ならなけれ　　③ ならなく　　④ ならない
5. 田中さんが大学を卒業できた＿＿＿＿知っていますか。
   ① ように　　② かどうか　　③ だろうを　　④ ことが
6. 休みの日は映画を＿＿＿＿たり、買い物をしたりします。
   ① みる　　② みた　　③ みつ　　④ み
7. はじめは言葉もわからない＿＿＿＿、友達もいない＿＿＿＿、本当に大変でした。
   ① や、や　　② し、し　　③ ても、ても　　④ たり、たり
8. レポートはペン＿＿＿＿書いてください。
   ① か　　② の　　③ が　　④ で
9. 地震＿＿＿＿ビルが倒れました。
   ① を　　② と　　③ に　　④ で
10. 日本の音楽はまだ聞いたこと＿＿＿＿ありません。
    ① を　　② に　　③ で　　④ が

五、日译汉。

1. 後10分ぐらいすれば彼は帰ってくると思います。
2. これはあなたへの祝福です。
3. なんと言っても彼はあなたの弟だから、許してあげてください。
4. 運動会は雨で来週に延ばします。

5. 遊んでばかりいないで、早く勉強しなさい。
6. 三月になると、桜の花が咲きます。それで、多くの日本人は花見に行きます。
7. 田中先生の説明はわかりにくいですが、佐藤先生の説明はわかりやすいです。
8. お口にあうかどうかわかりません。
9. 先生のおしゃったとおりにしなさい。
10. 電車に間に合うには、八時に家からでなければなりません。

六、汉译日。

1. 如果平时努力学习,考试前就不用学到那么晚了。
2. 昨天我去百货店,买了围巾,喝了咖啡就回家了。
3. 我往后一看,只见田中正在笑。
4. 孩子正在睡觉,请把音响的声音调轻些。
5. 早些去,说不定还赶得上。
6. 小李不去,小王去。
7. 爱喝酒的人未必酒量大。
8. 弟弟喜欢唱片,我想送唱片给他。
9. 我没有吃过生鱼片。
10. 看上去他精神不好。

第十六課　インタビュー

本课学前重点提示

① 理由后置句「…のは…からです」。
②「…について」(关于…)、「…にとって」的接续与用法。
③「动词现在时＋ことがあります」表示"有时……"的用法。
④ 表示动作、状态交替反复出现的并列助词「たり…たり…」的接续条件与用法。
⑤ 在某事前或后做某事的「…する前に…」和「…した後で…」。
⑥ 和否定句呼应的副词「ぜんぜん」表示完全否定的用法。
⑦ 表示列举事项、加强语气的接续助词「し」的意义和用法。
⑧ 格助词「で」的另外几种典型用法。

课文翻译

前　文

最近，来中国的留学生增加了。在我们的大学里，现在有来自美国、日本、英国、法国、德国、加拿大等十几个国家的留学生二百五十名左右。今天，担任大学报记者的小李向留学生做了采访。

许多留学生之所以想来中国留学是因为对中国的文化有兴趣。关于生活环境，他们回答说："因为安全，所以很好。"当然，也有人说存在噪音以及污染等问题。他们来中国之后偶尔也生病。生病的时候有时去医院，有时在大学的医务室接受治疗。

留学生都有很多的中国朋友，平时经常使用汉语。因此，语言的差异，对他们来说不是一个太大的问题。

会　话

记者：　我是大学报的记者，姓李。这是我的名片。请多关照。
众：　　彼此、彼此。
记者：　在我们的大学里，现有留学生二百五十名左右，来自十几个国家。今天我想就大家的留学生活向各位做采访，请多关照。首先，请问你们来中国之前就已经了解了中国吗？

山田： 是的。我读了许多介绍中国的书,所以事先很了解中国的情况。
南希： 我来之前一点都不了解中国。
记者： 当初你们为什么想来中国留学呢?
佐藤： 因为我对中国的文化有兴趣,尤其看了关于北京奥运和上海世博会等的电视节目后,想来中国留学了。
约翰： 我是因为自己认为如果来中国留学的话,汉语也许会好起来。
记者： 感到生活环境怎么样?
山田： 我认为很好。
记者： 为什么认为很好呢?
山田： 是因为安全。
记者： 皮埃尔,你认为怎么样?
皮尔埃： 我也认为是个既安全又好的地方。但是,我认为也存在各种各样的问题。
记者： 比如说呢?
皮埃尔： 大学的周围有点嘈杂,还有各种污染问题,我认为对留学生来说环境不太好。
山田： 不过,我认为这一带大学很多,公园又近,对留学生来说很方便的。
记者： 对目前住的宿舍感觉怎么样?
怀特： 我非常满意。
玛利： 我不太满意。
记者： 对这一带的交通感到怎么样?
怀特： 我感到不太方便。
记者： 对这儿的气候感到怎么样?
山田： 大致跟日本一样。不过,这两天一会儿热,一会儿冷,有点受不了。
记者： 各位来到中国之后生过病吗?
山田： 嗯,不注意身体的话,有时也生病。我生过一次病。
南希： 我生过两次病。
玛利： 我一次也没生过。
记者： 生病的时候,怎么办?
南希： 去医院,或者在大学的医务室接受治疗。
记者： 大学的生活怎么样?
约翰： 开始时够呛,现在完全习惯了,所以很愉快。
记者： 星期天做什么?
皮埃尔： 看看电影,上街买买东西什么的。
记者： 有中国朋友吗?
约翰： 嗯,有许多中国朋友,他们常常来留学生宿舍玩。
记者： 大学的学习紧张吗?
皮埃尔： 嗯,上课的时间长,作业又多,非常紧张。
记者： 有时要通宵达旦吗?

皮埃尔：不，学到很晚的情况是有的，但通宵达旦是没有的。
记者：　课堂的内容全懂吗？
皮埃尔：有时懂，有时不懂。
南希：　我也感到有的课容易懂，有的课难懂。
记者：　什么样的课难懂呢？
南希：　老师说话快的课难懂。
记者：　讲课听不懂的时候怎么办？
南希：　借班上同学的笔记来学习。
记者：　教材怎么样？
玛利：　我感到教材中插图很多，容易懂。
山田：　我认为教材不太好。
记者：　为什么认为不好？
山田：　因为教材中的语言旧了点，对实际生活不太有用处。
记者：　各位平时说汉语吗？
佐藤：　嗯，因为有很多的中国朋友，所以经常说汉语。
记者：　语言的差异对各位来说是一个大问题吗？
佐藤：　不，因为中国人都很热情，所以语言的差异对我们来说不是太大的问题。
记者：　想问大家的问题还有很多很多，由于时间的关系，我想采访到此结束。接下来发给大家问卷调查的题目，请各位务必合作。今天非常的感谢。

关于留学生活的问卷调查表
（请在符合你的地方划圈）

(　　)1. "来中国前了解中国的情况吗？"
   a. 非常了解。 b. 有一点了解。 c. 毫无了解。

(　　)2. "为什么想来中国留学？"
   a. 汉语会熟练。 b. 对中国文化有兴趣。 c. 其他。

(　　)3. "对目前住的宿舍感到怎么样？"
   a. 非常满意。 b. 尚满意。 c. 不太满意。

(　　)4. "来中国之后生过病吗？"
   a. 生过一次病。 b. 经常生病。 c. 没生过病。

(　　)5. "大学的生活愉快吗？"
   a. 愉快。 b. 不太愉快。 c. 不愉快。

(　　)6. "学习环境好吗？"
   a. 好。 b. 不太好。 c. 不好。

(　　)7. "大学的学习紧张吗？"
   a. 紧张。 b. 不太紧张。 c. 不紧张。

(　　)8. "语言的差异对于你来说是个大问题吗？"
   a. 是个大问题。 b. 不是太大的问题。 c. 不是大问题。

(　)9. "平时经常说汉语吗?"
　　　　a. 经常说。　　　b. 有时说。　　　c. 不大说。
(　)10. "有中国朋友吗?"
　　　　a. 有许多。　　　b. 有一些。　　　c. 没有。

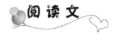

通过家庭寄宿了解中国

　　生活在留学生专用宿舍的外国留学生,由于接触中国人日常生活的机会少,所以不了解中国人的真实情况。但是,如果进入中国人家中的话,就能了解到中国人的意想不到的一面。所以,想要了解中国人真实情况的留学生,请一定在中国人的家里逗留一下。

　　最近,希望接受留学生家庭寄宿的中国人多起来了。当你好几天住在中国人的家里,一起生活的时候,你不再是"客人",而成为"家庭一员"。在家庭中一起度过的时间越长,越是了解真正的中国和中国人的好机会。但同时也必须遵守这个家庭的习惯和规矩。

　　首先要明确的是"不能做的事"和"必须做的事"。每个家庭都有它各自的习惯和规矩。再说,对于中国独有的习惯,中国人自己有时也会没有意识到。凡是你感到不可思议的事情,都不妨试着问一下。

重点词例解析

1. 「病気」(名) 生病,表达"生病"的意思时,通常用词组「病気になる」。
    ○ 病気になった時、病院で診てもらったほうがいいです。/生病的时候最好去医院看一看。
2. 「手当て」(名)
    ① 治疗
    ○ 応急の手当てをします/进行急救
    ② 津贴
    ○ 仕事効率のよい人には手当を出します。/给工作效率高的人发津贴。
    ○ 残業手当てはありません/没有加班津贴
3. 「普段」(副) 平时
    ○ 普段から予習や復習をしっかりすれば、試験の前は徹夜などしなくてもいいですよ。/平时就把预习和复习工作做好的话,考前就不用熬夜了。
    ○ うちでは、ふだん着物を着ます。/我们家,平时都穿和服。
4. 「名刺」(名) 名片。日本人在初次见面时通常会交换名片。初次见面不带名片,会被视为失礼或不好交际。互赠名片时,要先行鞠躬礼,并双手递交名片。接到对方名片后,要认真看阅,用点头表示已清楚对方的身份。日本人认为名片是一个人的代表,对待名片就像对待他们本人一样。如果接过名片后,不看而随手放入口袋,便被认为失礼。如果去参加谈判或其他活动,必须向房间里的每一个人递送名片,并接受他们的名片,这是表示

相互友好和尊敬的一种方式。

5. 「全然」(副)后续否定表达,表示"完全不……"
   ○ この本は全然おもしろくありません。/这本书一点意思也没有。
   ○ ご飯を作ることには全然興味がありません。/我对做饭一点兴趣也没有。
   ○ このような難しいことはぜんぜんできません。/这么难的事情,根本无法完成。
   ○ 田中先生の説明は分かりにくくて、全然わかりません。/田中老师的解释难懂,根本不明白。

6. 「満足」(名、形动、自サ)满足。感到满足的对象用助词「に」来表示
   ○ 彼らは新婚夫婦ですが、今の生活に満足しています。/他们虽然是新婚夫妇,但他们对于现在的生活感到很满足。
   ○ 李さんは少しの成績にすぐ満足する人ですね。/小李是有一点成绩就会满足的人呀。

7. 「このごろ」、「近ごろ」和「最近」的区别
   ① 表示从以前到现在,表示持续的状态。
   ○ このごろこの辺はとても賑やかです。/近来这一带很热闹。
   ○ 近ごろあの人と会っていません。/最近没有和那个人见面。
   ○ 最近、物価が高くなっています。/最近物价在上涨。
   ② 表示某具体动作时,一般用「最近」,也可用「近ごろ」,不用「このごろ」。
   ○ 王さんは最近日本へ行きました。/小王最近去了日本。
   ○ 近ごろ藤井さんは結婚するそうです。/听说最近藤井要结婚了。
   ③ 时间单位不同。「このごろ」多以天数为时间单位,「近ごろ」的时间范围稍宽,可表示年、月。「最近」时间范围更广,可以表示到以年或数年为单位的时间。
   ○ このごろあまり眠れませんね。/这些天老是睡不着。
   ○ 近頃事故が本当に多いです。/这几个月来事故真的很多。
   ○ 最近十年間の調査から見ると、環境にやさしくするべきだと思う人が多くなってきました。/根据最近十年间的调查结果,可以得知有越来越多的人认为应该保护环境。

8. 「すっかり」(副)完全、彻底
   ○ おいしくて、すっかり食べてしまいました。/太好吃了,以至于全都吃完了。
   ○ 五年ぶりに故郷へ帰ったら、すっかり変わっていました。/时隔五年回到家乡,家乡已经完全变了样。
   ○ 冬休みが終わるとともに、日本語もすっかり忘れました。/随着寒假的结束,日语也忘光了。
   ○ 顧さんは日本料理がすっかり好きになって、月に一回ぐらい食べたいと言っています。/小顾彻底地喜欢上了日本菜,并说想每个月都吃一次。

9. 「慣れる」(自一)表示习惯于某事,对象用「に」引出
   ○ 留学してきたばかりの時は、生活にも慣れていませんでした。/刚来留学的时候,

都无法习惯这里的生活。
- 日本料理の中の、生物（なまもの）にはぜんぜん慣れません。/不习惯日本菜里生的东西。

10. 「話す」与「言う」的区别

    ①「言う」指单纯的言语行为，一般不涉及说话的具体内容，一般译为"说"、"讲"。「話す」则表示对客观事实的描述或内容的具体传达，一般译为"讲述"、"描述"。
    - そのことは李さんに言いました。/那件事已经告诉小李了。
    - 文句を言わないでください。/别再发牢骚了。
    - そのことについて、話してください。/关于那件事，请您描述一下。
    - 思い出を話します/描述过去的记忆

    ②「言う」可以用于表示讲话的内容，而「話す」不可以。
    - 彼は「はい」と言って、あんな仕事を引き受けました。/他说了声"好"，就接下了那种工作。

    ③「言う」表示说话人单方面的说话行为，「話す」表示考虑到对方存在的说话行为，多为互相的交谈。
    - あなたに話すことがあるのですが。/我有话要和你说。

    ④「言う」可以表示命令等的具体内容，「話す」则不可以。
    - 彼は留学しようと言っていました。/他说要去留学。
    - 渡辺さんは、友達に「また来てね」と言いました。/渡边对朋友们说"欢迎下次再来"。

11. 「借りる」(他一) 借，跟谁借要用「に」或者「から」引出
    - 田中さんから一万円を借りました。/向田中借了一万日元。
    - 友達にホッチキスを借りました。/向朋友借了订书机。

12. 「役立つ」(自五) 对……有益、有帮助
    - この資料はきっと研究に役立ちますよ。/这个资料一定会对研究有帮助的。
    - この辞書は日本語の勉強に役立ちます。/这本字典对日语学习很有帮助。

13. 「協力」(名、自サ) 表示配合、合作等含义。配合或合作的对象用「に」则表示单方面协助某人或某事，用「と」则表示互相协作。
    - 仕事は忙しいので、山本さんに協力してください。/因为工作比较忙，请协助一下山本。
    - 山田さんと協力して、この仕事をしてください。/请和山田一道配合，做好这项工作。

14. 「当てはまる」(自五) 指条件、状态吻合、适合
    - この問題によく当てはまる例/很适合这个问题的例子

15. 「触れる」(自一) 接触某人或某事，多为抽象用语，接触的对象用「に」来引出。
    - 台風で、木の枝が電線に触れて、とても危険です。/由于台风的缘故，树枝碰到了电线，非常的危险。

○ 時間がなかったので、簡単にしか触れられなかったのです。/因为没什么时间,所以只是稍微的涉及了一下。
○ 機会に触れて、友達を食事に誘います。/有机会就约朋友一起出去吃饭。
○ 日本の漫画を見て、初めて日本語に触れたのです。/看日本的漫画才第一次接触到日语。

16. 「意外」(形动) 意外。常用的有「…を意外に思う」和「…が意外だと思う」两个句型。
○ 李さんのことが意外だと思います。/我觉得小李的那件事情是个意外。
○ 君にここで出会うとは、意外だね。/真没想到会在这儿遇见你。
○ そのことを意外に思いました。/我觉得那件事情很意外。

17. 「滞在」(名、自サ) 在某地停留,逗留,停留的地点要用「に」来表示,而不能用「で」。
○ 上海に何日ぐらい滞在する予定ですか。/预计在上海逗留几天?

18. 「受け入れる」(他一)
① 接纳(人员)
○ この大学は留学生を受け入れています。/这所大学接收留学生。
② 采纳(意见)、同意(事情)
○ 大衆の意見を受け入れました。/采纳了大家的意见。

19. 「泊まる」(自五)
①(船)停泊
○ 港に泊まっている船/停在港口的船
② 投宿、住宿、过夜。「泊まる」是一种短时间的行为,和长期在某地居住、生活的「住む」有很大区别。
○ この二日間はホテルに泊まります。/这两天住宾馆。
○ 今晩泊まるところがないですね。/今晚没有住的地儿啊。
○ 昨夜は遅くなりましたから、友達の家に泊まりました。/昨天晚上比较晚了,所以住在朋友家里了。

20. 「暮らす」(自他五) 生活,一般表示具体的生活内容,如平时的柴、米、油、盐等事。
○ 李さんは今日本で、どんな生活を暮らしていますか。/小李现在在日本的生活是什么样啊?
○ 彼は余生田舎へ引き込んで暮らしていました。/他隐退到乡村度过了晚年。

21. 「過ごす」(他五) 度过
○ 楽しい夏休みを過ごしてください。/请开心地过暑假。
○ 中国で楽しく過ごしてください。/祝你们在中国生活的愉快。
○ 友達と楽しい日曜日を過ごしました。/和朋友一起过了一个愉快的星期天。

22. 「必要」(名、形动) 必要、有必要,常用「…必要がある」和「…が必要だ」两种形式。
○ 彼に真実を話す必要はありません。/没有必要告诉他真相。
○ 応募するのに、写真が必要です。/需要有照片才能应聘。
○ 旅行するとき、必要なものだけを持っていってください。/旅行的时候,请带上必

要的东西。

23. 「確かめる」(他一) 确认、查清、确定
    ○ 学生数を確かめてください。/请确认一下学生人数。
    ○ みんなの都合を確かめてから、時間を決めました。/确定了大家方便的时间之后，决定了时间。

24. 「独特」(形动) 独特的、特有的。「独特」是一个特殊的形容动词，在修饰名词时加「の」而不是「な」来连接。
    ○ 彼独特の方法で問題を解決しました。/他用他独特的方法解决了问题。
    ○ 茅台酒独特の風味です。/这是茅台酒特有的味道。

25. 「…に気づく」或「…に気がつく」觉察到、意识到某事，觉察到的事情用「に」来引出。
    ○ 自分の間違いに気づきましたか。/意识到自己的错误了吗？
    ○ 約束があったことに気づいて急いで出かけました。/想起来还有个约会，就急急忙忙出门了。

语法句型详解

一、…のは…からです

「の」是形式名词，前面接续连体形；「から」是接续助词，表示原因理由，前面要求接简体。这是先讲结果，后叙述原因、理由的表达方式，相当于"之所以……是因为"，在对话中常省略「…のは」部分。
  ○ 日本語を選んだのは日本のアニメが好きだからです。/之所以选择日语是因为喜欢日本的动画片。
  ○ パーテイーに参加しなかったのはお金がなかったからです。/之所以没有参加晚会是因为没钱。

二、体言＋について

「について」意为"关于……""就……"，还可以以「…についての」的形式来修饰体言。
  ○ 英語の勉強について皆で話し合いました。/大家就英语学习进行了讨论。
  ○ この機械の使い方について、みんなに説明しました。/就这台机器的使用方法，向大家做了说明。
  ○ 地震についてのニュースはもうラジオで聞きました。/关于地震的消息已经通过电台收听到了。

三、…ことがあります

「动词基本形＋ことがあります」或「动词未然形ない＋ことがあります」表示有时会有(没有)某种行为或情况，相当于"有时会(不)……"。
  ○ 晩御飯を食べないことがあります。/有时候会不吃晚饭。
  ○ 地下鉄は時々遅くなることがあります。/地铁有时候会迟到。

四、…たり…たりします(です)

「たり」是并列助词，表示不完全列举两个以上动作或状态。如果是一组反义词接「た

り」则表示动作、行为的交替反复出现或进行。「たり」的接续方式和过去助动词「た」完全相同，意为"又……又……"，"一会儿……一会儿……"，"或者……或者……"等。
- 休みの日は家で新聞を読んだり、テレビを見たりします。/休息日就在家看看报纸、电视什么的。
- 日曜日は友達と服を買いに行ったり、おいしいものを食べたりします。/星期天会和朋友一起去买买衣服，一起去吃好吃的。
- お肉の値段は高かったり、安かったりします。/肉类的价格时贵时贱。
- 中国のお正月は一月だったり、二月だったりです。/中国的春节有时候是一月份，有时候是二月份。
- ここはにぎやかだったり、静かだったりです。/这里有时候热闹有时候很安静。

五、体言 + にとって
表示此项叙述是针对该体言而言的，在句中作状语，意为"对……来说……"。
- この服は私にとって、ちょっと高いです。/这件衣服对我来说有点贵了。
- 法律の勉強は誰にとっても難しいものです。/法律方面的学习对谁来说都是不容易的。
- 自由は私たちにとっては、とても大切なものです。/自由对我们来说是很宝贵的。
- 学生にとっては勉強のほかに、いろいろ体験したほうがいいです。/对于学生来说，除了学习之外，最好也体验一下其他的事情。

六、「…する前に」和「…た後で」
「前に」前面接续动词现在时简体，表示在尚未做某事之前；「後で」前面接续动词过去式简体，表示做了某事之后。
- ご飯を食べる前に、手を洗ってください。/吃饭之前请先洗手。
- 行く前に、あらかじめ連絡したほうがいいです。/去之前最好先联系一下。
- 日本のアニメを見た後で、日本が好きになりました。/看了那部动画片之后，喜欢上了日本。

七、ぜんぜん…（接否定）
副词「ぜんぜん」后续否定表达，表示"完全不……"。
- このレストランは全然おいしくありません。/这家餐厅（的饭）一点也不好吃。
- 勉強には全然興味がありません。/我对学习一点兴趣也没有。

八、接续助词「し」表示并列
前面要求接简体句，通过并列一个或多个事项作为后项的原因或理由，同时暗示还有其他类似的情况存在。
- この服はファッションだし、値段も適当だし、買うことに決めました。/这件衣服又时尚价格又合适，我决定买下了。

还可以纯粹并列两个以上的事物，这时所列举的事项往往属于同类性质，而且往往用「…も…し、…も…し」的形式。
- 日本語も勉強しなければならないし、韓国語も勉強しなければなりません。/既要学日语又要学韩语。
- これもほしいし、それもほしいです。/既想要这个，又想要那个。

九、格助词「で」表示时间、空间、数量、价值等的限度

到目前为止,格助词「で」已经出现过许多种用法,这里将其用法做一归纳。

① 动作、作用发生的场所
○ この服はどこで買いましたか。/这件衣服是在哪里买的?

② 方法、手段或材料
○ 汽車で行きます/坐火车去
○ 花で部屋を飾ります/用花装点房间

③ 表示范围
○ 日本で一番高い山はどの山ですか。/日本最高的山是哪座山?

④ 动作、作用的条件或状态
○ 二人で生活しています/两个人生活。
○ みんなで食べましょう。/大家一起来吃吧。

⑤ 表示原因或理由
○ 病気で会社を休みました。/因为生病向公司请假了。
○ 旅行で、すっかり疲れました。/由于外出旅行,感到非常疲惫。

⑥ 时间范围或期限(时间限度)
○ 午前中で終わりたいと思います。/我想上午就可以结束了。
○ 今忙しいですから、後で来てください。/现在比较忙,请稍后再来。

⑦ 动作、作用进行的基准(标准)
○ 車は120キロのスピードで走っています。/汽车按照时速120公里的速度在行驶。
○ 私は毎月600元で生活しています。/我每个月按照600元的标准生活。

十、名词、形容词、形容动词谓语句的敬体和简体形式。

这里接着上一课,通过下表我们来继续对比复习一下名词谓语句、形容词谓语句、形容动词谓语句的敬体和简体形式。

名词敬体句与简体句

时态	肯定(敬体)	肯定(简体)	否定(敬体)	否定(简体)
现在	正月です	正月だ	正月ではありません 或 正月ではないです	正月ではない
过去	正月でした	正月だった	正月ではありませんでした 或 正月ではなかったです	正月ではなかった

形容词敬体句与简体句

时态	肯定(敬体)	肯定(简体)	否定(敬体)	否定(简体)
现在	楽しいです	楽しい	楽しくないです 或 楽しくありません	楽しくない
过去	楽しかったです	楽しかった	楽しくなかったです 或 楽しくありませんでした	楽しくなかった

形容动词敬体句与简体句

时态	肯定（敬体）	肯定（简体）	否定（敬体）	否定（简体）
现在	便利です	便利だ	便利ではありません　或 便利ではないです	便利ではない
过去	便利でした	便利だった	便利ではありませんでした 或　便利ではなかったです	便利ではなかった

课文难点注释

1. 第216页前文第1、2行「私たちの大学には今アメリカ、日本、イギリス、フランス、ドイツ、カナダなど十数か国から来た留学生が二百五十名ぐらいいます。」这是一个长句，句子的主干是「大学には留学生がいます」，即"大学里有留学生"，其他都是修饰成分。「来た」在这里表示的是一种状态，相当于「来ている」。

2. 第216页第3、4行「今日は大学新聞の記者をしている李さんが留学生にインタビューをしました。」前面已经学过动词「する」除了可以表示做某事之外，还可以表示从事某项工作。
   ○ 青木さんは今高校で先生をしています。/青木现在是在高中当老师。

3. 第216页倒数第1行「安全だからいいと答えています」的「答えている」是持续体，不表示"正在回答"，而是"一直这样认为"的意思。

4. 第217页会话第5行「学生のみなさんに留学生活についてインタビューをしたいと思います。」中「インタビューする」是自动词，采访的对象要用「に」引出。

5. 第217页倒数第2行「生活環境をどう思いますか。」的「思う」是他动词，在表示思考某个具体问题的时候，用「を」来表示宾语，即"如何认为、看待"，而「思う」经常接续的补格助词「と」是一种引用，表示"思考"的具体内容。
   ○ 今住んでいる寮をどう思いますか。/你觉得现在住的宿舍如何？
   ○ 今の寮はあまり便利ではないと思います。/我觉得现在的宿舍不太方便。

6. 第219页倒数第10行「言葉がちょっと古くてあまり実生活に役立たないからです。」这句话要注意两点。一是「役立つ」这个词的用法，前面一般用助词「に」，二是这句话中有省略，根据前后文可以判断是「よくないと思うのは」。

7. 第219页倒数第4行「時間の都合で、これでインタビューを終わりたいと思います。」的「で」在这里表示时间范围，即"由于时间关系，想到此结束采访了"。「終わる」虽然是自动词，但是有时候也有他动词的用法。如：
   ○ 宿題を早く終わりたいと思って、友達のノートを借りました。/想早点完成作业，就向朋友借了笔记看。

8. 第225页阅读文第2行「……中国人の本当の顔は分かりません。」这里的「顔」表示"神情情况"等抽象含义，而不是具体的"脸"的意思。「顔」一词在日语中是多义词。除"脸"之外，还有面孔、神色、面子、人数、样子等各种意思。还构成许多惯用句型，例如：「顔

が広い」(交际广、人际关系好)、「顔が立つ」(有面子、脸上有光)等等。

9. 第226页倒数第3行「また、中国独特の習慣には、中国人自身が気づいていないこともあります」这是一个存在句型，即"在中国独特的风俗习惯里面，有一些是中国人自身都没有意识到的"。

随堂自测练习

一、汉字注假名。

講義　徹夜　全部　実生活　協力　印　専用　滞在　一員　必要

二、假名写汉字。

きしゃ　　かんきょう　　そうおん　　こうがい　　びょうき
いむしつ　やまだ　　　　ふだん　　　ぜんぜん　　ひじょう

三、填空。

1. 昨日学校(　　)休んだ(　　)(　　)、風邪を引いたからです。
2. この問題(　　)(　　)(　　)(　　)、もう一度説明します。
3. 私は朝ご飯を食べない(　　)(　　)(　　)(　　)(　　)(　　)(　　)。
4. 日曜日、私は家で本を読ん(　　)(　　)、テレビを見(　　)(　　)して、一日を過ごします。
5. この問題は一年生に(　　)(　　)(　　)、難しいのです。
6. 日本へ行く(　　)(　　)(　　)、少し日本語を勉強したほうがいいです。
7. これまで、人生の辛さが全然わから(　　)(　　)のです。
8. 机の上に、りんごもある(　　)、バナナもあります。
9. この服は千元(　　)買ったのです。
10. 今日の授業はこれ(　　)終わります。

四、四选一。

1. こんしゅうのつぎは_____です。
   ① さらいしゅう　② さいらいしゅう　③ らいしゅう　④ せんしゅう
2. きのうはじこで でんしゃが_____たいへんでした。
   ① おくれて　　② おわって　　③ いそいで　　④ まにあって
3. びょうきで ねている ともだちに「_____。」といってかえりました。
   ① こちらこそ　　　　　　② おだいじに
   ③ おかげさまで　　　　　④ どういたしまして
4. 友だちが来るので、テーブルに 花を_____。
   ① かたづけました　② おくりました　③ かけました　④ かざりました
5. この川は とても_____から きけんです。
   ① あさい　　　② ふかい　　　③ ひくい　　　④ たかい
6. 大きい こえで はなして いたら、「_____。」と ちゅういされてしまいました。
   ① うるさい　　② あぶない　　③ がんばって　　④ しっかり

7. 5時に あう_____した のに 友だちは 来ませんでした。
   ① よしゅう　　② よやく　　③ よほう　　④ やくそく
8. わからない ことばは じじょで_____ください。
   ① よんで　　② きめて　　③ しらべて　　④ くらべて
9. わたしは 毎朝 さんぽするのが_____です。
   ① しゅうかん　② れんしゅう　③ せいかつ　　④ きょうみ
10. おなかが すきましたね。_____しょくじに 行きませんか。
    ① だんだん　　② そろそろ　　③ なかなか　　④ どうどう
11. 雨で 道が_____から 気をつけて ください。
    ① すべりらしい　② すべりようだ　③ すべりやすい　④ すべりたがる
12. 勉強が いそがしかったら あしたは 手つだいに_____と 言われました。
    ① 来ないではない　　　　② 来なくてはかまわない
    ③ 来ないほどもない　　　④ 来なくてもかまわない
13. これから どう するのか ゆっくり_____。
    ① 考えみたい　② 考えようだ　③ 考えなさい　④ 考えところだ
14. みんなから 旅行の お金_____ところです。
    ① あつめおわった　　　　② あつまりおわった
    ③ あつめおわらせた　　　④ あつまりおわらせた
15. 今度の 土曜日 ひま_____コンサートに 行きませんか。
    ① から　　② には　　③ とき　　④ なら
16. へやの 電気が きえて いる_____は、たぶん もう ねたのでしょう。
    ① にするの　　② になるの　　③ ということ　　④ というもの
17. 英語の 先生に なる_____、大学に 入りました。
    ① からに　　② ように　　③ ことに　　④ ために
18. 社長は 今 電話に 出て_____ので、しばらく お待ちください。
    ① おります　　② いたします　　③ なさいます　　④ さしあげます
19. A「この まんが、おもしろそうですね。」
    B「ああ、うちの 子どもも_____。」
    ① 読みたいです　　　　　② 読もうとします
    ③ 読もうと思います　　　④ 読みたがっています
20. A「毎日 朝ご飯を 食べますか。」
    B「ええ。どんなに_____食べます。」
    ① いそがしくて　② いそがしいと　③ いそがしくても　④ いそがしいのに
21. A「山川さんの たんじょうびに このさいふを あげる つもりです。」
    B「そうですか。きっと よろこんで 使って_____でしょう。」
    ① やる　　② くれる　　③ もらう　　④ あげる

22. A 「きのうから 少し ねつが あって あたまが いたいです。」
    B 「それは_____。」
    ① おげんきで　　② いけませんね　　③ かしこまりました　④ しつれいします

五、从①、②、③、④中选择一个与标题句意思相符的。
(　　)1. この へやには いしゃと かんごふ いがいは 入らないで ください。
    ① この へやには だれが 入っても いいです。
    ② この へやには だれも 入っては いけません。
    ③ この へやには いしゃと かんごふは 入っては いけません。
    ④ この へやには いしゃと かんごふは 入っても いいです。
(　　)2. 先生は クラスに 来なかった わけを 聞きました。
    ① 先生は いつ クラスに 来なかったのか たずねました。
    ② 先生は だれが クラスに 来なかったのか たずねました。
    ③ 先生は どのぐらい クラスに 来なかったのか たずねました。
    ④ 先生は どうして クラスに 来なかったのか たずねました。
(　　)3. 日本語は ほとんど わすれて しまいました。
    ① 日本語は なにも おぼえて いません。
    ② 日本語は すこししか おぼえて いません。
    ③ 日本語は ぜんぶ わすれて しまいました。
    ④ 日本語は すっかり わすれて しまいました。
(　　)4. ずっと そとに いたので、からだが ひえて しまいました。
    ① そとは あつかったです。
    ② そとは くらかったです。
    ③ そとは さむかったです。
    ④ そとは あかるかったです。
(　　)5. 友だちをむかえにくうこうへ行きました。
    ① くうこうで 友だちに あいました。
    ② くうこうで 友だちを おくりました。
    ③ くうこうで 友だちを 見ました。
    ④ くうこうで 友だちと わかれました。

六、请选出单词用法最恰当的一项。
(　　)1. おおい
    ① 日本には おおい 外国人が すんで います。
    ② ここは 車が おおくて あぶないです。
    ③ きょうは おおく つかれました。
    ④ わたしには おおいの こどもが いて たいへんです。
(　　)2. げんき
    ① わたしは あしが げんきです。

　　　　　②この 車は とても げんきに はしります。
　　　　　③この くすりを のめば げんきに なります。
　　　　　④わたしの かいしゃは とても げんきです。
（　）3. さむい
　　　　　①さむい タオルで かおを ふきました。
　　　　　②なつは さむい ビールが おいしいですね。
　　　　　③あの 人は さむいです。やさしく ありません。
　　　　　④きょうは とくに さむいですね。
（　）4. せんたく
　　　　　①しょくじの あとに、はを せんたくします。
　　　　　②日曜日に シャツと ズボンを せんたくします。
　　　　　③毎日 へやを せんたくします。
　　　　　④こんばんは かみを せんたくします。
（　）5. ゆっくり
　　　　　①もっと ゆっくりと はなして ください。
　　　　　②もっと ゆっくりに はなして ください。
　　　　　③もっと ゆっくりを はなして ください。
　　　　　④もっと ゆっくりで はなして ください。

七、根据会话选择回答问题。

山川　「中田さん、新しい 家を 買ったそうですね。」
中田　「ええ、(ア)。前は バスと 電車を 使って 1時間半 かかりましたが、今は電車で40分です。」
山川　「そうですか。買い物にも べんりですか。」
中田　「家の まわりには あまり みせが ないんですよ。駅まで 10分ぐらいですが、そこまで 行けば いろいろな 店が あるんです。」
山川　「そうですか。でも あの へんには 大きい こうえんが ありますよね。あの こうえんには スポーツを する ところも ありますか。」
中田　「ええ。こうえんの 中には テニスコートや プールも あるんです。」
山川　「いいですね。(イ)わたしは こうえんの 近くが いいと 思いますよ。」
中田　「今度 ぜひ うちへ(ウ)。」

(ア) 1. 前の 家より 会社に 近く なりました
　　 2. 前の 家ほど 会社に 近く なりました
　　 3. 前の 家より 会社から とおく なりました
　　 4. 前の 家ほど 会社から とおく なりました
(イ) 1. 買い物に べんりでも
　　 2. 買い物に ふべんでも
　　 3. テニスコートが あっても
　　 4. テニスコートが 近くても

(ウ) 1. あそんで きましょう
    2. あそんで いきましょう
    3. あそびに 来てください
    4. あそびに 行って ください

八、阅读。

　きのう わたしは タローを 病院へ つれて いきました。タローは 去年 わたしが 友だちから もらった かわいい 子犬です。数日前から タローは 元気がなく、食べ物も ほとんど 食べなく なりました。それで しんぱいだったので 近くの 動物病院へ つれて いったのです。病院で タローは ちゅうしゃを されて いたそうに ないて いました。毎日 くすりも のませなければ ならないそうです。医者は そう すれば 1 週間ぐらいで よく なるだろうと 言いました。タローは ちゅうしゃも くすりも いやがって いましたが、わたしは 医者のことばを 聞いて 少し 安心しました。

（　　）1. タローのことを 正しく せつめいして いるのは どれですか。
　　　① 友だちが タローを くれました。
　　　② 友だちが タローを もらいました
　　　③ 友だちに タローを あげました
　　　④ 友だちに タローを くれました

（　　）2. なぜ 動物病院へ 行きましたか。
　　　① タローが いたそうに ないて いたから。
　　　② わたしは 元気が ない タローが しんぱいだったから。
　　　③ わたしは 食べ物が ほとんど 食べられなく なったから。
　　　④ タローが ちゅうしゃや くすりを いやがって いたから。

（　　）3. 医者は 何と 言いましたか。
　　　① ちゅうしゃも くすりも いやがるだろうと 言いました。
　　　② 毎日 くすりを のまさなければ ならないと 言いました。
　　　③ 毎日 病院へ つれて いかなければ ならないと 言いました。
　　　④ ちゅうしゃを したので すぐに よく なるだろうと 言いました。

（　　）4. この人（「わたし」）のことを 正しく せつめいして いるのはどれですか。
　　　① 数日前から 食べ物が たべられなかった。
　　　② さいしょから しんぱい ないだろうと 思って いた。
　　　③ はじめ しんぱいだったが あとで 少し 安心した。
　　　④ いたくて、ないて いたが、1 週間ぐらいで よく なった。

九、汉译日。
1. 我按照约定在大学的广场上等候,但他没有来。
2. 请尽早决定是否进行问卷调查。
3. 去南京大学,可以先坐地铁,然后换乘 11 路公交车。
4. 那个人平素不怎么活跃,但喝了酒话就多。
5. 东京等大城市居住不易,但地方城市就容易居住了。

6. 这个问题对于三年级学生是简单的,但对于一年级学生是难的。
7. 关于中日经济,请大家发表自己的想法。
8. 天气忽冷忽热,请大家保重身体。
9. 今天又刮风,又下雨,我们什么地方都没去。
10. 我之所以学习日语,是因为打算去日本。

十、日译汉。
1. お酒は少し飲みますが、タバコはぜんぜん吸いません。
2. 子供時代から、寝る前に歯を磨く習慣をしなければなりません。
3. 私にとって、高校の先生からいただいたペンはとても大切です。
4. このあたりはしずかだったり、にぎやかだったりです。
5. 私は北京へ行くことがありますが、上海へ行ったことが一度もありません。

单元四復習　春節

本课学前重点提示

本课是本册最后单元的小结课,除单词和课文外没有新的语法,重点在于通过对课文内容的学习,巩固和厘清本单元所学的各种语法。

课文翻译

前文

在春节的某天,留学生高桥拜访了小李家,而且在小李家吃了美味可口的饺子。饺子的做法不那么难,只要把面粉和好,擀成薄片,包上用猪肉和蔬菜做的馅,蒸或者煮一下就行了。

高桥来中国已经过了半年了。他来中国之前读了介绍中国的书,所以了解一些中国的情况。他说留学生活十分愉快。星期天,他有时看电影,有时拜访中国朋友。

今年的春节,一位要好的中国朋友结婚,所以高桥不回国。他想给朋友送点礼物。再说,从未见过中国人的婚礼仪式,所以他也想出席朋友的婚宴。高桥觉得自己一个人去的话有些寂寞,所以试着邀了小李。

会话

李：　快,你肚子大概饿了吧。请吃吧。

高桥：呵,看上去味道不错啊。饺子很受中国人的欢迎啊。

李：　是的,我家属于新来上海的,在大年里还是按北方的习惯吃饺子。今天没什么菜,请多吃点吧。

高桥：嗯,那就不客气了。

李：　请。

高桥：味道真好啊,是怎么做的?

李：　不那么难做。只要把面粉和好,擀成薄片,包上用猪肉和蔬菜做的馅,蒸或者煮一下就行了。

高桥：是么。那很容易做啊。

李　：是的。不过猪肉和菜不能填得太多，要是填得太多味道就不好了。

高桥：呃？这就是做得好吃的诀窍吗？

李　：嗯。是的，这就是诀窍。我说，高桥你来中国已经半年过去了吧。

高桥：是的，时间过得真快啊。

李　：高桥来中国之前了解中国的情况吗？

高桥：嗯，因为读了各种介绍中国的书，所以了解一些中国的情况。

李　：高桥为什么想来中国留学呢？

高桥：看了关于北京奥运和上海世博的电视节目之后，想来中国留学了。

李　：是吗？对这儿的留学生活感觉怎么样？

高桥：感觉很好。

李　：为什么感觉很好？

高桥：因为很愉快。当然，我觉得也存在各种各样的问题……

李　：比如说呢？

高桥：最近，宿舍里电视机的画面不清楚，真没办法。

李　：怎么搞的？

高桥：是电波干扰嘛。最近，周围不断地新建了高楼。

李　：是么。

高桥：另外，也有周围的噪音问题，也有空气污染的问题，对留学生来说，我感到环境不是太好。

李　：但是，这一带大学也多，离公园又近，对大家来说也许很方便吧。

高桥：嗯，这倒也是的。不过，去市内的交通不方便。

李　：你星期天做些什么？

高桥：我星期天看看电影，或者拜访中国朋友。

李　：关于上课，感觉怎么样？

高桥：上课时间比日本长，作业又多，十分紧张。

李　：春节为什么不回日本呢？

高桥：说实话，春节里，有一位要好的中国朋友要结婚。

李　：是么，那是值得庆贺的喜事啊。

高桥：中国婚礼的仪式跟日本相比也许有很大不同吧。我想给这位朋友送点礼物，你说送什么东西好呢？

李　：我想……还是送对新生活有用的东西为好吧。

高桥：你说得对，在中国，一般送给新人什么东西？

李　：一般送成套的咖啡杯，或者台灯、花瓶、暖瓶等。

高桥：送花瓶不错，因为那位朋友非常喜爱花。

李　：那他收到花瓶，一定会高兴的。你出席朋友的婚宴吗？

高桥：嗯，不去的话未免失礼，所以想出席。

李　：你见过中国人的婚礼仪式吗？

高桥：没有，还没见过中国人的婚礼仪式。
李：　那么，这是头一次见到中国人的婚礼仪式啰？
高桥：就是嘛。所以盼望着这一天。
李：　请你一定要看一下啊。
高桥：嗳。但是，朋友担心我一个人去的话也许有点寂寞，所以跟我说邀一个大学朋友一起去也没关系，因此我正在考虑邀请你呢，怎么样？
李：　那太感谢了，婚礼是什么时候？
高桥：是下星期六。
李：　会场在哪儿？
高桥：在杏花楼。
李：　好地方啊，那么，我们在哪儿会合呢？
高桥：下午四点半在留学生宿舍门前怎么样？
李：　好的，知道了。
高桥：那么，我这就告辞了。今天太感谢了。
李：　不要客气。

旅游日记

六月三日（星期四）阴

　　现在在旅馆里。下午一点离开日本，四点左右到达上海。接着坐出租车从机场来到了旅馆。这是个十分漂亮的旅馆。因为感到疲劳，所以马上洗了个澡，非常舒服。晚餐的菜肴味道十分鲜美，价格也不贵。

　　夜晚散了步，观赏了上海的夜景，真是非常美丽。九点左右回到旅馆，想赶紧睡觉，明天去世博村。

六月四日（星期五）晴

　　昨天天气不太好，但今天从一大早起一直是好天气。八点起身后，跟朋友一起在外面吃了早餐。然后乘坐水上公交去了世博村。路上大约花了一小时。世博村非常大，有很多的游客和参观人员。吉祥物"海宝"非常的可爱。大家都和"海宝"又是打招呼、又是拍照。

　　归途试乘了旅行车。虽然有点拥挤，但乘坐的感觉很好。下午四点左右回到了旅馆。虽然感到有点累，但是非常的愉快。

重点词例解析

1. 「出席」(名、自サ) 出席会议或宴席，参加的对象用格助词「に」来引出。
   ○ 先生も結婚披露宴にぜひ出席してください。/也请老师一定要参加婚宴。
2. 「遠慮」(名、他サ)
   ① 客气

○ どうぞご遠慮なく、召し上がってください。/请不要客气,多吃点。
② 谢绝、拒绝、回避
○ 脂っこい料理を遠慮します。/回避油腻的食物
○ 体の具合が悪いから、酒を遠慮します。/身体状况不好,所以不喝酒。

3. 「…すぎる」(接尾)过分的,太……(给当事人造成负面的影响)。「すぎる」前应接形容词词干、形容动词词干以及动词连用形。
    ○ 彼女が最近痩せすぎますよ。/她最近有点太瘦了啊。
    ○ みんな卒業してしまって、さびしすぎます。/大家毕业了之后,实在是太寂寞了。
    ○ この服は私にとって、大きすぎます。/这件衣服对我来说太大了。
    ○ 静か過ぎて、ちょっと寂しいです。/周围太安静了,觉得有点孤单。
    ○ 晩御飯を食べ過ぎて、おなかの具合がちょっと悪いです。/晚饭吃多了,肚子有点不舒服了。

4. 「なるほど」(寒暄语)诚然,的确,果然,下级不可以对上级使用。
    ○ 東京はなるほど人が多いです。/东京果然人很多。
    ○ 甲:そのことは先生が押さえましたよ。/那件事情老师给压下去了。
       乙:あっ、なるほどね。/啊,果然。(原来如此)

5. 「建つ」(自五)建成、盖好
    ○ 学校に新しいビルが建ちました。/学校里盖了一幢新大楼。

6. 「役に立つ」(词组)对……有帮助、起作用。这个词组与在19课学习过的「役立つ」意义相同,「役立つ」是由「役に立つ」变化而来,帮助的对象同样用「に」来表示。
    ○ この资料はきっと研究の役に立ちます。/这个资料一定对研究有帮助。

7. 「喜ぶ」(自五)高兴、开心
    ○ 彼は喜んで、その仕事を引き受けました。/他很高兴地就接下了那个工作。
    ○ 喜んでご案内します。/很高兴(乐意)为你做向导。

8. 「旅」与「旅行」(名词)的区别。「旅行」通常是指一般意义上的"做好各种准备"的旅游,而「旅」则是强调出门"受苦",是一种艰难而具有挑战性的行为与过程。因此「旅」常用来表示某一段艰苦的生活或历程。
    ○ 人生の旅を楽しんでください。/请享受人生之旅。
    ○ かわいい子には旅をさせよ。/爱子就要让他出门锻炼。

9. 「朝食」、「昼食」、「夕食」与「朝ご飯」、「昼ご飯」、「晩ご飯」,前一组词是书面语,通常出现在文章或比较正式的对话里。后一组词则比较口语化,较多地出现在日常生活中的对话里。「朝食」「昼食」「夕食」可以和动词「する」「食べる」「取る」相搭配,而「朝ご飯」、「昼ご飯」、「晩ご飯」则只能和「食べる」相搭配。

语法句型详解

本课是最后一单元的复习课,重在通过对课文的学习,巩固本单元所学语法。请大家认真阅读教材234页到239页的内容,并要独立完成教材240页开始的期末模拟试题,鼓起信

心迎接期末考核。为此,这里首先回顾一下本单元学习了的重点句型。

1. ～たことがある
   ○ 私はカンニングしたことがありません。/我从来没有作过弊。
2. ～ませんか
   ○ 一緒に映画を見に行きませんか。/一起去看电影吗?
3. ～ば ～ほど
   ○ 日本語は勉強すればするほど難しくなります。/日语越学越难。
4. 动词现在时或过去时简体 + ほうがいいです
   ○ 早く学校へ行ったほうがいいです。/最好早点去学校。
5. ～てみる
   ○ この小説を読んでみましたが、あまりおもしろくありませんでした。/读了读这本小说,觉得没有什么意思。
6. ～かどうか～
   ○ あの人は人気があるかどうか調査してみます。/那个人是否受欢迎,我们调查一下。
7. ～のは ～からです
   ○ 大学を卒業して、高校の先生になったのは少年時代の志望だからです。/大学毕业后,之所以成为高中老师,是因为那是少年时代的志向。
8. ～について
   ○ カメラの使い方について、説明してくれました。/就照相机的使用方法,向我做了说明。
9. ～ことがあります
   ○ 李さんは遅れることがあります。/小李有时迟到。
10. ～たり ～たりします/です
    ○ 日曜日は友達と映画を見に行ったり、おいしいものを食べたりします。/星期天会和朋友一起去看电影,一起去吃好吃的。
    ○ 休みの日は家で新聞を読んだり、掃除をしたりします。/休息日就在家看看报纸、打扫卫生什么的。
11. ～にとって
    ○ この問題は一年生にとっては難しいですが、二年生にとっては易しいです。/这个问题对于一年级学生而言是难的,但对于二年级学生而言则是容易的。
    ○ 時間は私たちにとっては、とても大切なものです。/时间对我们来说是很宝贵的。
12. ～には ～
    ○ 川を渡るには、船がなければなりません。/要想过河的话,必须得有船。
    ○ 生活を楽しむには、体を鍛えなければなりません。/要想享受生活,必须锻炼身体。

其次为便于复习,这里仅对日语用言、助动词的变化进行如下简单的归纳:

形容词活用

基本形	词尾词干	未然形	连用形 1	连用形 2	终止形	连体形	假定形
ひろい	ひろ	かろ	く	かっ	い	い	けれ
主要后续		う	て ない なる する	た たり	だろう らしい そうだ と し ながら	ので のに ようだ 体言	ば

形容动词活用

基本形	词尾词干	未然形	连用形 1	连用形 2	连用形 3	终止形	连体形	假定形
静かだ	静か	だろ	に	で	だっ	だ	な	なら
主要后续		う	する なる	ない	た	が、けれども から そうだ し、か	体言 ので のに	(ば)

五段动词活用

行	词尾词干	未然形 1	未然形 2	连用形 1	连用形 2	终止形	连体形	假定形	命令形
カ	書(か)	か	こ	き	い	く	く	け	け
ガ	泳(およ)	が	ご	ぎ	い	ぐ	ぐ	げ	げ
サ	話(はな)	さ	そ	し	し	す	す	せ	せ
タ	立(た)	た	と	ち	っ	つ	つ	て	て
ナ	死(し)	な	の	に	ん	ぬ	ぬ	ね	ね
バ	呼(よ)	ば	ぼ	び	ん	ぶ	ぶ	べ	べ
マ	読(よ)	ま	も	み	ん	む	む	め	め
ラ	取(と)	ら	ろ	り	っ	る	る	れ	れ
ワ	言(い)	わ	お	い	っ	う	う	え	え

单元四復習　春節

续表

行	词尾词干	未然形 1	未然形 2	连用形 1	连用形 2	终止形	连体形	假定形	命令形
主要后续		ない ぬ(ん) ず れる せる	う	ます たい そうだ ながら	て た たり ても	が けれど から と だろう らしい そうだ からが	体言 形式体言 ので のに だけ ほど ようだ	ば	

上一段动词活用

行	基本形	词尾／词干	未然形	连用形	终止形	连体形	假定形	命令形
ア	いる	○	い	い	いる	いる	いれ	いよ いろ
カ	起きる	お	き	き	きる	きる	きれ	きろ きよ
ガ	過ぎる	す	ぎ	ぎ	ぎる	ぎる	ぎれ	ぎろ ぎよ
サ	感じる	かん	じ	じ	じる	じる	じれ	じろ じよ
タ	落ちる	お	ち	ち	ちる	ちる	ちれ	ちろ ちよ
ナ	似る	○	に	に	にる	にる	にれ	にろ によ
バ	干る	○	ひ	ひ	ひる	ひる	ひれ	ひろ ひよ
マ	延びる	の	び	び	びる	びる	びれ	びろ びよ
ラ	見る	○	み	み	みる	みる	みれ	みろ みよ
ワ	借りる	か	り	り	りる	りる	りれ	りろ りよ
主要后续		ない ぬ(ん) させる られる よう	ます たい そうだ ながら た たり	だろう らしい そうだ か、と から、が	体言 ので のに ようだ	ば	

注：○表示词干与词尾不分。

下一段动词活用

行	基本形	词干＼词尾	未然形	连用形	终止形	连体形	假定形	命令形
ア	植える	う	え	え	える	える	えれ	えよ
カ	受ける	う	け	け	ける	ける	けれ	けろ／けよ
ガ	上げる	あ	げ	げ	げる	げる	げれ	げろ／げよ
サ	乗せる	の	せ	せ	せる	せる	せれ	せろ／せよ
ザ	混ぜる	ま	ぜ	ぜ	ぜる	ぜる	ぜれ	ぜろ／ぜよ
タ	育てる	そだ	て	て	てる	てる	てれ	てろ／てよ
ダ	出る	○	で	で	でる	でる	でれ	でろ／でよ
ナ	寝る	○	ね	ね	ねる	ねる	ねれ	ねろ／ねよ
ハ	経る	○	へ	へ	へる	へる	へれ	へろ／へよ
バ	比べる	くら	べ	べ	べる	べる	べれ	べろ／べよ
マ	集める	あつ	め	め	める	める	めれ	めろ／めよ
ラ	流れる	なが	れ	れ	れる	れる	れれ	れろ／れよ

注：○表示词干与词尾不分。后续同上一段动词。

サ行变格动词活用

基本形	词干和词尾	未然形	连用形	终止形	连体形	假定形	命令形
する	○	し／せ／さ	し	する	する	すれ	しろ／せよ
主要后续		ない／ぬ(ん)／れる／せる／よう	同上一段动词				

单元四复习　春節

カ行变格动词活用

基本形	词干和词尾	未然形	连用形	终止形	连体形	假定形	命令形
来る	○	こ	き	くる	くる	くれ	こい
主要后续		同上一段动词					

课文难点注释

1. 第230页前文第3行「小麦粉をこねて薄く伸ばした皮に豚肉や野菜などを包んで、蒸したりゆでたりします。」这句话的前半部分，有个很长的定语，在翻译时可以灵活地分开来处理。该长句的意思是：先揉面粉，将其碾成薄皮，把猪肉和蔬菜包在里面，然后蒸或煮。

2. 第231页第5行「何かプレゼントしたいと思って、…」的「プレゼント」除了名词用法外，还可以后续「する」构成サ变他动词，表示"赠送礼物"。

3. 第231页前文倒数第2行「自分一人で行くと寂しい」这里的「自分一人」可以作为一个词组来记忆，即"自己独自一个人"的意思。

4. 第231页会话第5行「今日は何もありませんが、たくさん食べてください。」这是一句客套话，即"今天没有什么菜，请多吃些"。

5. 第231页会话第9行「どうやって作るんですか。」可以将「どうやって」看成一个词组，表示"怎么样做"，整个句子的意思即"怎么样才能做出来（好吃的饺子）呢?"

6. 第231页倒数第2行「時のたつのは速いですね。」第一个「の」是主格助词，替代了「が」。第二个「の」是形式名词，全句的意思是"光阴似箭"。

7. 第232页第9行「楽しいからです」这句话是个省略句，如果补充完整的话，应该是「留学生活がとてもいいと思うのは、楽しいからです」，即"之所以觉得留学生活好是因为很愉快"。

8. 第232页倒数第15行「でも、市内までの交通はあまり便利じゃないです」这里的「まで」和「の」在日语当中称作助词重叠使用，表示"到市内去的交通不太方便"。类似的用法还有：

    ○ これは友達からのプレゼントです。/这是从朋友那里收到的礼物。

    ○ これは母へのマフラーです。/这是给母亲的围巾。

    ○ 東京までの電車は何時に発車（はっしゃ）しますか。/去往东京的火车几点发车啊？

9. 第232页倒数第13行「日曜日には何をしていますか」这句话的意思就是"星期天你计划做什么？"。

10. 第232页倒数第5行「どんなものがいいですか」是疑问词作主语，要求用助词「が」来提示，并且答句的主语也用「が」来表示。

11. 第232页倒数第1行「その人は花が大好きですから」这里的「その人」指的是高桥将要送礼物的对象，即将要结婚的中国朋友。

12. 第233页倒数第4行「午後四時半に留学生寮の前でどうですか。」是一个省略句，

197

「で」表示动作场所,补充完整应该是「午後四時半に留学生寮の前で待ち合わせるのはどうですか」,即"下午四点半在公园门口会面如何?"。

13. 第 239 页阅读文第 2 行「午後一時に日本を出て、四時ごろ中国に着いた」这里的「を」表示动作的起点,可以和「から」替换。

14. 第 239 页倒数第 3 行「観光客や見学者などがたくさんいる」。这是一篇日记,而且通篇基本上都是用过去式表述的,唯有这一句是现在时。日语当中,有时候为了再现当时的情景,强调说话人当时的心情、状况的时候,会用现在时表达,给人一种身临其境的感觉,日语叫做「臨場感(りんじょうかん)」。

○ 昨日茶碗を洗っている時、友達から電話がありました。/昨天我正在洗碗的时候,朋友打来一个电话。

期末模拟测试

文字・語彙
問題一　为画线的汉字选择读音。
問1　春には、きれいな色の花がたくさんさきます。
　　（1）春
　　　　1．あき　　　2．なつ　　　3．はる　　　4．ふゆ
　　（2）色
　　　　1．あじ　　　2．いろ　　　3．おと　　　4．におい
　　（3）花
　　　　1．えだ　　　2．くさ　　　3．さくら　　4．はな
問2　リーさんは、この病院で医者として働いています。
　　（1）病院
　　　　1．びょいん　2．びょういん　3．びょき　　4．びょうき
　　（2）医者
　　　　1．いしゃ　　2．いっしゃ　　3．おいしゃ　4．おいっしゃ
　　（3）働いて
　　　　1．うごいて　2．かわいて　　3．つづいて　4．はたらいて
問3　キムさんは、公園で青いいすにすわって友だちを待っています。
　　（1）公園
　　　　1．こえん　　2．こうえん　　3．こえい　　4．こうえい
　　（2）青い
　　　　1．あおい　　2．しろい　　　3．ひろい　　4．ほそい
　　（3）待って
　　　　1．とって　　2．まって　　　3．もって　　4．よって
問4　発音にちゅういして、英語の文を読みます。
　　（1）発音
　　　　1．はつおん　2．ぱつおん　　3．はっおん　4．ぱっおん
　　（2）英語
　　　　1．えご　　　2．えいご　　　3．えうご　　4．えんご
　　（3）文
　　　　1．ぶん　　　2．ほん　　　　3．むん　　　4．もん
問5　毎朝早く起きて日本語を勉強しています。
　　（1）毎朝
　　　　1．まいあさ　2．まいしゅう　3．まいちょう　4．まいばん

(2) 早く
　　1. おおく　　2. おそく　　3. はやく　　4. よく
(3) 起きて
　　1. あきて　　2. いきて　　3. おきて　　4. できて
(4) 勉強
　　1. べんきゅ　2. べんきゅう　3. べんきょ　4. べんきょう

問6　死んだ祖母はいぬと鳥がすきで、だれにでも親切な人でした。
(1) 死んだ
　　1. こんだ　　2. しんだ　　3. とんだ　　4. よんだ
(2) 祖母
　　1. そふ　　　2. そば　　　3. そぶ　　　4. そぼ
(3) 鳥
　　1. うま　　　2. さかな　　3. しま　　　4. とり
(4) 親切
　　1. しんぱい　2. ていねい　3. しんせつ　4. てきとう

問題二　为画线的假名选择汉字。

問1　ようじがあって、りょこうに行けません。
(1) ようじ
　　1. 用時　　　2. 用事　　　3. 要時　　　4. 要事
(2) りょこう
　　1. 族行　　　2. 旅行　　　3. 呂后　　　4. 施行

問2　パーティーがおわった後でごみをあつめました。
(1) おわった
　　1. 絵わった　2. 経わった　3. 終わった　4. 続わった
(2) あつめました
　　1. 集めました　2. 集つめました　3. 集ました　4. 集りした

問3　このふるいおてらは、500年前にたてられました。
(1) ふるい
　　1. 占い　　　2. 古い　　　3. 舌い　　　4. 台い
(2) たてられました
　　1. 建てられました　　　　2. 立てられました
　　3. 健てられました　　　　4. 経てられました

問4　きのうのよる、しょくどうで友だちとあいました。
(1) よる
　　1. 昼　　　　2. 夕　　　　3. 夜　　　　4. 晩
(2) しょくどう
　　1. 食道　　　2. 食通　　　3. 食党　　　4. 食堂

(3) あいました
　　1. 合いました　2. 会いました　3. 令いました　4. 余いました

問5　<u>きょうしつ</u>で日本の<u>ゆうめい</u>な<u>うた</u>をうたいました。
(1) きょうしつ
　　1. 教客　　　2. 教室　　　　3. 数客　　　　4. 数室
(2) ゆうめい
　　1. 友名　　　2. 友明　　　　3. 有名　　　　4. 有明
(3) うた
　　1. 踊　　　　2. 曲　　　　　3. 歌　　　　　4. 謡

問6　<u>どようび</u>に、<u>あね</u>が<u>かし</u>てくれたふくをきて出かけます。
(1) どようび
　　1. 土曜日　　2. 火曜日　　　3. 木曜日　　　4. 月曜日
(2) あね
　　1. 兄　　　　2. 弟　　　　　3. 姉　　　　　4. 妹
(3) かして
　　1. 借して　　2. 惜して　　　3. 質して　　　4. 貸して

問題三　四选一。

(1) へやの_____をつけて、あたたかくします。
　　1. だんぼう　2. でんとう　　3. どうぐ　　　4. れいぼう
(2) うちを出るとき、「_____。」といいます。
　　1. おはようございます　　　2. いってまいります
　　3. おかえりなさい　　　　　4. ただいま
(3) 先生、きのうのしゅくだいです。いま、_____いいですか。
　　1. あげても　2. くれても　　3. だしても　　4. とっても
(4) このくすりはとても_____のみにくいです。
　　1. うまくて　2. こわくて　　3. にがくて　　4. よわくて
(5) _____なりますから、いりぐちににもつをおかないでください。
　　1. あんぜんに　2. じゃまに　3. じゅうに　　4. むりに
(6) _____たくさん食べても、すぐにおなかがすいてしまいます。
　　1. いくら　　2. いかが　　　3. どうして　　4. どんな
(7) あしたテストがあります。_____、こんやはテレビを見ないで勉強します。
　　1. けれども　2. しかし　　　3. それから　　4. だから
(8) さいふはつくえの_____の中にあります。
　　1. おしいれ　2. ひきだし　　3. カーテン　　4. ベル
(9) あしたのパーティーは、どんなのみものを_____しましょうか。
　　1. しんぱい　2. しょうたい　3. しゅっせき　4. じゅんび

（10）このまちには、ほんやは_____しかありません。
　　　1. いちだい　　　2. いちど　　　3. いっけん　　　4. いっこ

問題四　从四个选项当中选择与题意相符的。

（1）あした先生のおたくにうかがいます。
　　　1. あした先生のおたくにいらっしゃいます。
　　　2. あした先生のおたくにかえります。
　　　3. あした先生のおたくにまいります。
　　　4. あした先生のおたくにみえます。

（2）手がよごれています。
　　　1. 手がうすいです。　　　　　　2. 手がきたないです。
　　　3. 手がきれいです。　　　　　　4. 手がつめたいです。

（3）A「あしたしょくじに行きませんか。」
　　　B「あしたはちょっと。」
　　　1. あしたは行けます。　　　　　2. あしたはかまいません。
　　　3. あしたはだいじょうぶです。　4. あしたはだめです。

（4）サッカーがさかんになりました。
　　　1. サッカーをする人がふえました。　2. サッカーをする人がへりました。
　　　3. サッカーがまじめになりました。　4. サッカーがつまらなくなりました。

（5）いっしょうけんめいこのこうぎを聞いています。
　　　1. はっきりとこのこうぎを聞いています。
　　　2. てきとうにこのこうぎを聞いています。
　　　3. ねっしんにこのこうぎを聞いています。
　　　4. ゆっくりとこのこうぎを聞いています。

問題五　选择下列词语正确的用法。

（1）かしこまりました
　　　1. A「こうちゃを二つ、おねがいします。」
　　　　 B「はい、かしこまりました。」
　　　2. A「あいつので、まどをあけてもいいですか。」
　　　　 B「はい、かしこまりました。」
　　　3. A「先生、もういちどいってください。」
　　　　 B「はい、かしこまりました。」
　　　4. A「こたえがわかりましたか。」
　　　　 B「はい、かしこまりました。」

（2）きびしい
　　　1. たなか先生はきびしいふくをきています。
　　　2. たなか先生はきびしい字を書きます。
　　　3. たなか先生はきびしいかおをしています。
　　　4. たなか先生はきびしいいぬをもっています。

(3) しめる
　　1. きょうかしょをしめてください。　　2. めをしめてください。
　　3. ラジオをしめてください。　　　　　4. ドアをしめてください。
(4) したく
　　1. このホテルにはよやくのしたくがあります。
　　2. かんじのしゅくだいはぜんぶしたくしました。
　　3. しょくじのしたくはもうできました。
　　4. けいざいをよくするためのしたくをかんがえましょう。
(5) よろこぶ
　　1. 先生におあいできるので、わたしはとてもよろこびます。
　　2. プレゼントをもらって、いもうとはとてもよろこんでいます。
　　3. このハイキングはほんとうによろこんでいますね。
　　4. 友だちのいえでよろこぶ時間をすごしました。

読解・文法
問題一　四选一。
(1) この紙に名前を書いて、来週_____じむしょに出してください。
　　1. に　　　　　2. で　　　　　3. までに　　　4. まで
(2) きのうまんがを10さつ_____読みました。
　　1. も　　　　　2. が　　　　　3. を　　　　　4. で
(3) つかれたから、コーヒー_____飲みましょう。
　　1. が　　　　　2. に　　　　　3. でも　　　　4. まで
(4) お父さんははたらいて_____、子どもとあそぶ時間がない。
　　1. まで　　　　2. ながら　　　3. だけで　　　4. ばかりで
(5) あした10時から大切なかいぎ_____行われます。
　　1. を　　　　　2. が　　　　　3. に　　　　　4. で
(6) 妹はどんなスポーツ_____できます。
　　1. は　　　　　2. が　　　　　3. とか　　　　4. でも
(7) カメラは、買わないこと_____しました。
　　1. に　　　　　2. を　　　　　3. が　　　　　4. は
(8) 田中さん_____くださったケーキを食べました。
　　1. を　　　　　2. で　　　　　3. が　　　　　4. か
(9) パーティーは何時から始まる_____教えてください。
　　1. か　　　　　2. が　　　　　3. を　　　　　4. の
(10) 山田さんが歌っている_____聞こえます。
　　1. のが　　　　2. のを　　　　3. が　　　　　4. の
(11) 電車のじこがあった_____、じゅぎょうにおくれた。
　　1. で　　　　　2. と　　　　　3. のに　　　　4. ので

(12) それはわたし＿＿＿＿せつめいさせてください。
　　　1. は　　　　　2. に　　　　　3. が　　　　　4. を
(13) これは何＿＿＿＿いう食べ物ですか。
　　　1. を　　　　　2. が　　　　　3. と　　　　　4. も
(14) このくつはあのくつ＿＿＿＿歩きやすいです。
　　　1. ほう　　　　2. より　　　　3. ほどは　　　4. ように
(15) ぼくは父＿＿＿＿あやまらせられた。
　　　1. の　　　　　2. を　　　　　3. で　　　　　4. に

問題二　四选一。
(1) どうぞこちらに＿＿＿＿ください。
　　　1. おすわり　　2. おすわって　3. おすわりに　4. おすわりて
(2) 兄と弟はまわりの人にいつも＿＿＿＿しまう。
　　　1. くらべて　　　　　　　2. くらべられて
　　　3. くらべらせて　　　　　4. くらべられさせて
(3) 私のかさを＿＿＿＿ましょう。
　　　1. お貸し　　　2. お貸して　　3. お貸しし　　4. お貸しになり
(4) 何度しっぱい＿＿＿＿、やめずにがんばります。
　　　1. しても　　　2. したら　　　3. すれば　　　4. すると
(5) 車が＿＿＿＿まま、動かない。
　　　1. とまる　　　2. とまり　　　3. とまった　　4. とまって
(6) ストーブがないので、子どもたちは＿＿＿＿。
　　　1. さむくいる　　　　　　2. さむいでいる
　　　3. さむくている　　　　　4. さむがっている
(7) この服はもう古いですから、よごれても＿＿＿＿。
　　　1. かまいます　　　　　　2. かまいました
　　　3. かまいません　　　　　4. かまって いません
(8) こんなことは今までけいけん＿＿＿＿ことがありません。
　　　1. する　　　　2. した　　　　3. するの　　　4. しよう
(9) 早く＿＿＿＿。学校におくれるよ。
　　　1. 起きろ　　　2. 起きず　　　3. 起きるな　　4. 起きいて
(10) 長い時間テレビを＿＿＿＿つづけると、目がいたくなる。
　　　1. みて　　　　2. みる　　　　3. み　　　　　4. みた
(11) ちょっと手紙を＿＿＿＿きます。
　　　1. 出て　　　　2. 出に　　　　3. 出すと　　　4. 出して
(12) こんばんはこの本を＿＿＿＿と思っています。
　　　1. よもう　　　2. よむよう　　3. よむろう　　4. よみよう
(13) へやはとても＿＿＿＿のに、ねむることができない。
　　　1. しずか　　　2. しずかで　　3. しずかだ　　4. しずかな

(14) 友だちの話では新しいじしょはとても_____そうです。
　　 1．よく　　　　2．いい　　　　3．いいだ　　　　4．よくて
(15) _____電話をください。
　　 1．さびしだったら　　　　　　2．さびしかったら
　　 3．さびしいかったら　　　　　4．さびしいだったら

問題三　四选一。
(1) 自転車がこわれてしまったので、友だちに_____。
　　 1．なおしてくれた　　　　　　2．なおしてもらった
　　 3．なおしていただけた　　　　4．なおしてくださった
(2) やさしい山下さんがこんなひどいことを_____。
　　 1．するためだ　　　　　　　　2．しないままだ
　　 3．しないところだ　　　　　　4．するはずがない
(3) 中川さんがかいたえを_____か。
　　 1．おみえしました　　　　　　2．ごらんいたしました
　　 3．おみに なりました　　　　4．ごらんに なりました
(4) このうちにはだれも_____、いつ行ってもしずかだ。
　　 1．いるのに　　2．いるそうで　　3．いないらしく　　4．いないそうに
(5) あしたはいそがしくてだめですが、_____いつでもいいです。
　　 1．あしたじゃなければ　　　　2．あしたじゃないと
　　 3．あしたなら　　　　　　　　4．あしただったら
(6) 天気がいい日は、ここからとおくの山が_____。
　　 1．見ることをできます　　　　2．見えることができます
　　 3．見ることがあります　　　　4．見えることがあります
(7) かれがこのプレゼントをよろこぶ_____わかりません。
　　 1．かを　　　　2．のに　　　　3．かどうか　　　　4．ように
(8) ナイフとフォークがテーブルの上にならんで_____。
　　 1．います　　　2．あります　　　3．します　　　　4．おきます

問題四　选择完成会话。
(1) A 「もう7時半だ。バスにまにあうかな。」
　　 B 「気をつけて。_____。」
　　 1．しつれいします　　　　　　2．いっていらっしゃい
　　 3．いってまいります　　　　　4．かしこまりました
(2) たろう　「おかあさん、ただいま。」
　　 母　　　「あら、(ア)。」
　　 たろう　「友だちのさとうくんをつれてきたよ。」
　　 さとう　「こんにちは。さとうです。」
　　 母　　　「はじめまして。(イ)。」

（ア）1．おだいじに　　　　　　　2．ただいま
　　　　　　3．おかえりなさい　　　　　4．ごめんください
　　　（イ）1．こちらこそ　　　　　　　2．ごめんなさい
　　　　　　3．しつれいしました　　　　4．よく、いらっしゃいました
（3）A 「先生はいつみえますか。」
　　　B 「まだ＿＿＿＿＿＿まで少し時間がありますから、そこで待っていてください。」
　　　1．おいでになる　　　　　　　　2．ごらんになる
　　　3．おっしゃる　　　　　　　　　4．おいでいらっしゃる
（4）A 「あ、これおいしそうだね。食べてもいいの。」
　　　B 「だめよ。おきゃくさまに＿＿＿＿＿＿ものだから。」
　　　1．くださる　　　2．さしあげる　　　3．いただく　　　4．めしあがる

問題五　根据会话选择。

たなか　「ああさとうさん。お元気でしたか。」
さとう　「はい。ありがとうございます。さいきん（ア）、きょうはごあいさつに来たんですよ。」
たなか　「そうですか。どんなおしごとですか。」
さとう　「ぼうえきのしごとです。この近くに今のじむしょがあるんですよ。たなかさん、ぜひ一度（イ）。」
たなか　「ありがとうございます。新しいじむしょのじゅうしょはどちらですか。」
さとう　「（ウ）。どうぞ。」
たなか　「どうも。じゃあ来週おじゃましてもいいですか。」
さとう　「（エ）。じゃあそのときにいっしょにお昼を食べませんか。食べながらしごとのことをお話しましょう。」

　　　（ア）1．わたしは元気でしたので　　　2．一度あそびにきたので
　　　　　　3．新しいしごとを始めたので　　4．お昼をいっしょに食べるので
　　　（イ）1．いらっしゃってください　　　2．あいさつなさってください
　　　　　　3．おっしゃってください　　　　4．おじゃましてください
　　　（ウ）1．こちらもそうです　　　　　　2．こちらもそれです
　　　　　　3．ここに書いたそうです　　　　4．ここに書いてあります
　　　（エ）1．こまります　　　　　　　　　2．もちろんです
　　　　　　3．そうでした　　　　　　　　　4．ごちそうさまでした

問題六　阅读理解。

　　川田さんは、えを見るのがすきです。一人でゆっくりとすきなえを見るために、ことしは五月の休みに外国へ行くことにしました。でも、一人でひこうきにのるのははじめてで、少ししんぱいでした。旅行した国では、日本と時間がちがうので、はじめは少しねむくなりました。また食べ物もからかったので、水をたくさん飲みすぎておなかがいたくなってしまいました。でも、見たかったえをゆっくり見ることができたので、そんなこと

はすぐわすれてしまいました。写真とちがって、自分の目で見たえは、わすれることのできないうつくしさでした。川田さんは、旅行中に友だちになった人に、今でも手紙を書いています。

（1）川田さんはどんなことがすきですか。
　　1．友だちと美術館に行くこと　　　2．一人でゆっくりえを見ること
　　3．五月の休みに旅行に行くこと　　4．外国に行って友だちに手紙を書くこと

（2）川田さんは旅行に行く前にどんなことがしんぱいになりましたか。
　　1．はじめて一人でひこうきにのること
　　2．食べ物がからくて水を飲みすぎること
　　3．旅行した国でねむくなってしまうこと
　　4．水を飲みすぎておなかがいたくなること

（3）川田さんの旅行をいちばんただしくせつめいしているのはどれですか。
　　1．川田さんが見たえを友だちもすきだと言ったので、うれしかった。
　　2．いやなことをすぐにわすれたので、すきなえを見ることができた。
　　3．前から見たかった大すきなえを見ることができて、よかった。
　　4．川田さんが自分の目で見たえは写真と同じぐらいうつくしかった。

随堂自测练习参考答案

第一课　五十音図

一、てすと　ないふ　といれ　ないろん　かめら　れすとらん　めきしこ　さんふらんしすこ　わしんとん　てきすと

二、アル　イル　イヌ　カク　キタナイ　ケイサツ　シイタケ　スコシ　セカイ　サカナ

三、あい(う)え(お)　かきくけ(こ)　さ(し)す(せ)(そ)　たちつ(て)と　な(に)ぬね(の)　はひ(ふ)(へ)ほ　ま(み)む(め)(も)　やい(ゆ)え(よ)　(ら)りる(れ)(ろ)　わいうえ(を)

四、ア(イ)ウエオ　カキ(ク)ケコ　サシス(セ)ソ　タチ(ツ)テト　(ナ)ニヌネノ　ハヒ(フ)ヘホ　マミ(ム)メモ　(ヤ)イユエヨ　(ラ)リルレ(ロ)　ワイウエ(ヲ)

第二课　はじめまして

一、ゲンキ　イチガツ　ヒゲ　ザセキ　チズ　ダイガク　ブタ

二、ぱんだ　ぴんく　ぷらす　ぺん　ぽすと

三、にほんごか　にもつ　かいわ　あんない　たんご

四、1. これ(は)ふくです。それ(も)ふくです。
　　2. これ(は)ほんです。これ(は)私(の)ほんです。
　　3. これ(は)なんですか。それ(は)李さん(の)にもつです。
　　4. あれ(は)なんですか。あれ(は)顧さん(の)ペンです。
　　5. 李さん(の)ノートはどれですか。李さんのノート(は)これです。

五、1. これはテキストです。
　　2. それはナイフです。
　　3. これは私のノートです。
　　4. それは李さんの携帯電話(けいたいでんわ)です。
　　5. あれはだれの魔法瓶ですか。

六、1. 小鲁是哪一位？小鲁是那个人。
　　2. 那也是日语书。
　　3. 那个人是山田先生。

七、甲：ごめんください。
　　乙：はい、どちら様ですか。
　　甲：あのう、すみません、私は隣の中国研修生で、XXXと申します。／はじまして、どうぞよろしくお願いします。
　　乙：あっ、そうですか。
　　甲：はい、これはつまらないものですが、中国の「中国結び」という吉祥物です。どうぞ。
　　乙：へえ、きれいだね。ありがとうございました。いただきます。
　　甲：これからよろしくね。

乙:いえいえ、こちらこそ、よろしくね。
甲:では、今日はこれで、お先に失礼します。
乙:じゃ、さようなら。

第三課　へや

一、がくせい　よくしつ　いっかい　ほんだな　にかい　へや　いす　いろいろ　しつれい　ことば

二、①や　など が　は　は　に
　　②が　も　には　は
　　③の　では　の

三、① トイレはどこにありますか。
　　② かばんの中にりんごがいくつありますか。
　　③ テーブルの上にナイフもありますか。
　　④ 大学もあそこですか。
　　⑤ 部屋にはテレビがありますか。
　　⑥ そこは寝室ですか。
　　⑦ 部屋には何がありますか。
　　⑧ これも日本語のテキストではありませんか。

四、1. へやにテレビがあります。ラジオもあります。
　　2. 机の上にパソコンはあります。テレビはありません。
　　3. よくしつはいっかいにあります。トイレはにかいにあります。
　　4. つくえのうえにペンや日本語の本やれきしのほんなどがあります。
　　5. 寮になにがありますか。つくえがみっつあります。ベッドもみっつあります。

五、1. 那里有电视机、收音机等。
　　2. 那里是小李的宿舍吗？不,不是的。
　　3. 那里是小顾的宿舍吗？是,是的。

第四課　がくえんとし

一、おちゃ　じしょ　ひゃく　ぎゃく　きんぎょ　じゅぎょう　しゅうかん　きゅうか　きょう
　　しゅんかん　しゅっちょう

二、建物　閲覧室　図書館　交通　立派　友人　花　食堂　時間　食事

三、1.（は）（に）（は）（な）（が）　2.（は）（は）（に）（は）（に）（は）（に）
　　3.（に）（は）（の）（が）（は）　4.（に）（は）（が）（か）（と）（の）（が）

四、1. 我们的教室很干净。
　　2. 那个热闹的地方是体育馆。
　　3. 学校的图书馆很安静。
　　4. 我们早晨在教室里,下午在阅览室,晚上在宿舍。

五、1. としょかんにはちゅうごくごのほんがいこくごのほんがたくさんあります。
　　2. 顧さんのおとうさんとおかあさんはこのだいがくにいます。
　　3. がくえんとしにはりっぱなたてものがたくさんあります。
　　4. あの　あかいたてものは　わたしたちの　がっこうの　しょくどうです。

单元自测练习

一、こっけい せつ てんき ちかてつ おおぜい りゅうがくせい きれい とうほう げんき ふうけい げんだい むしゃく としょかん こうつう ゆうじん ぶんか ぎんこう

二、閲覧室 体育館 立派 友人 食堂 時間 食事 人出 観光客 荷物 日本語科 会話 前文 外国

三、1. 問:あなたはよくそのデパートへ行きますか。
　　　答:いいえ、私はあまりそのデパートへ行きません。
　　2. 問:あなたはよくりんごを食べますか。
　　　答:いいえ、私はあまりりんごを食べません。
　　3. 問:あなたはよく新聞を読みますか。
　　　答:いいえ、私はあまり新聞を読みません。

四、1.（は）（に）（は）（な）（が）　2.（は）（は）（に）（は）（に）（は）（に）
　　3.（は）（な）（に）（は）（や）（が）　4.（に）（が）（か）（と）（の）（が）
　　5.（は）（に）（が）　6.（な）（は）　7.（の）（は）（の）　8.（ぐ）（ら）（い）

五、1. おかげさまで、げんきです。
　　2. では、しつれいします。
　　3. としょかんへあんないします。
　　4. こっけいせつわたしとおとうとはこうえんへいきます。
　　5. わたしのクラスにはがくせいがさんじゅうにんぐらいいます。
　　6. わたしはにほんごかのがくせいではありません。わたしはちゅうごくごかのがくせいです。

六、略。

第五課　大学の生活

一、しんぶん じてんしゃ せんめんじょ うんどう たいいく ほうそう ごぜん は せいかつ ろうどく

二、会社員 日系企業 公害 残業 毎日 同僚 大抵 雑誌 毎晩 大変

三、②③③　④③③　①③②　④④

四、1. 李さんは日本語科一年の学生ではありません。
　　2. 教室に机と椅子がありません。
　　3. 池にきれいな金魚がいません。
　　4. 今日はいい天気ではありません。
　　5. あの建物は高くありません。
　　6. 学生のクラブはにぎやかではありません。
　　7. 昨日は金曜日ではありませんでした。
　　8. 昨日映画を見ませんでした。

五、1. 我不怎么吃肉，但经常吃蔬菜。
　　2. 每天早晨，我坐公共汽车去学校。上午是英语课，下午有音乐、体育等课程。
　　3. 从上海到南京，开车要花费3个小时左右。因此，我们8点左右出发。
　　4. 周日，我上午在教室复习日语。下午我和朋友去商场。晚上稍微上网玩会儿。

六、1. ここは私たちの寮で、きれいです。それで、私たちはよく寮で本を読みます。

2. 父は日系企業の部長です。彼は朝八時に会社へ行きます。夜六時に家に帰ります。週末は残業をします。

3. 私はあまり肉を食べません。しかし、私はよく魚を食べます。

第六課　浦　東

一、ぶんぼうぐ　あと　さんぽ　けしき　しなもの　ねだん　てんぼうだい

二、一番　料理　復習　友達　観光　昼食　庭園

三、その　そこ　そんな　その　あの　この　この。

四、1. と・は　2. で　3. が　4. には・の　5. で　6. が・が　7. て　8. で・で

五、①①①　③④③　③

六、1. すみませんが、お宅はどちらですか。

2. 魚は新鮮でおいしかったです。

3. もう11月なのに、あまり寒くありません。

4. 南京で一番暑いときは何月ですか。

5. 寮は近くて便利です。

6. 夕べの映画は長くておもしろくなかったです。

第七課　北京オリンピック

一、ねんじゅうぎょうじ　しょうがつ　じんじゃ　さんぱい　うんどうかい　つきみ　ぜんご　ちゅうじゅん　かいさい　こっか

二、観戦　応援　町　人々　親切　年月日　先週　春　緊張　雰囲気

三、1.（て）　2.（で）　3.（が）　4.（が）　5.（が）　6.（は）　7.（あ）（り）（ま）（せ）（ん）（で）（し）（た）　8.（か）（っ）（た）　9.（へ）　（が）　10.（で）　（が）

四、④③②　②④④　②①①　③②④　③②③　②

五、1. 今年、私は満42歳です。

2. 夏休み、私は友達と一緒に北京へ行きましたが、そこでオリンピツワの聖火リレーをみました。

3. この教室はきれいであかるいです。

4. そのキャンパスはひろくて大勢の学生がいます。

5. このレストランの料理はあまりおいしくありません。

六、1. 这次期中考试很容易。

2. 日语很难，所以每天学到晚上十点。

3. 那时,这一带不怎么热闹。

4. 北京这个城市非常明快、热闹。人也非常和蔼可亲。

5. 今年,我的实际年龄是36岁,他虚岁30。

6. 这个教室既干净又亮堂。

第八課　家族のデジカメ写真

一、いっか　あに　いもうと　かてい　しょうしか　ぼうえきがいしゃ　かくかぞく　びょういん

二、万博　市民　活気　子供　鯉　親　男　女　帽子　花見

三、の　こと　の　の　の

四、だれでも　だれも　いつでも　何でも　何も　どこへも　どれも

五、1. 母が作った料理はとてもおいしいです。
　　2. きのう見たドラマはおもしろかったです。
　　3. A：この作文(さくぶん)を書いた人(ひと)はだれですか。
　　　 B：すみません、わたしです。
　　4. A：田中さんはどの人ですか。
　　　 B：田中さんはあそこに座(すわ)っている女の人です。

六、1. 深知健康的难得。
　　2. 我不熟悉电脑。
　　3. 那时我没玩,在学习来着。
　　4. 我妈妈现在不工作,以前在超市干过。
　　5. 一边听音乐一边写作业。
　　6. 一边工作一边学习。
　　7. 我去上海出差一个星期,昨天回来了。
　　8. 清澈的河流流过公园。
　　9. "你在干嘛?""什么也没干。你呢?""我刚才一直在宿舍里复习日语。"
　　10. 那人穿着西装,脚上却穿着布鞋。

七、①③①　①①②

単元自測練習

一、こくさいくうこう　えいがかん　かんせん　かいさい　たんじょうび　ねんがっぴ　へやだい　ふんいき　かんどう　しつれい　うんどうかい　おとうと

二、親　女　老人　観光　高速電車　記念　教師　卒業　発展　見学　紡績工場　秋冷　研修旅行　講義　活躍　健康　土産話

三、大きく　明るく　有名に　嫌いに

四、1.（を）（に）　2.（は）（が）（は）　3.（で）　4.（か）（ら）（ま）（で）　5.（で）（ぐ）（ら）（い）　6.（で）（す）（か）（ら）　7.（あ）（ま）（り）　8.（が）　9.（よ）（く）　10.（で）

五、1. きっと　2. 代わりに　3. もちろん　4. おかげで　5. によって　6. ぜひ　7. ゆっくり　8. ほとんど　9. あまり　10. しっかり

六、略。

七、1. すみませんが、どなたが日本語科二年の王さんですか。
　　2. 私はセーターを着ています。ですから、寒くありません。
　　3. 学生の寮に四人ほどいます。
　　4. 昨日、私は友人とデパートへ行ってペンや鉛筆などを買いました。
　　5. 電話をかけている人は兄です。
　　6. 私はよく音楽を聞きながら本を読みます。
　　7. 教室はあまりきれいではありませんでした。ですから、私は王さんと掃除しました。
　　8. 夏休み、私は故郷へもどって、家族と一緒に日本へ行きました。
　　9. 夕食後、私はよく友人と運動場を散歩します。
　　10. 父は大学で働いていますが、母は会社に勤めています。

八、問題1 ①　問題2 ③　問題3 ④

第九課　趣　味

一、人間　最初　将棋　興味　趣味　内容　番組　音楽　酢豚　梅干

二、りょこうしゃ　へや　きゅうじつ　かぞく　ひま　たんじょうび　しけん　へんじ　きって
　　さかな　かんごふ　せかい　しゅみ　けさ　てら　しんかんせん　ねだん

三、1. どの答えが正しいか、わかりますか。
　　2. お正月は何日休むか、まだわかりません。
　　3. 冬休みはいつから始まるか、先生はまだ言っていません。
　　4. 期末試験はいつか、知っていますか。

四、1.（を）（に）（が）　2.（と）（と）（が）　3.（で）（が）　4.（は）（が）（は）　5.（だ）
　　6.（よ）（り）（が）　7.（く）　8.（で）（も）　9.（も）　10.（も）（も）

五、③③③　③③

六、1. 英語より、日本語のほうが好きです。
　　2. 南京は6月ごろから暑くなります。
　　3. 部屋にはだれもいません。
　　4. 今、日本語を勉強している人が多くなりました。
　　5. 先生も学生もコンサートに参加しました。

七、1. 今天必须交作业。
　　2. 为了健康每天早晨都慢跑。
　　3. 我弟弟在为买自行车攒钱。
　　4. 今天因为是星期一，美术馆不开门。
　　5. 周围太吵，听不清楚。

第十課　試　験

一、ほうもん　にちじ　やくそく　かって　むり　せんじつ　しけんもんだい　ごい　どっかい
　　ぶんぽう

二、開始　一生懸命　選択肢　予鈴　解答用紙　鉛筆　訪問先　教科書　質問　解答欄

三、消す→消さない　使う→使わない　言う→言わない　始める→始めない　配る→配らない
　　書く→書かない　出す→出さない　出る→出ない　話す→話さない　考える→考えない
　　守る→守らない　つける→つけない　上げる→上げない　教える→教えない　行く→行かない
　　作る→作らない　できる→できない　乗る→乗らない　来る→来ない　する→しない
　　持つ→持たない　入れる→入れない　入る→入らない

四、1.（て）（は）（い）（け）（ま）（せ）（ん）　2.（な）（け）（れ）（ば）（な）（り）（ま）（せ）（ん）
　　3.（っ）（て）（も）（い）（い）（で）（す）　4.（だ）（け）　5.（か）（ら）　6.（て）（く）（だ）（さ）（い）
　　7.（な）（く）（て）（も）（い）（い）（で）（す）　8.（に）　9.（く）

五、②③②　③②

六、1. 速く食べてください。
　　2. 帽子をとってあいさつしてください。
　　3. お風呂に入ってから寝てください。
　　4. ゆっくり歩いてください。
　　5. はやく起きてください。

6. しっかり勉強してください。
7. 質問に答えてください。
8. もう一度考え直してください。
9. お客さんに謝ってください。

七、1. 有说好的也有说坏的,大伙说的都不一样。
2. 不要光是学习,如果不能不时地散散步、做做运动的话会生病的。
3. 毕业离开学校的同时我也感受到了寂寞。
4. 时间已经不多了,不好好学习是不行的。
5. 3月3日被称为女儿节。
6. 我上周在苏州参观了一个叫"狮子林"的美丽庭园。
7. 在教室里,禁止吃东西。
8. 请把黑板弄干净。
9. 因为明天是周日,所以可以不用去公司上班。
10. 请不要在饭店里吸烟。
11. 不懂这个问题的人请举手。

第十一課　留　　学

一、うちゅう　せっけい　しょうねんじだい　そふ　かつどう　けいざい　きこく　けんきゅうしゃ　ゆめ

二、祖国　現代化　活動　日中　成功　是非　講座　録音　友好

三、1.（た）（め）（に）（お）（う）（と）　2.（か）　3.（よ）（う）（と）　4.（つ）（も）（り）　5.（を）
6.（て）（か）（ら）　7.（の）（で）（す）　8.（た）（め）（に）　9.（た）（い）　10.（の）（で）

四、④④③　②②

五、1. 部屋の掃除は私がやりましょう。
2. 私がご飯を作りましょう。
3. 「社長、お荷物をお持ちしましょう。」
4. いっしょに帰りましょう。
5. みんなで歌を歌いましょう。
6. 王さん、今晩映画を見ましょう。
答え：はい、見ましょう。
いいえ、見ません。

六、1. 私は桂林へ行ったことがあります。
2. 私は工場で働いたことがあります。
3. 私は泰山には一度も行ったことはありません。
4. 見たことも、聞いたこともありません。
5. 海で泳いだことがあります。
6. デパートへ買い物に行きます。
7. 先生のところへ相談に行きます。
8. 何をしに上海へ来ましたか。
9. 昼ご飯を食べに家へ帰ります。
10. 私は切符をもらいに行きます。

11. 私は図書館へ勉強に行きます。

七、1. 我送你这个。
2. 我送了妻子毛衣。
3. 刚刚父亲给我打来了电话。
4. 我打算明年和朋友一起去海外旅行。
5. 小李为了学习英语,想要买字典和盒式录音机。
6. 我想中国学习日语后,去日本的研究生院学习经济。
7. 因为昨天下雨,所以我们没有去一日游。
8. 我还没有决定自己将来做什么。

第十二課　あいさつの言葉

一、にちじょう　かいとうらんま　ごりむちゅう　くび　ぶんしょう　せんたく　せんたく　あいさつ
　　れんしゅう　ちしき

二、漢字　一面　季節　昼間　言葉　利益　不利　大切　富士山　社交的

三、③④　③④　②③④　①①③　③④①　②②③　④②

四、1.（で）（と）　2.（と）（い）（う）　3.（に）（に）（な）（さ）（い）
　　4.（な）（け）（れ）（ば）（な）（り）（ま）（せ）（ん）　5.（と）（か）（と）（か）
　　6.（と）（か）（と）（か）　7.（と）（と）（も）（に）　8.（と）（そ）（れ）（と）（も）
　　9.（を）（を）　10.（に）（と）

五、① 田中さんの犬はとてもかわいいと思います。
　　② A：きのう行ったレストランの料理はおいしかったと思いますか。
　　　　B：いいえ、あまりおいしくなかったと思います。
　　③ ローマ字は便利だと思います。
　　④ A：田中さんもきのうのパーティーに行ったと思います。
　　　　B：いいえ、行かなかったと思います。
　　⑤ A：あしたも寒いと思います。
　　　　B：ええ、たぶん。
　　⑥ 昔、ここはにぎやかだったと思います。

六、1. 南京の市民は梅という花が好きですが、日本人は桜という花が好きです。
　　2. 明日、私は会社へ行かなければなりません。
　　3. 早く宿題を書きなさい。
　　4. 人と別れる時に、日本人はよく何と言いますか。
　　5. あの人は「島本雅文」という日本人の先生です。
　　6. 経済の発展とともに、人々の生活も豊かになりました。
　　7. 明日試験があるから、早く寝なさい。
　　8. 人に会った時に、挨拶しなければなりません。
　　9. 正しいとか、正しくないとか、人々の考え方が違います。

七、1. A：哎呀,好可爱的狗儿呀。
　　　　B：你还是离它远点好,它会咬你的。
　　2. 马上就要甩卖了,我觉得还是不要现在买的好。
　　3. 即便下雨,焰火大会也不会取消。

4. 即使不喜欢蔬菜,也还是吃点的好。
5. 我昨天和朋友去了高岛屋商场,买了许多东西。

单元自测练习

一、しょくぎょう ちょうさ こうこう しゅうしょく はいゆう びようし しんにゅうしゃいん しゃかい あんてい ぎじゅつ こうむいん こうじょう せんこう いっしょう まいねん ぞうせん じだい もけい かんじ だいがく

二、申込書 連絡先 快刀乱麻 五里霧中 希望 職員 特技 交通費 定年 丁寧 動機 専攻 時給 宇宙船 募集 翻訳 結構 研修 広告

三、①③④ ②③① ②③④ ①③② ②③

四、1.(で)(と) 2.(い)(け)(ま)(せ)(ん) 3.(に)(に)(な)(さ)(い)
4.(た)(が)(っ)(て)(い)(ま)(す) 5.(と)(か)(と)(か) 6.(お)(も)(っ)(て)
7.(と)(と)(も)(に) 8.(つ)(も)(り) 9.(を)(を) 10.(た)(め)(に) 11.(の)(で)
12.(か) 13.(て)(か)(ら) 14.(な)(が)(ら) 15.(と)(い)(う)

五、1. 下記のとおりに紹介します。
2. 計画のとおりにやります。
3. きのうは天気予報のとおり雨でした。
4. 氷が水になりました。
5. 信号が赤に変わりました。
6. 会長を誰に決めましたか。
7. 朝は早く起きることに決めました。
8. 彼のドイツ語はそれほど上手ではありません。
9. このお酒はそれほどおいしくありませんね。
10. それほどひどい病気でもありません。
11. 長く煮ると、固くなります。
12. 早く行かないと、間に合いません。
13. 春になると、暖かくなります。
14. 読んでみると、とても分かりやすいです。
15. 間違いがあるかどうか見てください。
16. おもしろいかどうか分かりません。
17. その番組は人気があるかどうかアンケート調査してみましょう。

六、1. 万里长城的宏伟和建设的难度众所周知。
2. 代表团如期抵达了东京。
3. 这正是你所定的商品。
4. 一饮酒脸就会红。
5. 他一有钱就会去打弹子球赌博。
6. 行不行我过后打电话告诉你。
7. 他的名字太长,记不住。
8. 进入大学后,我很迷惑,学历史呢,还是学日本文学呢?
9. 学生禁止进入这个房间。
10. 伴随着文化交流,经济和技术交流等也盛行起来。

11. 我们必须牢固掌握已经学过的知识。
12. 虽然爷爷已经六十岁了,但因为每天爬山,所以身体健康。

第十三課　クリスマス

一、けっこんしき　つごう　にんぎょう　せんでん　ぶんかかん　こくご　ちから　うりば
　　えいきょう　とくべつ

二、運動場　朗読　自転車　残業　雑誌　散歩　映画　友達　汽車　両親　夕方　手紙　音楽　文字
　　読解　教科書　質問　資格　名前　結果　無理　勝手　翻訳　応募　広告　丁寧　紹介　連絡
　　季節　知識

三、フランス　ワープロ　アルバイト　センター　ステレオ　ビデオレコーダー　マナー　チャイム
　　コンピューター　クラスメート

四、①③　④②②　①③③　③②①　④④①　③④④　②④②　①②④　①②③　④①③　②①④
　　①②

五、①②①　③④

六、1. 去年の誕生日に私は両親からは万年筆をもらって、兄からは自転車をもらいました。
　　2. アメリカへ行ったことがありませんが、日本へ行ったことがあります。
　　3. 日曜日、母と一緒にデパートへ新しい服を買いに行くつもりです。
　　4. 私たちは日本語を勉強するために、辞書かラジカセを買いました。
　　5.「テニスをしませんか。」「ええ、いいですよ。一緒にしましょう。」

七、1. 受广告宣传的影响,圣诞节礼物一年年盛行起来了。
　　2. 我从来没有去过北京,所以暑假我打算和朋友一起去。
　　3. 去年元旦,我送给弟弟一件毛衣,姐姐送给我日本产的钢笔。
　　4. 我想今天或者明天去书店买书。
　　5. 北京我已经去了很多次了,所以寒假的时候,我打算去国外旅行,或者去打工。

第十四課　元　　旦

一、ようじ　けいたいでんわ　あんぜん　きそく　だいじょうぶ　とうじつ　けさ　どくしょ
　　しばい　まんざい

二、故郷　年末　最後　除夜　鐘　紅白歌合戦　郵便屋　年賀状　料理　健康

三、①①②　③④③　②④②　①④②　②①④

四、1.（ば）（で）　2.（て）（も）　3.（と）　4.（く）（ら）（い）　5.（ほ）（ど）　6.（け）（れ）（ば）
　　7.（ば）　8.（み）　9.（に）　10.（み）

五、1. 南京師範大学までどう行けばいいですか。
　　2. あした用事がありますから、彼が行かないだろうと思います。
　　3. 人が多ければ多いほどいいです。
　　4. オリンピック大会だから、少しくらい雨が降っても、見に行きます。
　　5. 早起き早寝をしたほうがいいです。

六、1. 越往南走,越热。
　　2. 即便你不去,我也要去的。
　　3. 还是早点戒烟为好。
　　4. 只要遵守学校的规定就可以了。

5. 我尝了尝小李做的饭菜,非常好吃。

第十五課　料　理

一、ていりゅうじょ　じょうしゃけん　おりる　したく　ほんもの　せいしゅん　ひろう　せいせき
　　おこる　べんとう　しょうとつ　よそく　ひつけ　すうじつ　ゆいいつ　ゆずる　じょうだん
　　なまける　ことわる　しゅうとく　ひゆ　むだ　おおはば　しゅっきん　ちこく　みじか
　　しゅくはく　いちりゅう　かんしゃ　けんとう

二、運転　発車　渋滞　別科　残念　翌日　生意気　態度　涙　昔話　背負う　植物　提案　計画
　　愛読書　貸し出し　教養　作用　人生　実物　感動　上達　話題　上品　営業部　面接　確認
　　実習　予定　伝言

三、ストレス　スムーズ　パスポート　エレベーター　アジア　スピード　フロント　ジャーナル
　　コンミュニケーシュン　メデイア　サイン　カラーフィルム　サンダル　ドライブ　リラックス
　　コントロール　スペイン　バイオリン　ラッシュアワー　アナウンス

四、③④③　④②④　②④④　④

五、1. 我想再过十分钟他就会回来的。
　　2. 这是对你的祝福。
　　3. 不管怎么说他是你的弟弟,原谅了他吧。
　　4. 运动会因下雨延期至下周。
　　5. 不要光是玩,快点学习吧!
　　6. 到了三月份,樱花就开了,许多日本人会去赏花。
　　7. 田中老师的解释让人费解,但佐藤老师的解释就让人容易理解。
　　8. 我不知道是否合您的口味。
　　9. 按照老师所说的去做。
　　10. 为了赶上火车,我们要八点出门。

六、1. 普段まじめに勉強していれば試験の前にそんなに遅くまで勉強しなくてもいいです。
　　2. 昨日、私はデパートへ行ってマフラーを買ってコーヒーを飲んで帰りました。
　　3. 後ろを見ると田中さんが笑っています。
　　4. 子供が寝ているのでステレオの音を小さくしてください。
　　5. 早く行けば間に合うかも知れません。
　　6. 李さんが行かなくて王さんが行きます。
　　7. お酒が好きな人は必ずお酒に強いとは限りません。
　　8. 弟がレコードが好きなのであげようと思っています。
　　9. 私は刺身を食べたことがありません。
　　10. あの人は元気がなさそうです。

第十六課　インタビュー

一、こうぎ　てつや　ぜんぶ　じっせいかつ　きょうりょく　しるし　せんよう　たいざい　いちいん
　　ひつよう

二、記者　環境　騒音　公害　病気　医務室　山田　普段　全然　非常

三、1.（を）（の）（は）　2.（に）（つ）（い）（て）　3.（こ）（と）（が）（あ）（り）（ま）（す）。
　　4.（だ）（り）、（た）（り）　5.（と）（っ）（て）　6.（ま）（え）（に）　7.（な）（い）　8.（し）　9.（で）

10.（で）

四、③①② ④②① ④③① ②③④ ③①④ ③④① ④③② ②

五、1. ④ 2. ④ 3. ② 4. ③ 5. ①

六、1. ② 2. ③ 3. ④ 4. ② 5. ①

七、（ア）1 （イ）2 （ウ）3

八、1. ① 2. ② 3. ② 4. ③

九、1. 約束どおりに大学の広場で待ちましたが、彼は来ませんでした。
2. アンケート調査をするかどうか、できれば早く決めてください。
3. 南京大学に行くには、まず地下鉄に乗って、それから、11番のバスに乗ればいいです。
4. あの人は普段あまり活発ではありませんが、お酒を飲むと話が多くなります。
5. 東京などの大都市は住みにくいですが、地方は住みやすいです。
6. この問題は三年生にとってはやさしいですが、一年生にとっては難しいです。
7. 日本と中国の経済について、自分の考え方を出してください。
8. 暑かったり、寒かったりで、お体に気をつけてください。
9. 今日は雨も降っているし、風も吹いているし、私たちはどこへも行きませんでした。
10. 日本語を勉強するのは、日本へ行くつもりだからです。

十、1. 我能喝一点酒，但烟一点也不抽。
2. 从小就要养成睡前刷牙的习惯。
3. 对我而言，高中老师送给我的钢笔是很宝贵的。
4. 这里有时宁静，有时热闹。
5. 我有时会去北京，但上海一次也没去过。

期末模拟测试

文字・語彙

問題一 問1 324 問2 214 問3 212 問4 121 問5 1334 問6 2443

問題二 問1 22 問2 31 問3 21 問4 342 問5 233 問6 134

問題三 （1）1 （2）2 （3）3 （4）3 （5）2 （6）1 （7）4 （8）2 （9）4 （10）3

問題四 （1）3 （2）2 （3）4 （4）5 （5）3

問題五 （1）1 （2）3 （3）4 （4）3 （5）2

読解・文法

問題一 （1）3 （2）1 （3）3 （4）4 （5）2 （6）4 （7）1 （8）3 （9）1 （10）1 （11）4 （12）2 （13）3 （14）2 （15）4

問題二 （1）1 （2）2 （3）3 （4）1 （5）3 （6）4 （7）3 （8）2 （9）1 （10）3 （11）4 （12）1 （13）4 （14）2 （15）2

問題三 （1）2 （2）4 （3）4 （4）3 （5）1 （6）4 （7）3 （8）1

問題四 （1）2 （2）34 （3）1 （4）2

問題五 （ア）3 （イ）1 （ウ）4 （エ）2

問題六 （1）2 （2）1 （3）3

教材练习参考答案

第二課　はじめまして

四、は　の　も　は　の

五、(1) はい、わたしはにほんごかいちねんの＊＊＊です。
　　(2) はい、あのひとはにほんごかにねんの＊＊＊さんです。
　　(3) 顧さんはあのひとです。
　　(4) はい、それはテキストです。
　　(5) はい、それはにほんごのテキストです。
　　(6) はい、それはわたしのにほんごのテキストです。
　　(7) はい、これもテキストです。
　　(8) これは李さんのテキストです。
　　(9) 魯さんのテキストはそれです。
　　(10) あれはでんわです。

第三課　へや

一、こうどう　おおい　くうき　けいざい　こおり　すもう　そんけい　すうじ　まあまあ　とおる　しいたけ　のうみん　せいさん　きれい

五、(1) つくえのうえにりんごやレモンなどがあります。
　　(2) ベッドのうえにふとんやふくなどがあります。
　　(3) へやにテレビやパソコンなどがあります。
　　(4) テーブルのうえにスプーンやはしなどがあります。
　　(5) しんしつにつくえやベッドなどがあります。

六、(1) いいえ、ここはせんせいのクラブではありません。がくせいのクラブです。
　　(2) いいえ、そうではありません。/いいえ、ここはわたしのへやではありません。
　　　　ここは李さんのへやです。
　　(3) そこにほんがあります。
　　(4) はい、そこにすうがくのほんがあります。
　　(5) いいえ、そこにれきしのほんはありません。
　　(6) れきしのほんはほんだなにあります。
　　(7) わたしのしんしつにベッドがみっつあります。
　　(8) いいえ、ほんだなはひとつあります。

第四課　がくえんとし

六、(1) これはあたらしいじしょですね。
　　(2) これはおおきいへやですね。
　　(3) これはちいさいつくえですね。
　　(4) これはきれいなはなですね。
　　(5) これはりっぱなとしょかんですね。

单元一復習　シャンハイのワイタン

三、(1) ① A. それはなんですか。　B. これはじしょです。
　　　　　A. あなたのじしょですか。　B. いいえ、ちがいます。顧さんのじしょです。
　　　　　A. あたらしいじしょですか。　B. はい、そうです。
　　　② A. それはなんですか。　B. これはちずです。
　　　　　A. あなたのちずですか。　B. いいえ、ちがいます。顧さんのちずです。
　　　　　A. あたらしいちずですか。　B. はい、そうです。
　　　③ A. それはなんですか。　B. これはハンカチです。
　　　　　A. あなたのハンカチですか。　B. いいえ、ちがいます。顧さんのハンカチです。
　　　　　A. あたらしいハンカチですか。　B. はい、そうです。
　　(2) ① A. ほんのなかになにがありますか。　B. きってがあります。
　　　　　A. しゃしんもありますか。　B. いいえ、しゃしんはありません。
　　　　　A. しゃしんはどこにありますか。　B. しゃしんはノートのなかにあります。
　　　② A. きょうしつにだれがいますか。　B. 顧さんがいます。
　　　　　A. 李さんもいますか。　B. いいえ、李さんはいません。
　　　　　A. 李さんはどこにいますか。　B. 李さんはえつらんしつにいます。

四、(1) へ(を)　(2) と、の、の、ではありません　(3) に　(4) には、な、が　(5) には、は
　　(6) います　(7) の　(8) ぐらい　(9) は、も　(10) や、など

第五課　大学の生活

二、(1) ① で、から、まで　② で、の、を　③ から、に、に　④ を、も、は　⑤ へ(に)
　　(2) ① ぐらい　② ごろ　③ ごろ　④ ぐらい
　　(3) ① に　② で　③ で　④ に

三、(1) ① 朝6時に起きます。　② 10時に来ます。　③ 学校へ行きます。
　　　④ うどんを食べます。　⑤ 会話をします。　⑥ 夜11時に寝ます。
　　　⑦ ニュースを聞きます。　⑧ 新聞を読みます。　⑨ テレビを見ます。
　　　⑩ 授業が始まります。　⑪ お風呂に入ります。　⑫ 6時に終わります。
　　　⑬ 家へ帰ります。　⑭ 会社まで十分かかります。　⑮ 八時ごろ出かけます。
　　(2) ① ここは上海の浦東で、にぎやかなところです。
　　　② あの人はわたしの先生で、熱心な人です。
　　　③ これは日本語の辞書で、とてもいい辞書です。
　　　④ 彼女は李さんのお姉さんで、日本語科の学生です。
　　　⑤ 家から学校まで一時間ぐらいで、とても遠いです。

四、(1) ① 歯を磨きます。 ② 宿題をします。 ③ ケーキを食べます。 ④ ハンカチを洗います。
　　(2) ① 運動場でテニスをします。② 家でテレビを見ます。 ③ 洗面所で歯を磨きます。
　　　　④ 閲覧室で新聞を読みます。 ⑤ 教室で日本語を勉強します。
　　(3) ① 船で行きます。 ② 電車で行きます。 ③ 地下鉄で行きます。 ④ 飛行機で行きます。
　　　　⑤ 新幹線で行きます。
　　(4) ① バスケットボールやテニスなどをします。 ② 雑誌やテキストなどがあります。
　　　　③ きれいな町です。 ④ 熱心な人です。 ⑤ 大きい庭です。

五、(1) 私は毎日六時に起きます。十時に寝ます。八時間寝ます。
　　(2) はい、私はよく運動をします。よく運動場でバスケットボールやラジオ体操などをします。
　　(3) 朝ご飯はいつも家で食べます。
　　(4) 学校は午前は八時から十一時半までで、午後は一時半から三時半までです。
　　(5) はい、日本語の授業は毎日あります。一日に6時間あります。
　　(6) 夜はテレビを見ます。勉強もします。

六、(1)「今何時ですか。」「七時四十五分です。」「もうすぐ授業の時間ですね。」「ええ、これから教室へ行きます。」
　　(2)「毎日学校へ来ますか。」「はい、毎日来ます。」「毎日何時に来ますか。」
　　　「八時ごろです。」「何で来ますか。」
　　　「バスはとても込みます。ですから私は毎日自転車で学校へ来ます。」
　　　「家から学校までどのぐらいかかりますか。」
　　　「30分ぐらいかかります。」
　　(3)「あなたはよく図書館へ行きますか。」「いいえ、あまり行きません。」「夜、よくインターネットを楽しみますか。」「はい、毎日します。」
　　(4)「これは今日の新聞ですか。」「いいえ、違います。閲覧室には今日の新聞があります。私はよくあそこで新聞を読みます。」

七、略。

第六課　浦　　東

一、略

二、(1) か　(2) と　(3) で　(4) くありません　(5) で
　　(6) ではありません　(7) に

三、(1) ① 食事のあと木村さんとお茶を飲みました。
　　　　② 二人は近くのレストランで昼食を取りました。
　　　　③ 公園でたくさんの写真を撮りました。
　　　　④ 日曜日に日帰り旅行をしました。
　　　　⑤ 駅で切符を買いました。
　　(2) ① 駅は近くありません。
　　　　② 肉饅頭はおいしくありません。
　　　　③ この映画はおもしろくありません。
　　　　④ これはめずらしくありません。
　　　　⑤ 旅行は楽しくありません。
　　(3) ① このホテルは有名ではありません。

②　ここはにぎやかではありません。
③　図書館の建物は立派ではありません。
④　ここは便利ではありません。
⑤　生活は楽ではありません。

(4)　①　李さんの日本語はクラスで一番上手です。
②　このホテルは上海で一番高いです。
③　この部屋は学生寮で一番きれいです。
④　私の家は三人の中で一番遠いです。
⑤　日本語は外国語の中で一番下手です。

四、①　いいえ、友達と三人で復習しました。
②　いいえ、お母さんと二人で買い物をしました。
③　いいえ、私と二人で食事をしました。
④　いいえ、会社の人と三人で出張します。
⑤　いいえ、クラスの人と四人で旅行をしました。

五、(1)　今日は火曜日です。
(2)　昨日は月曜日でした。
(3)　昨日はとてもよい天気でした。
(4)　私はよく淮海路の一番大きい店で買い物をします。
(5)　わたしはいつも母と一緒に買い物をします。
(6)　はい、いいです。しかし値段はちょっと高いです。
(7)　いいえ、あまりおいしくありません。／はい、おいしいです。
(8)　はい、ときどきします。
(9)　はい、よく見ます。／いいえ、あまり見ません。
(10)　食事の後、よく友達の顧さんと散歩します。学校の近くの公園で散歩します。

六、(1)　「昨日は本当にいい天気でしたね。あなたはどこかへ出かけましたか。」「はい、出かけました。呂さんと二人で友達の家へ行きました。」「その友達の家は遠いですか。」「いいえ、遠くありません。自転車で15分ぐらいかかりました。わたしたちは10時ごろそこに着きました。昼食は友達の家で三人で食べました。」
(2)　「あなたはよくどこで買い物をしますか。」「よく学校の近くの店で買い物をします。その店の品物の値段は高くありません。そしてものもいいです。昨日、私はせっけんを買いました。」「いくらでしたか。」「一元五角でした。」

第七課　北京オリンピック

二、(1)　は、が　(2)　くて　(3)　で　(4)　が、かっ　(5)　が　(6)　くありませんでした
(7)　ではありませんでした　(8)　が、が

三、(1)　①　料理はおいしくて安いです。
②　この建物は新しくてりっぱです。
③　寮は近くて便利です。
④　夏は暖かくて冬は寒いです。
⑤　この映画はおもしろくておおぜいの人が見ます。

(2)　①　魚は新鮮でおいしかったです。

②秋の夜は静かで涼しいです。
③生活は楽でたのしいです。
④祭りはにぎやかでおもしろかったです。
⑤人々は親切でとても楽しい旅行でした。
(3)①あしたは日曜日ですが、休みません。
②この魚は高いですが、とてもおいしいです。
③郊外ですが、あまり静かではありません。
④もう四月ですが、まだ寒いです。
⑤李さんの家へ行きましたが、かれはいませんでした。

四、A
　　B
　A　よかった
　B
　A　多かった　にぎやかでした
　B　暑かった
　A　暑くありませんでした　寒かった

五、(1) わたしの部屋は夏は暑くありませんが、冬はちょっと寒いです。
(2) わたしの部屋は広くて静かです。
(3) 上海で一番暑いときは八月です。
(4) たいてい七月七日から始まります。
(5) 北京へ旅行しました。とても楽しかったです。
(6) わたしの誕生日は×月×日です。去年の誕生日は友達がたくさん来ました。ですからとても楽しかったです。

六、(1)「すみませんが、今日は何日ですか。」「今日は11月18日です。」「そうですか。ありがとうございました。」
(2)「上海の夏は暑いですね。」「あなたは、上海は初めてですか。」「はい。上海の気候はどうですか。」「春は暖かくて秋は涼しいですが、夏は暑くて冬は寒いです。」「そうですか。昨日はあまり暑くありませんでしたが、今日は暑いです。何月が一番暑いですか。」「8月が一番暑いです。」「8月ですか。ちょうど夏休みですね。その時、わたしはもう昆明に帰っています。」
(3)「お誕生日はいつですか。」「4月10日です。」「4月10日ですか。先週の金曜日でしたね。」「ええ、その日にパーティーがありました。」「だれが来ましたか。」「友達がおおぜい来ました。李さん、魯さん、留学生の田中さんも来ました。」「にぎやかで楽しいパーティーでしたね。」「ええ、そうです。料理がおいしくて、お酒もおいしかったです。」「それはよかったです。ところで、失礼ですが、今年おいくつですか。」「1995年に生まれました。今年満20歳です。」
(4)「あの本はもう読みましたか。」「ええ、読みました。とても面白かったです。」

第八課　家族のデジカメ写真

二、(1) ほど　(2) ながら、んでいます　(3) では　(4) を、に　(5) て、に　(6) に　(7) が　(8) を　(9) きらきら　(10) いていた

三、(1)①新聞を読んでいます。　→　新聞を読んでいました。
　　②ズボンを洗っています。　→　ズボンを洗っていました。

③ 一人で生活をしています。→ 一人で生活をしていました。
④ ベッドに寝ています。 → ベッドに寝ていました。
⑤ 写真を撮っています。 → 写真を撮っていました。

(2) ① 図書館へ行って勉強します。
② 北京へ一週間出張して昨日帰りました。
③ 日本語を習ってなにをしますか。
④ 五時間働いて疲れました。
⑤ 昼食を食べて出かけました。

(3) ① 青い空を見ている人は田中さんです。
② 白いセーターを着ている人は魯さんです。
③ 黄色いズボンをはいている人はわたしの友達です。
④ 絵を楽しんでいる人は顧さんです。
⑤ ラジオのニュースを聞いている人は李さんです。

(4) ① 歩きながら本を読んでいます。
② ご飯を食べながらテレビを見ています。
③ 働きながら勉強しています。
④ 歌いながら踊っています。
⑤ 小鳥が鳴きながら飛んでいます。

四、(1) 晴れています (2) 咲いています
(3) 光っています (4) 休んでいます

五、(1) 毎朝ではありません。時々聞いています。
(2) はい、毎日書いています。
(3) 五、六人います。
(4) みんな読んでいます。
(5) 日本語を習っています。歴史や数学も習っています。
(6) 教室で日本語を復習していました。

六、(1) 「家に帰ったあと勉強しますか。」「はい、食事をして少し勉強します。」
(2) 「李さん、ラジオを聞きながら何をしていますか。」「今日の新聞を読んでいます。もう読みましたか。」「いいえ、まだ読んでいません。」
(3) 「この写真はきれいですね。あなたの写真ですか。」「はい、そうです。これは去年花見をしていたときの写真です。」「この赤い帽子をかぶっている人はあなたですね。」「いいえ、大学で勉強している兄です。」
(4) 「すみません。田中さんはどのかたですか。」「田中さんですか。あそこでお茶を飲んでいる人です。」「あのめがねをかけて白いセーターを着ている方ですか。」「はい、そうです。」
(5) 「先生、ごぶさたしました。」「ええ、しばらくですね。あなたは大学を出てどこに勤めていますか。」「会社に勤めています。」「そうですか。あのいつも青いズボンをはいていた学生は今どこにいますか。」「国に戻って大学の先生になりました。しかしよく上海に来ています。」

七、略。

単元二復習　連　休

一、た(べ)もの　にもつ　なんがつ　まんげつ　つきみ　まいにち　ねんがっぴ　やす(みの)ひ

ひるね　ちゅうしょく　かいがん　うみ

二、卒業　友達　記念　両親　木(の)葉　飾(る)　覚(える)　生(れる)　勤(める)　暖(かい)

三、(1) は、が、は　(2) て、に　(3) と、で、まで、で、に、に　(4) で　(5) から　(6) で、が　(7) が/と
(8) か　(9) に　(10) に、を

四、(1) よく　(2) いつも　(3) とても、あまり　(4) いっぱい　(5) ちょっと　(6) そろそろ
(7) ちょうど

五、(1) なに　(2) どんな　(3) なん　(4) どこ　(5) だれ　(6) なん　(7) どのぐらい　(8) 何曜日
(9) どれ　(10) いくら　(11) どう

六、A
　　B
　　A
　　B　くて、りました
　　A　りました
　　B　りませんでした
　　A
　　B　かった
　　A
　　B　ていました
　　A　い
　　B　くありませんでした

七、① C　② F　③ B　④ E　⑤ H　⑥ D　⑦ A　⑧ G　⑨ J　⑩ I

第九課　趣　　味

二、(1) は、が　(2) より、の　(3) と、と、が　(4) でも　(5) が　(6) は、が　(7) に、を　(8) の
(9) も、も　(10) も　(11) も　(12) に　(13) く　(14) ことができる、く

三、(1) ① 田中さんは中国語が上手です。
　　　② 私は北京の秋が好きです。
　　　③ 鈴木さんは絵が好きです。
　　　④ あの子供は勉強が嫌いです。
　　　⑤ 私は会話が下手です。
　(2) ① 李さんは納豆より梅干のほうが好きです。
　　　② 鈴木さんはバドミントンより野球のほうが得意です。
　　　③ 顧さんは楽器より歌のほうが上手です。
　　　④ 青木さんは英語より中国語のほうが苦手です。
　　　⑤ 私は土曜日より月曜日のほうが忙しいです。
　(3) ① 北京は11月ごろから寒くなります。
　　　② このセーターは来週から安くなります。
　　　③ 私は来月から忙しくなります。
　　　④ この寮は夜10時半から静かになります。
　　　⑤ テレビ番組の内容は来月から豊かになります。

四、(1) ① これは二年生が習うテキストです。

②これは六月に咲く花です。
　　　③これは南京路へ行くバスです。
　　　④これは子供が読む本です。
　　　⑤これは私がよく見る番組です。
　(2)①昨日飲んだお酒です。
　　　②昨日洗ったズボンです。
　　　③昨日作った料理です。
　　　④昨日訪ねた友達です。
　　　⑤昨日焼いた魚です。
　(3)①私は日本語ができます。
　　　②私は英語の通訳ができます。
　　　③私は箸で食事ができます。
　　　④私は野球ができます。
　　　⑤私は日本語で会話ができます。
　(4)①私は料理を作ることができます。
　　　②私は自転車に乗ることができます。
　　　③私は明日八時にここへ来ることができます。
　　　④私は通訳を引き受けることができます。
　　　⑤私は海で泳ぐことができます。
五、(1)①水曜日のほうが忙しいです。
　　　②生の魚のほうが好きです。
　　　③この病院の建物のほうが新しいです。
　　　④スリラー映画のほうが好きです。
　　　⑤デパートのほうが近いです。
　(2)①いいえ、大きいのも小さいのもあります。
　　　②いいえ、高いのも安いのもあります。
　　　③いいえ、多いのも少ないのもあります。
　　　④いいえ、いいのも悪いのもあります。
　　　⑤いいえ、嫌いなのも好きなのもあります。
六、(1)私の趣味はスポーツです。
　(2)はい、好きです。／いいえ、あまり好きじゃありません。
　(3)はい、好きです。しかし、ジャズやロックよりクラシックのほうが好きです。
　(4)ジャズです。
　(5)はい、好きです。週に一回見ます。
　(6)スリラー映画が好きです。
　(7)いいえ、できません。／はい、できます。
　(8)碁が得意です。歌が苦手です。
　(9)林さんが一番上手です。
七、(1)「あなたの趣味は何ですか。」「音楽を聞くことです。」「クラシックとロックとジャズとどちらが好きですか。」「クラシックの方が好きです。ロックとジャズとでは、ジャズのほうが好き

です。」
(2)「私は北京料理も四川料理も作ることができます。」「そうですか。」「料理は、食べることも作ることも本当に楽しいですね。」「四川料理はとても辛いですね。お好きですか。」「私は嫌いなものはありませんから。何でも食べます。」
(3)「昨日友達から手紙が来ました。」「北京にいる友達ですか。」「そうです。」「北京から上海まで手紙はどのぐらいかかりますか。」「速いのは三日間です。」
(4)「日本語が上手ですね。」「いいえ、まだまだです。」「日本語は難しいですか。」「はじめはあまり難しくありませんでしたが、今はだんだん難しくなりました。」「日本人の会話を聞いてわかりますか。」「いいえ、まだわかりません。」

八、略。

第十課　試　験

二、(1) 行かなくても　(2) しないで　(3) 使っても　使って　(4) あげなくては　(5) きれいに　(6) 行か　(7) 長く　(8) 近く

三、(1) ① 会社が忙しいですから毎晩10時ごろ家に帰ります。
　　② 寂しいですからよく友達の家へ行きます。
　　③ もうすぐ11月ですから、朝と夜は寒くなります。
　　④ 手紙より電話のほうが便利ですから電話をしました。
　　⑤ この番組はおもしろいですからとても人気があります。

(2) ① 席についてもいいですか。はい、どうぞ着いてください。
　　② ノートを配ってもいいですか。はい、どうぞ配ってください。
　　③ チャイムを鳴らしてもいいですか。はい、どうぞ鳴らしてください。
　　④ 明日休んでもいいですか。はい、どうぞ休んでください。
　　⑤ 好きなのを選んでもいいですか。はい、どうぞ選んでください。

(3) ① 答えは問題用紙に書いてもいいですか。
　　　はい、書いてもいいです。／いいえ、書いてはいけません。
　　② 途中、質問してもいいですか。
　　　はい、質問してもいいです。／いいえ、質問してはいけません。
　　③ 時間を延ばしてもいいですか。
　　　はい、延ばしてもいいです。／いいえ、延ばしてはいけません。
　　④ 問題用紙は出さなくてもいいですか。
　　　はい、出さなくてもいいです。／いいえ、出さなくてはいけません。
　　⑤ 約束を守らなくてもいいですか。
　　　はい、守らなくてもいいです。／いいえ、守らなくてはいけません。

(4) ① 田中さんに伝えてくださいませんか。田中さんに伝えないでください。
　　② あの人に教えてくださいませんか。あの人に教えないでください。
　　③ ノートを見せてくださいませんか。ノートを見せないでください。
　　④ ラジオを消してくださいませんか。ラジオを消さないでください。
　　⑤ 李さんに渡してくださいませんか。李さんに渡さないでください。

四、(1) みんな出かけて私一人だけいます。
(2) 私だけ碁に興味を持っています。／私は碁だけに興味を持っています。

(3) 鉛筆と消しゴムだけ机の上に出してください。
(4) あなたにだけ言いますから、ほかの人には言わないでください。
(5) この部屋だけで大きな声で言ってもいいです。

五、(1) はい、よく受けます。
(2) 先生は良く「聴解」「文字・語彙」「読解・文法」などの問題を出します。
(3) いいえ、それはいけません。
(4) いいえ、辞書などを使ってはいけません。
(5) いいえ、あまりいません。
(6) はい、とても厳しいです。
(7) 手をあげて先生に聞きます。
(8) 2時間です。時間を延ばすことができません。

六、(1)「昨日、試験でしたね。」「ええ、とても難しかったです。私は一生懸命がんばりましたが、やはり上手にできませんでした。」「試験は何時間でしたか。」「2時間でした。30分延ばしました。」「先生の採点は厳しいですか。」「厳しいですよ。」
(2)「暑いですね。ドアを開けてもいいですか。」「どうぞ、あけてください。」
(3)「運動は毎日しなくてもいいですが、よくしなければなりません。」
(4)「この部屋を使ってもいいですか。」「いいえ、使わないでください。」
(5) 明日早く来なくてはいけませんよ。
(6) 嫌いな物を無理に食べなくてもいいです。好きなのを選んで食べてください。
(7) 青木さんは親切にすき焼きの作り方を王さんたちに教えました。
(8) 今日はあまり寒くないですからセーターを着なくてもいいです。
(9) 仕事が忙しければ無理に来なくてもいいです。
(10) 先生と話す時、言葉使いに気をつけてください。

第十一課　留　　学

二、(1) から、しよう　(2) つもりはありません　ために　よう　(3) か　が/を　(4) だか

三、(1) ① 私は英語を習いたいです。
　　　　彼は英語を習いたがっています。
　　② 私は甘いものを食べたいです。
　　　　彼は甘いものを食べたがっています。
　　③ 私は授業を休みたいです。
　　　　彼は授業を休みたがっています。
　　④ 私はすぐ鍵を渡したいです。
　　　　彼はすぐ鍵を渡したがっています。
　　⑤ 私は音楽を聞きたいです。
　　　　彼は音楽を聞きたがっています。
(2) ① 今日日本料理を食べようと思っています。
　　② あした、青木さんに会おうと思っています。
　　③ 時計を買おうと思っています。
　　④ 来年海外旅行をしようと思っています。
　　⑤ 専門の勉強を始めようと思っています。

(3) ① 李さんと一緒に住むつもりです。
　　　　李さんと一緒に住むつもりはありません。
　　② 来年海外旅行をするつもりです。
　　　　来年海外旅行をするつもりはありません。
　　③ 明日、青木さんに会うつもりです。
　　　　明日、青木さんに会うつもりはありません。
　　④ 時計を買うつもりです。
　　　　時計を買うつもりはありません。
　　⑤ いますぐ専門の勉強を始めるつもりです。
　　　　いますぐ専門の勉強を始めるつもりはありません。
(4) ① 今週は時間がないので、来週に延ばします。
　　② あの店のケーキはおいしいので買う人が多いです。
　　③ 宿題はもうやったので、今はテレビを見て休んでいます。
　　④ 昨日は雨なので、どこへも行きませんでした。
　　⑤ 彼女は英語が上手なので人気があります。
(5) ① お風呂に入ってからご飯を食べます。
　　② 書き方の説明を聞いてから書き始めます。
　　③ よく考えてから決めてください。
　　④ 電話で日時を約束してから行きます。
　　⑤ 新聞を読んでから出かけます。

四、(1) ええ、今日は疲れているのです。
　　(2) ええ、今使っているのはあまりよくないのです。
　　(3) ええ、肉がきらいなのです。
　　(4) ええ、仕事が忙しいのです。
　　(5) ええ、海へ行くつもりなのです。

五、(1) 牧野さんは将来中日文化交流の活動をしたいと思って中国語を勉強しています。
　　(2) 李さんは経済の勉強をして経済の研究者になるつもりです。
　　(3) はいあります。私は新しい日漢辞典がほしいです。
　　(4) 一番買いたいものはラジカセです。これを使って日本語の講座を聞きたいです。
　　(5) 大学を卒業してから日本へ留学するために日本語を勉強しているのです。

六、(1)「すみません。ここを教えてください。」「はい、いいですよ。でも、牧野さんは中国語の辞典を持っていませんか。」「はい、それでいい辞典がほしいのです。」
　　(2)「日本語を勉強して何をするつもりですか。」「私は以前から日本経済に興味を持っているので、卒業してから日本経済を研究しようと思っています。張さんは？」「何をするかまだ決めていませんが、教師になるつもりはありません。」
　　(3)「録音を聞きたいんですか。」「はい、顧さんも一緒に聞きませんか。」「いいえ、私は聞きたくありません。」
　　(4)「誰も彼と付き合いをしたがりませんね。」「ええ、だから彼はとても寂しいのです。」
　　(5) 今は昼休みなので1時からまた来てください。
　　(6) あの人は家を買うために朝から晩まで働いています。

七、略。

第十二課　あいさつの言葉

二、(1) は、で　(2) なん　(3) とか、とか　(4) とともに　(5) と、とは　(6) に　(7) とおし
　　(8) という

三、(1) 「早上好」は日本語で「おはよう」と言いますか。
　　(2) この漢字は訓読みで「はし」と読みますか。
　　(3) あなたの名前はフランス語でどう読みますか。
　　(4) パソコンは中国語でなんと言いますか。
　　(5) 「さかな」は漢字でどう書きますか。

四、(1) ① これはアコーディオンという楽器です。
　　　② あの人は「王音友」というイタリア語の先生です。
　　　③ わたしは上海の近くの「ホンチャオ」という町に住んでいます。
　　　④ 私は先週蘇州で獅子林というきれいな庭園を見ました。
　　　⑤ 李さんは今「こころ」という本を読んでいます。
　　(2) ① 早く決めなさい。
　　　② しっかりがんばりなさい。
　　　③ 早く謝りなさい。
　　　④ 帽子を取って挨拶をしなさい。
　　　⑤ よく考えなさい。

五、(1) いいえ、しなければなりません。
　　(2) いいえ、来なければなりません。
　　(3) いいえ、バスに乗らなければなりません。
　　(4) いいえ、早く決めなければなりません。
　　(5) いいえ、覚えなければなりません。

六、(1) わたしの名前は日本語で王小英(おうしょうえい)と読みます。
　　(2) 子供や学生はどちらも使うことが出来ますが、大人はあまり「バイバイ」とは言いません。
　　(3) 天気や季節の言葉が多いです。
　　(4) 「おやすみなさい」と言ってあいさつをします。
　　(5) 言葉は文化の一面を表しています。日本の文化や知識を勉強して日本語をもっと正しく使うことができます。

七、(1) 「お名前はなんと言いますか。」「李明と言います。」『「明」は日本語でどう読みますか。』『「めい」と読みます。』
　　(2) 「初対面の人になんと言ってあいさつをしますか。」『「はじめまして、どうぞよろしく」と言ってあいさつをします。』
　　(3) 『日本語にはあいさつの言葉がたくさんありますね。』『ええ、日本人はとくにあいさつに天気の言葉をよく使います。「よく降りますね」とか、「いいお天気ですね」とか、とよく言うのです。』
　　(4) この花は日本語で桜と言います。中国語ではなんと言いますか。
　　(5) あなたが悪かったのです。早くお兄さんに謝りなさい。

单元三復習　アルバイト

一、① しごと　② にがて　③ せいこう　④ いの　⑤ しゅみ　⑥ たいせつ　⑦ おし　⑧ かって

⑨ にちじょうせいかつ　⑩ か

二、① 途中　② 生　③ 延　④ 約束　⑤ 守　⑥ 忘　⑦ 盛　⑧ 選　⑨ 体験　⑩ 連絡

三、(1) でも　よう/たい　(2) は、が、ください　(3) も　(4) の　(5) の　(6) と
　　(7) も、も(或と、は)　(8) では　(9) に　(10) く　(11) で　なくても　でも

四、(1) から　(2) とともに　(3) つまり　(4) ので　(5) それとも　(6) それで

五、(1) 牧野さんと田中さんとどちらが中国語を長く勉強していますか。
　　　田中さんのほうが牧野さんより長く勉強しています。
　　(2) お母さんと王英さんとどちらが早く起きますか。
　　　王英さんよりお母さんのほうが早く起きます。
　　(3) 上海から大阪まで、飛行機と船とどちらが時間がかかりますか/速いですか。
　　　飛行機より船のほうが時間がかかります。/船より飛行機のほうが速いです。

六、(一) 問一　中国語の発音に近い読み方は音読みと言います。
　　　　問二　日本人は漢字を知ってから中国語の発音に近い読み方で漢字を読み始めました。その時、日本語にも同じ意味を表す言葉があったので、漢字の読み方は二つになったのです。
　　(二) 問一　友達を作りたいから。
　　　　問二　よく写真を撮っている人です。

第十三課　クリスマス

二、(1) が　に　(2) くださった　(3) あげ、あげよう　(4) やり　(5) もらう、に　(6) いただいた
　　(7) と　(8) へ、を、に　(9) で　(10) も、か　に、を　でしょう

三、(1) ① デパートへ缶詰を買いに行きます。
　　　　② 大学へ家庭教師を募集に行きます。
　　　　③ 海へ泳ぎに行きます。
　　　　④ 先生の家へ留学のことを頼みに行きます。
　　　　⑤ 文化館へ音楽を聞きに行きます。
　　(2) ① 私はパソコンを習ったことがあります。
　　　　② 張さんはアルバイトをしたことがあります。
　　　　③ 私は一度アンケート調査をしたことがあります。
　　　　④ 私もそんなことを一度体験したことがあります。
　　　　⑤ 誕生日に親戚からプレゼントをもらったことがあります。
　　(3) ① これはいいアイディアでしょう。
　　　　② 答えに迷ったでしょう。
　　　　③ あの大学に入るのはたぶん難しいでしょう。
　　　　④ 明日はたぶん雨が降るでしょう。
　　　　⑤ 日曜日ですから、あの店はきっと休みでしょう。
　　(4) ① もう時間です。ですから始めましょう。
　　　　② 暑いですね。ドアを開けましょう。
　　　　③ 今日は疲れましたね。早く寝ましょう。
　　　　④ もう書き終わりました。じゃ出しましょう。
　　　　⑤ 試験が難しいので、少し時間を延ばしましょう。

四、(1) はい、もらったことがあります。マフラーをもらいました。きれいな花をもらったこともあります。
　　(2) はい、あります。友達の誕生日にきれいなセーターをあげました。
　　(3) 妹はいますが、弟はいません。私はいつも妹の好きなおもちゃをあげます。
　　(4) クリスマスカードを出そうと思っています。
　　(5) プレゼントの交換が盛んです。

五、(1) 「王さん、今晩の映画の切符が一枚あります。見に行きませんか。」「あ、行きたいですね。」「じゃ、あげますよ。」「でも、いいですか。」「いいですよ。私も友達からもらったのです。」
　　(2) 「クリスマス、楽しかったでしょう。」「ええ、いろいろなプレゼントをもらいました。あなたも私と同じでいろいろもらったでしょう。」「はい、魯先生から国語の辞典をいただいて、友達からもとてもすばらしいレコードを何枚ももらいました。」
　　(3) 私が大学に入った時、父が千元くれました。私は今までそんなにたくさんのお金をもらったことがありませんから、とてもうれしかったです。
　　(4) 「クリスマスに学生の間でお互いにプレゼントを交換する習慣がありますね。」「そうですね。外国の影響で年々盛んになります」「だから売り上げを伸ばすために、どの店もクリスマス向きの品物の開発に力を入れています。」

六、略。

第十四課　元　　旦

二、(1) が　(2) が、ければ、っても　(3) ければ、ほど　(4) けばいい　(5) ても、に　(6) み
　　(7) もし、れば　(8) くらい、ても

三、(1) ① 出発すれば　② なれば　③ 考えれば　④ 来れば　⑤ よければ　⑥ 近ければ
　　　　 ⑦ 忙しくなければ　⑧ 珍しい物でなければ
　　(2) ① 出発の時間は誰に聞けばいいですか。
　　　　 ② 地下鉄一号線はどこで乗り換えればいいですか。
　　　　 ③ 明日私は何時に来ればいいですか。
　　　　 ④ パソコンはどこで買えばいいですか。
　　　　 ⑤ 一日に何回飲めばいいですか。
　　(3) ① いいえ、あの人はひらがなで書いても分かりません。
　　　　 ② いいえ、李さんは誘っても一緒に行きません。
　　　　 ③ いいえ、やめようと思ってもやめることができません。
　　　　 ④ いいえ、雨が降っても行きます。
　　　　 ⑤ いいえ、お金があってもこの本を買いません。
　　(4) ① もう一度呼んでみましょう。
　　　　 ② じゃ、連絡してみましょう。
　　　　 ③ 一度頼んでみてください。
　　　　 ④ 力を入れて投げてみてください。
　　　　 ⑤ 食べてみなければおいしいかおいしくないかは分からないでしょう。

四、(1) 北へ行けば行くほど寒くなります。
　　(2) やればやるほど上手になります。
　　(3) 勉強すればするほど難しくなります。

(4) 本が多ければ多いほどいいです。

(5) 食べれば食べるほど食べたくなります。

五、止まれ　やめよ/やめろ　来い　勉強しろ/勉強せよ　注意しろ/注意せよ　起きよ/起きろ　書け　作れ　呼べ

六、(1) 李さんは竹内さんを誘って元旦を祝う特別公演を見に行きます。

(2) 歌、踊り、京劇などがあります。そのほかに、曲芸や漫才、コントなどもあります。

(3) バスで行けばいいです。まず18番のバスに乗って、それから、地下鉄に乗り換えればいいのです。

(4) その日は元旦ですから大変な人出で、バスがとても込みますから。

(5) 少しくらい天気が悪くても行きますけど、雨がひどく降れば、行ってもおもしろくないのでやめます。

(6) はい、そうです。

(7) はい、あります。学校では毎年元旦を祝うパーティーがあります。いろいろな出し物がありますから、とてもおもしろいです。

(8) 7時のバスに乗れば間に合います。

七、(1) 「竹内さんは中国に来て京劇を見たことがありますか。」「いいえ、まだ一度もありません。」「やはり一度見たほうがいいですよ。」「芝居の内容は難しいですか。私は見てもわからないでしょう。」「難しくありませんよ。私は切符を3枚もっています。明日の公演を一緒に見に行きませんか。」「ええ、行きたいです。ところで、どこで見るのですか。」「大劇場です。」「そこまでどう行けばいいですか。」「まず学校の前でバスに乗って、それから地下鉄に乗ればいいです。私は自転車で行きますから、竹内さんは一人で行くことは大丈夫ですか。」「大丈夫ですよ。」「じゃ、そうしましょう。切符はもう一枚ありますから、これから石川さんを誘ってみましょう。」

(2) 「車はどこに止まりますか。」「学校広場の前です。」「何時に出発しますか。」「わからないです。張さんに聞けば分かると思います。」

(3) 「日本語は勉強すればするほど難しくなりますね。」「そうですね。でも、どの国の言葉を勉強しても同じでしょうね。」

八、略。

第十五課　料　理

二、(1) 実は　(2) うち　(3) 結果　(4) 薄く　(5) 適当な　(6) 熱、入れ、止め　(7) そう　(8) には　(9) と

三、(1) ① いいえ、書きにくいです。

② いいえ、住みにくいです。

③ いいえ、田中先生の説明は分かりにくいです。

④ いいえ、あの人は相談しにくいです。

⑤ いいえ、その本は読みにくいです。

(2) ① 天気が悪いと山へ登ることはできません。

② 四月になると花が咲きます。

③ 少しお酒を飲むと話が多くなります。

④ ドアを開けると寒い風が入ります。

⑤ 新しい単語が多すぎると覚えにくいです。

(3) ① 行くかどうかもう一度電話で聞いてください。
　　② この料理はお口に合うかどうか食べてみてください。
　　③ あの人は田中さんの友達かどうか知りません。
　　④ 大きさがちょうどいいかどうか着てみてから買います。
　　⑤ 引き受けるかどうか分からないが、一度頼んでみましょう。

四、(1) ① 相談したとおりにやりましょう。
　　② 約束したとおりに駅の前で待ち合わせました。
　　③ そのとおりにすれば間違いありません。
　　④ 天気予報のとおりに雨が降りました。
　　⑤ 先生が発音するとおりに声を出してみました。
(2) ① 立派な学校を作るには、いい先生をたくさん募集しなければならない。
　　② 人民病院へ行くには9番のバスに乗ればいい。
　　③ 7時に学校に着くには、いつもより早く起きなければならない。
　　④ 大学に入るには、よく勉強しなければならない。
　　⑤ 山田さんの学校へ行くには、電車に乗るのが一番いい。

五、(1) 晴れそう　(2) 忙しそうに　(3) 難しくなさそう　(4) 静かそう　(5) 降りそうも

六、(1) 李さんのクラスは日本料理の模擬店をやろうと思っています。
(2) 牛丼は日本の人にとても人気があります。その作り方もそれほど難しくなさそうですから。
(3) まずは牛肉を長く煮てはいけないです。それから、たまねぎのほかにいろいろな野菜をいれることです。
(4)（略）

七、(1)「こんばんは。」「こんばんは、どうぞお入りください。」「それでは、失礼します。実はちょっとお願いがあるんですが。よろしいですか。」「どうぞ話してください。」
(2)「料理はできあがりましたか。」「今すぐできあがりそうです。」「あ、魚ですか。おいしそうですね。」「そうですね。でも、私は薄い味が好きですから、お口に合うかどうか食べてみてください。」
(3)「李さん、安部先生の授業は分かりにくいですね。メモを取っていましたか。」「はい、取っていましたよ。これです。」「詳しいですね。見てもいいですか。」「どうぞ。」
(4)「みんなと相談しましたか。」「はい、相談しました。その結果、みんなは動物園へ行くことに決めました。」「それはよかったですね。私はまだ一度も行ったことがありませんよ。」
(5)「この肉はあまり新鮮ではなさそうですね。」「そうですね。では、ほかの店へ行ってみましょう。」
(6) 先生の教えたとおりにすればきっと成功します。
(7) 醤油を少し入れてください。たくさん入れると、おいしくなくなりますよ。
(8) 先生、これは宿題です。間違いがあるかどうか見てくださいませんか。
(9) 雨が降りそうです。傘を持って行きましょう。

八、略。

第十六課　インタビュー

二、(1) ① している、について　② し　③ についての　たあとで　④ かったり、かったり　⑤ に
　　⑥ に　⑦ で、を　⑧ に　⑨ に　⑩ に　⑪ にとって　⑫ のは、から

(2) ①意外　②すっかり　③過ごし　④不思議な　⑤気付い

三、(1) ① 私が行ったのはあなたが行けと言ったからです。
② 今日遅く起きたのは昨日徹夜したからです。
③ 酒を飲まないのは病気だからです。
④ 北京について詳しく知っているのは北京で暮らしたことがあるからです。
⑤ よく病気になるのは普段あまり運動をしないからです。

(2) ① 今でも時々ふるさとの夢を見ることがあります。
② この辺りは静かです。たまにはうるさくて勉強できないことがあります。
③ この時計は時々進むことがあります。
④ たまに友達の家に泊まることがあります。
⑤ 李さんもたまに病気になることがあります。

(3) ① 休みの日には、映画を見たり、テニスをしたり、友達を訪ねたりします。
② 手紙を出したり、訪問したりして付き合いが続いています。
③ 王さんは部屋を出たり、入ったりしてとても忙しそうです。
④ 魚の値段は高かったり安かったりです。
⑤ このごろ体調がよかったり悪かったりです。

(4) ① 小さいし、持ちやすいし、大変便利です。
② この部屋は冬は暖かいし、夏は涼しいし、とてもいいです。
③ 今日は雨も降っているし、風もひどいし、出かけるのをやめましょう。
④ 彼は英語もできるし、日本語もできます。
⑤ おもしろいし、読みやすいし、なかなかいい本です。

四、(1) はい、多いです。四百人ぐらいいます。
(2) アメリカから来ている人もいますし、日本から来ている人もいます。／アメリカ、日本、イギリス、フランス、ドイツ、カナダなど十数か国からきています。
(3) 中国文化に興味を持つ外国人が多くなってきたからです。
(4) はい、二、三人います。みんな日本から来た留学生です。
(5) 今の留学生活に満足している人もいますが、あまり満足していない人もいます。
(6) 買い物に出かけたり、友達と一緒に遊んだりして過ごしています。

五、(1)「山田さん、こちらに来てそろそろ一年ですね。」「ええ、20日で一年になります。」「もうここの生活に慣れたでしょう。」「もう慣れました。とても楽しく過ごしています。」「山田さんは休みの日をどう過ごしていますか。」「部屋を掃除したり、買い物に行ったりして過ごしています。普段より忙しいですよ。」

(2)「このごろ天気が悪いですね。」「そうですね。暑かったり寒かったりして大変ですね。」「こんな天気は病気になりやすいから、体に気をつけてね。」

(3)「これは山田さんのノートですか。詳しくメモを取っていますね。」「いいえ、私のではありません。クラスメートのノートを借りて勉強しているのです。」「どうして人のノートを借りますか。」「人のノートを借りるのはたまには先生の講義が分からないことがあるからです。」「そうですか、勉強は大変ですか。」「先生は授業中、中国語だけ使いますから、私にとって非常に難しいです。でも、がんばります。」

(4)「ナンシーさん、中国について詳しく知っていますね。」「ええ、来る前に、中国についての本をいろいろ読みました。マリーさんも詳しく知っているでしょう。」「いいえ、私は来る前に中国の

ことをぜんぜん知りませんでした。」「じゃ、どうして中国に来たのですか。」「中国に来たのは中国を知りたいからです。」「そうですね。中国は広いし、私たちの国にないものがたくさんありますね。」

(5) みんな親切ですから、中国語が分からなくても大きな問題ではありません。

六、略。

単元四復習　春　節

(文字・語彙)

問題一　1. くわ　2. うす　3. はげ　4. にんげん　5. たいざい　6. ちょうしょく　7. くも　8. やけい、なが　9. よろこ

問題二　1. 誘　2. 相談　3. 一眠　4. 頼　5. 止　6. 泊　7. 進　8. 増　9. 不思議　10. 確

問題三　1. a　2. b　3. c　4. a　5. c　6. b　7. c　8. b　9. c　10. c a　11. a

問題四　1. c　2. c　3. b

(文法・読解)

問題一　1. に　2. に　3. に(へ)　4. でも　5. と　6. を/に　7. で　8. へ/に　9. より　10. へも
11. を　12. と　13. に/に　14. ので　15. に　16. と　17. も　18. で　19. から　20. で
21. から/までの　22. で　23. が(を)　24. が(の)　25. ながら　26. とか/とか
27. たり/たり　28. し/し　29. には　30. で

問題二　問一　b そして、a そこで

　　　　問二　A ために　B ても　C だけ

　　　　問三　① ろ　② い　③ い　④ ち

　　　　問四　ア b　イ a　ウ a　エ a　オ b

　　　　問五　(1) a　(2) b　(3) c　(4) b　(5) b　(6) a

引用·参考文献

1. 池建新,梁清秋. 新编日语同步导学与测试. 南京:东南大学出版社,2009
2. 池建新,林祥瑜. 新编日语能力测试句型详解一本通. 南京:东南大学出版社,2010
3. 池建新. 新编日语同步辅导与练习(1—4册). 南京:东南大学出版社,2014
4. 皮细庚. 新编日语语法教程. 上海:上海外语教育出版社,1996
5. 孙满绪等. 日语词义辨析. 上海:上海外语教育出版社,1998
6. 周平,陈小芬. 新编日语修订本学习参考. 上海:上海外语教育出版社,2011
7. 赵福泉. 日语语法疑难辨析. 上海:上海外语教育出版社,1992
8. 彭曦,汪丽影等. 日本语能力测试语法详解. 上海:华东理工大学出版社,2008
9. 吴侃等. 新编日汉词典. 长春:吉林大学出版社,1994
10. 王洋,路颖. 实用日语句型. 北京:电子工业出版社,1991
11. 周平,陈小芬. 新编日语重排本(第1册). 上海:上海外语教育出版社,2016